러시아어 숙어집

Русско-корейский разговорник

장진헌 감수

신아사

머리말

외국어 문장의 조직과 내용을 정확하게 이해 파악하고 또 우리말을 제대로 외국어로 옮겨 표현하는 데는 먼저 외국어 문법에 관한 지식이 있어야 할 것은 물론이다.

그러나 이에 못지않게 필요한 것이 외국어 문장의 골격을 이루는 숙어 및 관용어귀에 대한 풍부한 활용적 지식이라고 할 수 있다.

이와 같은 취지에서 러시아어 구문의 관용적 핵심을 이해하게 하고 나아가서는 자유자재로 러시아어를 구사하는 데는 유효적절하고 또 풍부한 참고자료가 될 수 있도록 하기 위하여 숙어사전의 필요성은 크다고 하겠다.

따라서 이 작업은 벌써 오래전에 이뤄져야 했다.

아무튼 이 일을 실행하는 데는 자료를 수집하여 체계적으로 정리해야 하므로 간단한 작업은 아니었으나, 이 만큼 일을 이루게 된 것은 여러 사람들의 도움과 격려로 비롯된 것이다.

그러나 처음 시작한 일이어서 부족한 점이 크다. 뜻을 가진 다음 사람이 계속해서 보완할 것으로 믿는다.

이 책이 나오도록 애써주신 신아사 편집부 여러분들과 그동안 도움을 주신 모든 분들께 감사드린다.

2005년 1월

장진헌

일러두기

1. 숙어와 속담을 한데 섞어서 알파베트 순으로 배열하였다.
2. 숙어 중에서 ( ) 표 안에 들어 있는 고딕체로 된 말은 경우에 따라 생략 될 수 있다.
3. 요구되는 격은 다음과 같이 표시했다.

   кого−что 주격 кого−чего 생격 кому−чему 여격

   кого−что 대격 кем−чем 조격 о ком−чём 전치격
4. 인용문 중에서 ( ) 안에 들어 있는 말은 원래 원전에는 없지만 이해를 돕기 위해서 삽입한 말이다.
5. 시를 인용한 경우에도 별행을 쓰지 않았다. 별행이 되어야 하는 곳에는 대문자로 표시했다.

약어표

авианц	авиация	항공
агр	агрономия	농학
без доп	без дополнения	보어 없이
бран	бранное	욕설
воен	военное	군사 용어
вульг	вульгарное	야비한 말
высок	высокое	품위있는 말
газет	газетное	신문용어
дополн	дополнение	보어
дореволюц	дореволюционное	혁명전에 쓰인 말
загр	за границей	외국에 대하여 쓰이는 말
инф	инфинитив	부정법
ирон	ироникчески	야유적으로
истор	историческое	지나간 시대의 사물, 개념을 표시하는 말
канц	канцелярское	공문서에 쓰이는 말
книжн	книжное	문장체에 쓰이는 말
лит	литературоведение	문예학
мор	морокое дело	해양
нар－поэт	народнопоэтическое	민요적 표현
науч	научное	학술용어
неодобр	неодобрительно	비난하는 말
нов	новое	제1차 세계대전 및 10월 혁명 이후에 생긴 말
обл	областное	사투리
офиц	официальное	정부의 문건, 공식적 연 설에서 쓰는 말
охот	охотничье	사냥에서 쓰는 말

полит	политика	정치
пор	портновское дело	재봉
поэт	поэтическое	시적 표현
презрит	презрительное	멸시하는 말
преимущ	преимущественно	주로, 특히
пренебр	пренебрежительно	경시하는 말
простореч	просторечие	속된말
публиц	публицистика	평론에서 쓰는 말
разг	разговорное	회화에서 쓰는 말
ритор	риторическое	미사여구, 수사학
спец	специальное	전문적인 특수 용어
техт	техника	기술
торг	торговое	상업 용어
торж	торжественное	장중한 표현
тюремн	тюремное арго	감옥에서 쓰는 말, 은어
укор	укоризненное	책망하는 말
устар	устарелое	낡은, 뒤떨어진, 낙후된
фам	фамильярное	친한 사이에 쓰는 말
церк	церковное	교회에서 쓰는 말
шахм	шахматный термин	장기에서 쓰는 말
школьн	школьное	학교에서 쓰는 말
шутл	шутливое	농담
эвф	эвфемистически	완곡하게

차 례

A

альфа и омега чего

а баська слушаст да ест. 마이동풍(유식한 요리사가 음식을 훔쳐 먹는 고양이에게 일장의 훈시를 늘어놓는 동안에 고양이는 들은 척 만 척 하고 요리를 다 먹어 버렸다는 우화에서 온 속담, 남이야 뭐라 하건 들은 척 만 척하고 자기 일을 계속하는 사람에 대해서 하는 말).

а ларчик просто открывался. (разг.) 우화 "ларчик"에서 온 말. 어떤 현자가 작은 함을 보고 비밀이 있는 함이라고 생각하고 열어 보려고 하였으나 끝내 열지 못하였는데 사실은 간단히 열리는 함이었다. 아주 간단하게 해결되는 일을 괜히 힘들게 생각하고 복잡한 해결책을 찾았다는 뜻으로 쓰임.

а, ну тебя (его, вас, их) (разг. фам.) 거둬 치워, 그만 두어, 보기 싫어. А, ну тебя! надоел! 그만 두어! 시끄럽다!

а то ① 이런 경우에는, 그렇다면. Лишь стало бы охоты, а то во здравье ешь до дна. (Крылов) 식욕만 있으면 마음껏 드십시오. ② 그렇지 않으면 Спеши, а то опоздаешь. 서둘러야지 그렇지 않으면 늦어지겠소. Жаль, не дорос маленько парень, а то бы хороший муженёк для меня был. (Н. Островский) 아직 좀 어린 것이 한이로구나. 그렇지만 않으면 내 좋은 신랑감이 될 건데. ③ 그런데 실제로는 Добро бы было в горуили в ночную пору, а то и под гору и днём. (Крылов) 오르막이거나 혹은 밤중이라면 몰라도 이건 내리막이고 또 대낮이 아닌가. ④ 그러지 말고 (부드러운 권고) −Пойдём сегодня на стадион? −Нет, не могу сегодня. − А то пойдём. −오늘 경기장에 가지 않을 거냐? −

아니야, 오늘은 못 가겠어. – 그러지 말고 가 보세. ⑤ 정 그렇다면(거절, 주저 끝에 동의할 때) Не хочется больше··· А то налейте ещё стакан! 이젠 흡족한데··· 정 그러시다면 한잔만 더 주십시오!

а что 왜, 왜 그래 –Не ходи сегодня купаться. –А что? – Погода холодная. –오늘은 목욕하러 가지마라. – 왜요? – 날씨가 춥지 않니.

авгиевы конюшни 오물이 산적한 곳 (아브기아스 왕의 마구간은 30년동안 청소를 하지 않았는데 「영웅」 헤라클레스가 하루 동안에 다 청소했다는 희랍 신화에서 온 말).

ад кромешный (разг.) 야단법석, 끊임없는 싸움. У них дома ад кромешный. 그 집에선 밤낮 싸움이다. ай– ай 또는 ай– ай– ай 경악, 비난을 표시. Ай– ай– ай, какой шалун! 아이 기막혀! 참 지독한 장난꾼이로군!

ай да (разг.) 칭찬, 찬동을 표시 (종종 풍자작인 의미에서 사용됨). Ай да молодец! 장한데!

аллах его ведает (шутл.) 아무도 모른다, 회교의 신 알라나 알 노릇이다.

альфа и омега чего (книжн.) 처음과 끝, 전부, 모든 것의 기초 (альфа와 омега는 희랍어 알파벳 첫 글자와 마지막 글자의 이름이다). Идея социализма··· стала для меня идеею идей, бытиём бытия, вопросом вопросов, альфою и омегою веры и знания. (В. Г. Белинский) 사회주의의 사상은··· 나에게 있어서 최고의 사상, 최고의 실재, 최대의 문제, 신념과 지식의 전부로 되었다.

артель дружбой крепка. (속담) 모두다 한마음 한뜻이라야 단체가 잘 되어 간다.

ахнуть не успеть, как··· 악! 하고 소리칠 겨를도 없이 (어떤 동작이 급하게 닥쳐옴을 표시). Крестьянин ахнуть не успел, как на него медведь насел. (Крылов) 악! 하고 소리칠 겨를도 없이 곰은 벌써 농부를 깔고 앉았다.

Б

биение жизни

бабушка ворожит кому (разг.) 배경이 좋아서 출세하는 사람을 두고 하는 말. Хорошо тому жить, кому бабушка ворожит. (속담) 소도 언덕이 있어야 비빈다.

бабушка надвое сказала (разг.) 그렇게 될는지 안 될는지 확실치 않다, 명확치 않다. Не знаю. Только это ещё бабушка надвое сказала, что с теми карасями сталось. (Салтыков – Щедрин) 모르겠습니다, 그 붕어들이 어떻게 되었는지 아직 확실치 않습니다.

бабье лето 초가을의 맑게 개인 따뜻한 날.

барской работы не переработаешь. (속담) 바다는 메 꿔도 사람 욕심은 못 채운다, 대궐 역사는 한이 없다.

батарея бутылок (шутл.) 식탁에 놓인 무수한 술병.

батюшки (мой)! (разг.) 아이구! (경악을 표시) Батюшки мой! Что это за свет? – с тревогой произнесла она, глядя на мерцающ ий огонь. (Гончаров) 아이 구! 저게 무슨 불이야? –깜박거리는 불을 바라보면서 그 여자는 불안하게 말하였다.

башка трещит (разг.) 머리가 터질 것 같다, 머리가 몹시 아프다.

бег на месте ① 한 자리에서 하는 구보. ② 개미 쳇 바퀴 돌 듯 하다.

беглый огонь (воен.) 맹렬한 사격 Где-то неподалёку, сзади беглым огнём садила батарея. (шолохов) 어딘가 멀지 않은 뒤쪽에서 포병 중대가 맹사격을 가하였다.

беда как… (разг.) 몹시. Беда как надоело. 진저리가 난다.

беду скоро наживёшь, да не скоро выживешь. (속담) 화는 입기 쉬워도 벗기 힘들다.

бежать бегом 전속력으로 달리다.

без вины виноват 죄 없이 남의 잘못을 떠맡다.

без всего 또는 **безо всего** (разг.) 아무것도 없이, 모든 것을 잃고. После пожара много семейств осталось безо всего. 화재 끝에 여러… 세대가 알몸으로 되었다. ② 알몸으로, 몸에 아무것도 걸치지 않고, Он выскочил из горящего дома без всего. 불난 집에서 그는 알몸으로 뛰어 나왔다.

без году неделя (разг, ирон.) 불과 며칠 (1년이 없는 1주일). Работ ал без году неделя. 일을 한지 불과 며칠 밖에 안된다.

без конца (разг.) 끝이 없다. (매우 많다, 그냥 계속된다). Крику, шуму, веселья было без конца. (Гончаров) 고함소리, 떠드는 소리, 웃음소리에는 끝이 없었다.

без корня и полынь не растёт. (속담) 뿌리 없는 나무에 잎이 필까? (근거, 원인이 없는 일이란 있을 수 없다는 뜻).

без малого (простореч.) 거의.

без ног (разг.) 매우 고달프다. Я не привык ходить пешком и на третьем километре чувствовал себя уже без ног. 걸음을 걸어 보지 않은 나는 3 킬로 만에 벌써 아랫다리가 휘청거렸다.

без ножа зарезать (разг.) 칼 없이 죽이다, 곤경에 처하게 하다, 절망 상태에 빠지게 하다. Если вы приедете во－время, вы меня без ножа зарежете. 만일 당신이 제때에 오지 않는다면 그것은 나를 죽이는 거나 다름없을 것입니다.

без оглядки (разг.) ① 뒤도 돌아보지 않고, 급하게, 빨리. Куда так бежишь ты без оглядки? 넌 어디로 그렇게 바쁘게 달려가니? ② 조심하지 않고. Я не такая мать, Я без оглядки ничего не сделаю. (А.Островский) 난 그런 어머니가 아닙니다. 나는 돌다리도 두드려 보고야 건너갑니다.

без отказа (разг.) ① 마음껏, 실컷. Живя на молочной ферме, я пил молоко без отказа. 목장에 살면서 나는 우유를 실컷 마셨다. ② 멈추지 않고, 고장이 없이. Машина действует без отказа. 기계는 잘 돌아 갑니다.

без отчёта 결과를 생각하지도 않고, 순간적인 충동에서, 무의식적으로. (не давая себе отчёта와 같음).

без пастуха овцы не стада. (속담) 어떤 집단이든지 지도자가 없으면 오합지졸에 불과 하다는 뜻.

без роду, без племени 또는 **без роду и племени** 일가친척이 없는. Послушай, Ибрагим, ты человек одинокий, без роду и племени. (Пушкин) 이브라김, 내 말을 들어봐, 자네는 일가친척이 없는 외로운 사람이 아닌가.

без руля и без ветрил (ирон.) 키도 없고 닻도 없이, 명확한 목표없이. Скитаться без руля и без ветрил. 바람이 부는 대로 떠돌아 다니다.

без (всякого) сомнения 물론, 두말할 것 없이, 의심할 것 없이. Вы, без сомнения, правы. 당신은 물론 옳습니다.

без счёту кого－чего (разг.)이루 헤아릴 수 없다. 극히 많다. (счёту нет와 같음).

без толку 까닭을 모르고, 영문을 모르고. Мать любит без толку и без разбору. (Гончаров) 어머니는 그저 맹목적으로 사랑한다.

без труда не вынешь и рыбку из пруда. (속담) 고기 보고 기뻐만 말고 가서 그물을 짜라 (무엇을 달성하기 위해서는 노력이 필요하다는 뜻).

без труда нет отдыха. (속담) 일하지 않는 자는 쉬는 맛을 모른다.

без удержу (разг). 억제할 수 없이, 그냥, Плакать без удержу. 그냥 울다.

без ума (быть) от кого－чего (разг.) 반하다. От твоих прелестных песен все пастушки без ума. (Крылов) 너의 아름다운 노래 소리에 목동들이 모두 홀딱 반했단다.

без устали 피곤한 줄도 모르고, 쉴 새 없이. Работать без устали. 쉴 새 없이 일하다.

без царя в голове (разг.) 어리석다. Несколько приглуповат и, как говорят, без царя в голове. (Гоголь) 다소 어리석어서 말하자면 좀 모자라는 편이었다.

бездонную кадку не наполнишь. (속담) 밑 빠진 독에 물 붓기, 시루에 물 퍼 붓기 (헛수고를 하다는 뜻).

бей врага винтовкой бей и сноровкой (속담) 적을 이기려면 무기도 있고 지략도 있어야 한다.

белены объелся (разг.) 광란하다. Испугался старик, вэмолился : ≪Что ты, баба, белены, объелась?≫ (Пушкин) 노인은 놀라서 애걸하였다. – 자네, 왜 이러나, 미친 사람처럼 (미치지 않았나?).

белый свет (нап. –позт.) 이 세상. Он ещё мало что видел на белом свете. 그는 아직도 이 세상에서 본 것이 적다.

бельмо на глазу (разг.) 방해가 되는 가장 증오하는 존재, 눈엣가시.

береги денежку про чёрный день. (속담) 불행한 날을 위해서 돈을 아끼라는 뜻.

береги платье снову, а честь смолоду. (속담) 옷은 처음부터 깨끗이 입고 명예는 젊어서부터 소중히 하라.

берегись бед, пока их нет. (속담) 화를 당하기 전에 조심하라.

берегись козла спереди, лошади сзади, а лихого человека со всех сторон. (속담) 받는 염소 곁에서 앞으로 가지 말고, 차는 말곁에는 뒤로 가지 말고, 못 된 놈 곁에는 아예 가지도 말라 (못된 사람에 대해서는 항상 모든 점에서 경계하라는 뜻).

бередить раны (сердечные) 마음의 상처를 건드리다, 가슴 아픈 일을 회상케 하다.

берись дружно, не будет грузно. (속담) 백지장도 맞들면 가볍다. (힘을 합치면 일이 쉽다는 뜻).

бесстыжие глаза (простореч.) 염치없는 자식, 철면피(욕설) Ах ты, бесстыжие глаза, как ты смеешь так говорить! 에이, 철면피 같은 녀석, 어디다 네가 감히 그런 말을 해!

бешеные деньги 갑자기 손쉽게 얻은 돈. У каго ж это такие деньги бешеные, чтоб за тебя триста тысяч дали?(А. Островский) 자네를 위해서 30만 루블을 낼 수 있을 만한 그런 대금을 누가 가지고 있겠는가?

бешеные цены 놀랄 만치 비싼 값. Цены на все были бешеные. (В. В. Вересаев) 어느 물건이나 모두 놀랄 만한 값 이였다.

биение жизни 삶의 고동, 삶의 맥박

битком набитый (разг.) 꽉 찬. Вагон набит битком. 찻간은 초만원이다.

битый час (разг.) 꼬박 한 시간, 오랫동안. Битый час стоял я на остановке, ожидая автобуса. 버스가 오나 하고 나는 꼬박 한 시간 동안이나 정류장에 서있었다.

бить баклуши (разг.) 허송세월 하다. Никаких у него делов нет, баклуши бьёт. (А. Островский) 그는 아무것도 하는 일이 없습니다, 그야말로 허송세월합니다.

бить ключом (книжн.) 용솟음치다, 들끓다, 활발히 긴장 속에 진행되다. Жизнь бьёт ключом. 생활은 들끓고 있다.

бить на что-нибудь (разг.) 노리다. Он бьёт на чин. 그는 직위를 탐내고 있다.

бить отбой ① 북을 울리여 퇴각 신호를 하다. ② 자기의 의견을 철회하다. Раньше он с пеной у рта доказывал правоту своего мнения, а теперь бьёт отбой. 전에는 그는 얼굴을 붉혀 가면서 자기 의견이 옳다고 주장하였는데 이제 와서는 꽁무니를 빼고 있다.

бить по карману 손해를 주다, 돈이 축나게 하다. Такого рода развлечения бьют меня по карману. 이러한 놀음은 내 주머니에 타격을 준다.

бить противника его (또는 его же собственным) **оружнем** 적의 무기로써 적을 분쇄하다.

бить тревогу 경종을 울리다.

биться из-закуска хлеба 입에 풀칠하기 위해서 애쓰다.

биться, как рыба об лёд (разг.) 생활을 좋게 해 보려고 헛된 노력을 하다. Надо было прокормить семью, и она билась, как рыба об лёд. (А. С. Серафимович) 그 여자는 가족을 먹여 살려야 했으므로 손톱, 발톱이 닳도록 일하였다.

благим матом (кричать, орать, вопить) 미친 듯이 소리 지르다. Голоногая девчонка, упав с разбегу на камни, кричала благим матом. (Владимир Бахметьев) 맨발의 계집애는 달려 가다가 돌에 넘어져 비명을 질렀다.

близкий сосед лучше дальней родни. (속담)이웃 사촌. (близко) принять к сердцу что 깊은 동정, 관심을 표시하다. Конечно, не очень-то приняла к сердцу эти слова Марья Алексеевна. (Чернышёвский) 물론 마리야 알렉세브나는 이 말을 그렇게 귀담아 듣지 않았다.

близок локоть, да не укусишь. (속담) 제 팔꿈치는 가까워도 물지 못한다.(보기에는 쉬워도 도저히 할 수 없는 일에 대해서 하는 말).

блистать отсутствием (ирон.) 사람들의 주의를 끌기 위하여 일부러 참석하지 않다. Желая подчеркнуть свою занятость, он часто блистал отсутствием на наших заседаниях. 자기가 바쁘다는 것을 보이기 위해서 그는 가끔 우리들의 회의에 나오지 않았다.

блудлив как кошка, труслив как заяц. (속담)고양이처럼 교활하고

토끼처럼 소심하다.

бобы разводить (разг.) 쓸데없는 이야기를 하다, 쓸데없는 일에 주의를 쏠리게 하다.

—А я ведь к вам не спроста приехала—то, мамынька… —Так за каким делом—то приехала? Говори уж прямо, не разводи бобов—то. (Д. Н. Мамин—Сибиряк) —어머니, 전 그저 찾아온 것이 아니에요. — 그래 어떤 일로 왔니? 똑바로 얘기해라, 쓸데없는 말을 늘어놓지 말구.

бог его знает (разг.) 누가 안담 (아무도 모른다). (чорт его знает와 같음)

бог знает (кто, что, какой, куда, где…) 하느님이나 알지, 누가 안담. Бог знает в нём какая тайна скрыта. (Грибоедов) 거기에 어떤 비밀이 숨어 있는지 누가 안담. Ходит бог знает куда. 어디로 다니는지 모를 일이다. (어떤 좋지 못한 곳으로 다닌다는 뜻).

бог убил кого (разг.) 머리가 둔하다. Молчи, кого бог убил! 바보는 입을 다물고 있게!

богатством ума не купишь. (속담) 돈으로 지혜는 사지 못한다.

богатый и в будни пирует, а бедный и в празднике горюет. (속담) 부자는 날마다 잔치인데 가난한 자는 명절에도 굶는다.

боже сохрани (разг.) 큰일난다(좋지 못한 결과를 피하기 위해서 무엇을 하지 말라는 경고의 말). Когда перенимать с умом, тогда не чудо и пользу от того сыскать ; а без ума перенимать, и боже сохрани, как худо! (Крылов) 남을 모방해도 잘 생각해서 하면 좋은 결과를 가져 오는 것도 이상할 것은 없지만 덮어 놓고 흉내만 내는 날에는 큰일난다!

божий свет 이 세상 (белый свет와 같음)

божья коровка 호인, 부처님 가운데 토막.

бой—баба 활달한 여자 (활발하고 정열적이고 과단성이 있는 여자).

бой красен мужеством, а приятельство – дружеством. (속담) 전투는 군인들의 용감성으로 빛나고 친구 관계는 우정으로 아름답다는 뜻.

бок о бок (разг) 나란히, 바로 옆에. Стоять бок о бок. 나란히 서다. Румынский народ с оружием в руках бок о бок с Советской армией боролся против немецко–фашистских войск.(Н. М ю Шверник) 손에 무기를 잡은 루마니야 국민은 러시아 군대와 함께 독일 파시스트 군대에 대항하여 싸웠다.

более или менее 어느 정도.

более того 뿐만 아니라 (다음에 오는 말의 중요성을 강조할 때 또는 다음에 결론적인 강한 단정이 올 때에 사용). Ваша деятельность бесполезна; более того, она даже вредна. 당신의 활동은 무익할 뿐만 아니라 해롭기까지 하다.

более чем 극히, 매우. Более чем достаточно. 충분하다.

болезнь входит пудами, а выходит золотниками. (속담) 하루 병들어 한달 눕는다 (병들기는 쉬워도 고치기는 어렵다는 뜻).

больное место 아픈 곳, 제일 골머리 아픈 점, 가장 큰 약점. Постоянные долги–моё больное место. 언제나 빚을 지고 있는 것–이것이 나에게 제일 골머리 아픈 점이다. Недостаток образования – его больное место. 교양의 부족 –이것이 그의 가장 큰 약점이다.

больной вопрос (книжн. газет.) 해결하기 어려운 일, 난문제.

больше (более, сильнее…) **обыкновенного** 보통 때보다 더. Марья Ивановна нравилась мне более обыкновенного. (Пушкин) 나는 마리야 이바노브나가 보통 때보다 더 마음에 들었다.

большею (–ей) **частью** 대부분, 주로.

большой руки (разг. устар.) 대단한. Это зло ещё не так большой руки.(Крылов) 이 재앙은 아직 그리 대단한 것은 아니다.

большой свет (устар) 귀족 사회. Причудницы большого света.

(Пушкин) 귀족 사회의 변덕스러운 여자들.

большой шаг вперёд (книжн.) 거보의 전진.

большому кораблю－большое плавание. (속담) 배가 크면 멀리 간다(큰 능력을 가진 사람은 응당 큰일을 담당해야 한다는 뜻).

бороться с самим собой 자기 자신과 싸우다, 자기의 내부적 모순과 투쟁하다.

борт о борт 뱃전이 맞닿도록, 바로 옆에. … Броненосец потерял ход. В это время борт о борт проходил≪Бородино≫. (Новиков－Прибой) …전투함은 항행 능력을 잃었다. 그 때≪보로지노≫함이 바로 옆을 지나갔다.

боюсь (потревожить, побеспокоить, затруднить…) 정중한 태도를 표시하는 말. Ђоясь побеспокоить вас. 방해가 되지 않습니까.

бояться как огня кого－чего 불처럼 두려워하다.

бразды правлемия (книжн.) 정권. С помощью рейхсвера в 1933 году бразды правления получил Гитлер. 방위군에 의거하여 1933년에 히틀러는 정권을 장악하였다.

брать быка за рога (разг.) 어려운 일에서 주요한 부분에 정력을 집중하면서 지체 없이 결정적인 행동을 취하다. Наш прораб толковый работник, он в любой работе умеет взять быка за рога. 우리들의 시공기술 지도자는 요령이 있는 사람이어서 어떤 일에서든지 결정적인 부분에 주력할 줄 안다.

брать в оборот кого－что (разг.) 확고하게 장악하다. Мы знали, что новый наш брнгадир возьмëт всех нас в оборот, и заране е подтягивались. 우리들은 새 반장이 우리들 전부를 엄격히 통솔하리라는 것을 알고 미리 긴장하였다.

брать в свои руки 자기가 담당하여 지도하다. Дело пошло куда лучше, когда наш небольшой драматический кружок взял в свои руки опытный режиссëр. 경험이 많은 감독이 우리들의 조그마한 연극 크루쇼크의 지도를 맡게 되자 일은 아주 잘 되

어 갔다.

брать верх 압도하다, 리드하다. Чувство справедлилости всегда брало верх в её сердце. 정의감은 그 여자의 심장에서 언제나 우위를 차지하였다.

брать всем (разг.) 만점이다, 나무랄 점이 없다. Она всем берёт : и красотой и умом. 그 여자는 얼굴도 아름답고 재치도 있고 – 그야말로 나무랄 곳이 없다.

брать голыми руками 맨손으로 손쉽게 얻다.

брать за сердце (또는 за сердце) 마음을 슬프게 하다. Долгая песня за сердце берёт.(Некрасов) 길게 뽑는 노래 소리는 사람의 마음을 구슬프게 한다.

брать на мушку кого-что 겨누다. Снайпер взял на мушку приближающегося фашиста. 저격수는 가까이 오는 파시스트에게 총을 겨누었다.

брать на поруки кого (право) 보증을 서다. Друзья взяли его на поруки и он был освобождён. 친구들이 보증을 서서 그는 석방되었다.

брать на себя 자기가 담당하다 (이행할 것을 책임지다.) Но кто же брал на себя труд уведомить отца моего о моём поведении? (Пушкин) 그런데 나의 행동을 아버지에게 알리느라고 수고한 것은 누구일까?

брать направлеиие (또는 курс) 방향, 코스, 노선을 취하다. Брать курс на восток. 동쪽으로 코스를 취하다. Брать курс на перевыполнение плана. 계획을 초과 완수할 방침을 취하다.

брать начало (кнжн) 시작되다, 기원하다. Нева берёт начало из Ладожского озера. 네바 강은 라도가 호수에서 시작된다.

брать пример с кого 본받다.

брать прицел (спец.) 겨누다. Часовой со стены окликает лодку и берёт её на прицел. (Короленко) 보초병은 담 벽 위에서

보트를 부르면서 그 쪽으로 총을 겨누었다.

брать с бою 싸워서 얻다.

брать своё ① 당연한 일을 하다. Он скоро утомляется ; старость берёт своё. 그는 곧 피로를 느낀다 : 나이가 나이니깐. Не прдсчитать, сколько раз за это время проглядывало солнце и снова начиналась метель. И всё же весна брала своё… (Николай Атаров) 그 동안 몇 번이나－태양이 얼굴을 내밀었다가는 또 다시 눈보라가 시작되곤 하였는지 모른다, 그러나 역시 봄은 자기의 앞길을 개척하고 있었다. ② 희망한 것을 얻다. Наконец－то он взял своё. 드디어 그는 소원을 성취하였다.

брать себя в руки (разг.) 자기를 억제하다.

брать слово 발언하다 (회의에서).

брать слово с кого 약속을 얻다, 승낙케 하다. Я возьму с него слово навестить нас этим летом. 나는 이번 여름에 우리를 방문하도록 그에게 약속시키겠다.

брать слово обратно 또는 **назад** 한 말을 취소하다. Если я сказал про Виктора, что он скучный, то я беру это слово назад.(Л. Толстой) 내가 빅또르는 따분한 사람이라고 말했다면 나는 이 말을 취소합니다.

брать сторону чью－нибудь 누구의 편에 서다 (가담하다, 비호하다).

брать урок чего у кого (완료체 взять) 한 과목의 개인 교수를 받다. Брать два урока английского языка в неделю. 1주일에 두 번씩 영어의 개인 교수를 받다.

брать уроки чего у кого (완료체 없음) 개인 교수를 받다.(일반적인 의미에서). Брать уроки пения у известного профессора. 저명한 교수에게서 가창법의 개인 교수를 받다.

браться за ум (разг.) 똑똑해지다 (현명해지다). Что ты шляешься, как саврас без узды! Пора тебе, дураку, за ум броться! (А.

Островский) 너는 왜 굴레 벗은 말처럼 싸다니기만 하니! 바보 노릇은 그만 하고 이제는 좀 똑똑해져도 될 때가 아니냐!

бреющий полёт (авиац, воен.) 저공 기총 소사.

бродячий образ жизни (разг.) 방랑 생활, 오늘은 전라도 내일은 경상도, 동 가숙 서 가식.

бронированный кулак (газет.) 제국주의 국가의 무력.

бросать взгляд на кого-что 시선을 던지다 (얼핏 보다).

бросать оружие 무기를 놓고 항복하다.

бросать слова на ветер 무책임하게 함부로 말하다.

бросать тень на кого-что ① 그림자를 던지다, 그림자로 덮다. ② 명예를 훼손시키다. Вы мне дороги и по воспоминаниям почт и сорокалетних дружеских сношений, на которые за всё это время ничто не бросило ни малейшей тени. (Л. Толстой) 근 40년에 걸친 우리의 다정한 관계 때문에 당신은 나에게 귀중한 존재입니다. 이 기간에 어떠한 일도 우리들의 우정에 오점을 찍지는 못하였습니다.

бросать якорь 닻을 던지다, 정박하다.

бросаться в глаза 눈에 띠다, 주의를 끌다. Её бледность бросается в глаза. 그 여자의 창백한 얼굴빛이 유달리 눈에 띤다.

бросить свет на что (книжн) 빛을 던져 주다, 밝혀 주다. Это откры тие бросает свет на многие явления, остававшиеся негонятн ыми. 이 발견은 이 때까지 이해할 수 없었던 많은 현상들을 밝혀 준다.

брось, бросьте 거둬 치우게, 집어 치우게. – Домой! я спать хочу! – Э! брось! кто нынче спат! (Грбоедов) – 집으로 가세! 잠이 오네! – 뭐! 거둬 치우게! 어떤 놈이 벌써 자겠나!

бряцать оружием (кнкжн. газет.) 무력으로써 위협하다. Пусть же наши подписи под Обращением Бюро всемирного Совета Ми ра будут новым грозным преду преждением тем, кто бряцае т оружием и пытается развязать новую войну. 세계 평화 이사회국 호소문에 대한 우리들의 서명은 무력으로써 위협하며 새 전쟁 도발을 기도하는 자들에 대한 새로운 준엄한 경고로 될 것이다.

будет кому 또는 с кого 또는 보어 없이 (разг.) 그만 하면 충분하다, 그만 둬라. Будет вам разговаривать, спать мешаете. 이야기는 그만 하십시오! 잠자는데 방해가 됩니다. Будет лениться, пора и за дело взяться. 게으름은 그만 부리고 이젠 일을 해야지.

будь добр, будьте добры (разг.) 부드럽게 요청하는 말. Будьте добры, одолжите мне эту книгу. 미안합니다만 이 책을 저에게 빌려 주십시오.

будь покоен, будьте покойны ① 염려 마십시오. Будьте покойны, заказ выполню в срок. 염려 마십시오, 주문하신 것은 꼭 그 날짜에 하겠습니다. ② 물론, 틀림없이 (разг. фам. ирон.) Уж он, будьте покойны, обязательно сделает какую-нибудь гадость. 그 사람이야 말할 것 있습니까, 틀림없이 어떤 비열한 짓을 할 것입니다.

будь то …이건, …이건, 마찬가지로. Возрождение германского милитаризма, будь то в рамках ≪малой Европы≫ или в рамках атлантического пакта, открывает путь к войне. 독일 군국주의의 재생은 그것이 「소 유럽」의 범위에서 수행되건 혹은 대서양 조약의 범위 내에서 수행되건 간에 마찬가지로 전쟁의 길을 열어 놓는다.

будь уверен(а), будьте уверены 염려 마십시오. Будьте уверены, что ваш заказ будет выполнен своевременно. 염려 마십시오, 당신의 주문은 제때에 수행될 것입니다.

будь, что будет (разг.) 어떤 일이 있든 간에. Будь, что будет, а на охоту всё же поеду. 어떤 일이 있든 간에 사냥에는 꼭 가겠

습니다.

буква в букву (разг.) 한 마디 한 마디 그대로. Перевести что-нибудь буква в букву. 한 마디 한 마디 그대로 번역하다. Повторять буква в букву. 한 마디 한 마디 그대로 되풀이 하다.

бумага всё терпит (разг. ирон.) 종이는 모든 것을 참아준다, 아무거나 자기 마음대로 쓸 수 있다. (어떤 쓰여진 것이 허위이거나 어리석은 것일 때에 하는 말.) Пусть пишут, бумага всё терпит. 마음대로 써라 종이야 다 참아 줄 테니까.

буря в стакане воды (разг.) 대수롭지 않은 일로 다투거나 떠드는 것.

бывает, что ; бывало, что 그런 경우가 있다, 이런 경우가 있었다. Иногда бывает, что облака в беспорядке толпятся на горизонте, и солнце, прятся за них, красит их и небо во всевозможные цвета. (Чехов) 때때로 구름이 지평선 위에 뭉게뭉게 엉켜서 태양이 그 뒤에 숨으면서 구름과 하늘을 오색으로 물들이는 경우가 있다.

был бы покос, да пришёл мороз. (속담) 추수가 늦으면 눈이 내린다 (모든 일은 제때에 해야지 때를 놓치면 일을 망친다는 뜻).

была не была! (разг.) 어쨌든 해 봐야지! (모험해 볼 필요가 있다. 감행해 볼 필요가 있다.) А, была на была, пойду! 에이, 어쨌든 가 볼 판이지! Э, была не была! может, так лучше! (Павел Бажов) 에이, 어쨌든 해볼 판이지! 아마 그쪽이 나을 거야!

было +동사 과거, 시작되었다가 끝맺지 못한 동작, 하려고 하였다가 하지 않은 동작을 표시. Пошёл было, да остановился. 가려고 하다가 걸음을 멈추었다.

было бы корыто, а свиньи найдутся. (속담) 구유가 있으면 돼지가 모여 든다.(좋지 못한 일에는 으레 거기에 한몫 끼려는 자들이 나타난다는 뜻).

было и прошло и быльём поросло. (속담) 다 잊어버린 옛날 일이다.

(지나간 일 – 싸움, 오해 등 – 은 잊어 버려야 한다는 뜻으로 쓰임).

быльём поросло 잊혀졌다.

быть в выигрыше (또는 в выигрышах) 도박에서 이기다, 이득을 보다. Я бывал с больших выигрышах. (А. И. Куприн) 나는 큰 돈을 따기도 하였다.

быть в голосе (разг.)가수 또는 연설자의 목소리가 잘 울릴 때를 말함. – Я уже вам сказала, что я сегодня не в голосе. –Умоляю вас, спойте! Одну только ноту! (Чехов) – 오늘은 목소리가 잘 나지 않는다고 벌써 말씀드리지 않았어요. – 그러지 말고 불러 보십시오! 단 한곡조만!

быть в гостях 나그네 노릇하다. В гостях хорошо, а дома лучше. (속담) 나그네질도 좋지만 제 집이 제일이다.

быть в загоие (разг.) 홀대 당하다, 방임되다.

быть в курсе чего 잘 알고 있다. Необходимо быть в курсе политики. 정치에 밝아야 한다.

быть в претензин на кого (разг.) 불만을 느끼다. Я на вас в претензин за вашу нескромность.나는 당신의 불손한 태도를 좋지 않게 생각합니다.

быть в фарватере кого–чего 또는 **чьей политики** (книжн.) 누구에게, 누구의 견해를 추종하다. (плыть в фарватере кого–чего 또는 чьей политики 와 같음).

быть высокого мнения о ком–чём 아주 높게 평가하다. Я был высокого мнения о нём, но ошибся. 나는 그를 매우 훌륭한 사람으로 알았었는데 그것은 나의 착오였다.

быть головой выше кого (книжн) 머리 하나만큼 더 크다 (키), 훨씬 우월하다(지식 등에 있어서) (на голову выше와 같음.)

быть (видным), как на ладони 자기 손바닥을 들여 다 보는 것처럼 일목 요연하다. С горы весь город виден, как на ладони. 산

위에서는 도시 전체가 환하게 내려다보인다.

быть может (삽입 어) 아마도, Любовь ещё, быть может, в моей душе угасла не совсем. (Пушкин) 사랑은 아마도 내 가슴 속에서 아직 완전히 꺼지지는 않은 것 같다.

быть на виду. ① 보이는 곳에 있다, 시야 내에 있다. Эти факты нельзя опровергнуть, ибо они на виду у всех. 이 사실들은 누구나 다 보고 있기에 이를 부인할 수는 없다. ② (устар) 유력한 사람들의 주의를 끌다. [Иван Иванович] объяснил мне, кто у них в департаменте на виду. (В. М. Гаршин) [이반 이바노비치 이와노위치] 는 그들의 부서에서 누가 유력한 인물들의 주의를 끌고 있는가를 나에게 설명하였다.

быть на высоте чего 또는 **на высоте положения** …의 수준에 있다, 능히 감당할 수 있다. Коммунистические и рабочие партии будут на высоте стоящих перед ними исторических задач. 공산당 및 노동당들은 그들 앞에 나서는 역사적 과업들을 능히 감당할 수 있을 것이다.

быть на ножах с кем (разг.) 사이가 나쁘다, 등지다. Соседи были на ножах. 아래 윗집 사람들은 서로 등지고 있었다.

быть на отлёте (разг.) 곧 떠나려고 하다. Он уже на отлёте. 그는 벌써 떠나려고 한다.

быть на посылках у кого 잔심부름을 하다. Хочу … чтоб служила мне рыбка золотая и была б у меня на посылках. (Пушкин) 금붕어가 내 하녀가 되어서 잔심부름을 해 주었으면 좋겠네.

быть на пути к чему (книжн) 접근하다. Быть на пути к общему признанию. 전반적인 인정을 받으려 하고 있다.

быть одних вкусов, разных вкусов 취미, 견해가 같다, 다르다. Буржуа с нами вкусов разных.(Д. Ъедный) 부르주아 와 우리는 생각이 다르다.

быть одного вкуса, разного вкуса 맛이 같다, 다르다. Все блюда

были одного вкуса. 어느 요리나 다 똑같은 맛이였다.

быть под ружьём. ① 전투태세에 있다. ② 군대에 복무하다.

быть чему 꼭 있을 것이다. (반드시 발생할 것이다.) Быть беде! 반드시 재난이 있을 것이다.

В

биение жизни

в видах чего (разг.) 위하여 (목적). На Керчь мы шли уже не берегом, а степью, в видах сокращения пути. (М. Горький) 케르치로 갈 때에는 우리는 질러가기 위해서 물가를 걷지 않고 초원을 걸어갔다.

в воздухе 사회의 분위기 속에는. В воздухе уже чувствовалось приближение революции. 사회의 분위기 속에 벌써 혁명이 가까이 왔음을 느꼈다.

в выгодном свете 또는 **в выгодном освещении** (представлять, выставлять кого-что, являться) 좋게 보이도록 하다 (결함은 눈에 띠지 않고 가장 좋은 점만이 보이도록 하다). [Тургенев] показал в личности Лизы недостатки современного женского воспитания, но он выбрал свой пример в ряду лучших явлений, обставил выбранное явление так, что оно представляется в самом выгодном свете. (Д. И. Писарев) [뚜르게네브]는 리자의 개성에서 당시의 여성 교양의 결함들을 보여 주었으나 그는 가장 훌륭한 현상들 중에서 자기의 실례를 택하였으며 이 선택한 현상이 가장 훌륭하게 보이게끔 꾸몄다.

в высшей степени 극히, 매우.

в глаза (говорить, назвать) 직접, 눈앞에 두고, 마주 대고 (말하다, 부르다) Сказать правду в глаза. 직접 본인에게 바른 대로 말하다. Назвать негодяем в глаза. 직접 눈앞에 두고 욕하다.

в глаза (не видать, не видал) (разг.) 전혀 (보지 못하다, 모르다.) В глаза не видал такого нахала. 이렇게 파렴치한 자는 본 적이

없다.

в глазах чьих 또는 **кого** 누구의 눈에는, 누구의 견해로서는. [Пушкин] был первым поэтом, который стал в глазах всей русской публики на то высокое место, какое должен занимать в своей стране великий писатель. (Чернышевский) [뿌쉬낀] 은 위대한 작가가 자기 나라에서 응당 차지해야 할 그 높은 지위를 전체 러시아 사람들로부터 인정받은 최초의 시인 이였다.

в глубине души 마음속으로.

в головах (разг.) 머리맡에. [Мать] сидела в головах милых сыновей с
воих.(Гоголь) [어머니] 는 귀여운 자기 아들들의 머리맡에 앉아 있었다.

в голос (кричать, плакать···)(простореч) 큰 소리로. Валя зарыдала в голос. (Фадеев) 발랴는 목 놓아 울기 시작하였다.

в гору. ① 오르막으로. Добро бы было в гору или в ночную пору, а то и под гору и днём. (Крылов) 오르막 이거나 혹은 밤중이라면 몰라도 이건 내리막이고 또 대낮 아닌가. ② 출세하다, 상승세를 걷고 걷다. В домонополистическую эпоху капитализм в целом шёл ещё в гору (Учебник "Политическая экономия") 전 독점적 시대의 자본주의는 전체적으로 아직 상승세를 걷고 있었다.

в два счёта (простореч.) 금세, 간단히, 힘들이지 않고. ≪два счёта догоню≫ – думал он. ≪저까짓 것, 금세 따라 갈 걸≫하고 그는 생각하였다.

в диковину, в диковинку (разг.) 진기하다, 놀랍다, 생전 처음이다. Известно, что слоны в диковинку у нас (Крылов) 알고 있듯이 코끼리는 우리들에겐 매우 진기하다.

в довершение (всего) 게다가, 설상가상으로. Мы рассчитывали в

два дня достигнуть водораздела, однако этот переход отнял у нас четверо суток. В довершение всего погода испортилась – пошли дожди.(Арсен) 우리는 이틀이면 분수령에 가 닿으리라고 예상하였다. 그러나 이 고개를 넘는데 우리는 4주야나 걸렸고 게다가 날씨까지 나빠서 비가 내리기 시작하였다.

в долг 빚으로, 외상으로. давать деньги в долг. 돈을 꾸어주다. Забирать из лавки товар в долг. 가게에서 물건을 외상으로 가져오다.

в дорогу 여행 도중에 사용하기 위하여 (на дорогу와 같음) Взять в дорогу провиант. 도중에서 먹을 양식을 가지고 가다.

в душе ① 마음속에서, 속으로는. Он в дуще протестовал против того, что делалось на его глазах. 그는 눈앞에서 벌어진 일에 대하여 마음속으로 항의 하였다.② 타고난 성품에 있어서. Он поэт в душе. 그는 타고 난 시인이다.

в затылок (становиться)(разг.) 일렬로. Построившись в затылок, отряд двинулся дальше. 일렬로 정돈하여 앞으로 전진 하였다.

в зимний холод всякий молод. (속담)겨울 추위엔 늙은이도 젊어진다.(추운 날에는 마음이 상쾌해지고 씩씩해지므로 늙은이들까지도 기분이 젊어진다는 뜻).

в кавычках (разг, ирон) 괄호 안에 든, 엉터리. Учёный в кавычках. 엉터리 학자.

в кармане свистит (разг. шутл) 호주머니에 동전 한푼 없다.

в качестве кого-чего (книжн) …으로서,

в кои веки (разг.) 오래간만에.

в конечном счёте (книжн) 결국 (в последнем счёте와 같음).

в конце концов 드디어, 결국.

в копеечку стать (또는 вскочить, обойтись, влететь)(разг, фам.) 굉장히 돈이 들다. Это мне станент в копеечку. 나는 이것에

많은 돈을 낭비할거다.

в корне 근본적으로, 전혀, 완전히.

в коротких словах (передать, рассказать) 간단히(전하다, 이야기하다.)

в крайиом случае 최후의 경우에, 부득이한 경우에. 극히 곤란한 경우에.

в крайности (разг.) 필요한 때, 긴급한 때, 정 할 수 없을 때. В крайиости дадите нам телеграмму. 급할 때에는 우리에게 전보를 치십시오.

в крови 타고 난 성격. Храбрость у него в крови. 그는 본래 용감한 사람이다.

в ладу, в ладах (разг.) 의좋게, 사이좋게. Теперь он живёт с женой в ладу. 지금 그는 부인하고 사의좋게 산다. Ум с сердцем не в ладу.(Грибоедов) 이성과 감정이 서로 맞지 않는다.

в лес дров не возят. (속담) 숲으로 장작 지고 갈까?(어떤 물건이 많은 곳에는 그것을 가지고 가지 않는다는 뜻).

в лицо кого (книжн.) 누구에게서.

в лицо (говорить, выбранить…) 직접, 눈앞에 두고, 본인에게 (말하다, 욕질하다.) Он не боялся говорить правду в лицо. 그는 누구 앞에서나 바른 말하기를 겁내지 않았다.

в лоб (воен и спец.) 정면을 향하여 (눈앞에 접근한 적에 대한 공격, 전면에 대한 공격을 말함). Встретить приближающегося противника огнём в лоб. 가까이 오는 적의 머리에 포화를 퍼붓다.

в лучшем виде (сделать, представить…) (простореч.) 훌륭히, 제대로. Не беспокойтесь, сделаем всё в лучшем виде. 염려 마십시오, 모든 것을 다 제대로 해 놓을 것입니다.

в людях Илья, а дома свинья. (속담) 문밖에 나서면 호남자요, 집에 들어오면 폭군이다. (사회에 나가서는 훌륭한 인물처럼 행동하면서도 집에 들어오면 되지 못하게 행동하는 자를 가리키는

말).

в мае дождь, будет рожь. (속담) ① 오월에 비 오면 쌀보리 풍년 든다. ② 시작이 좋으면 결과도 좋다.

в массе 그 대다수에 있어서. В массе люди– трудолюбивы. 사람들 대다수가 일하는 것을 좋아한다.

в мгновение ока (книжн) 순식간에

в меру 알맞게, 적당하게. За ужином все пили в меру и пьяных не было. 저녁 식사 때에 모두 다 알맞게 마셔서 취한 사람이 없었다.

в мутной воде рыбу ловить 난장판에 한몫 보다 (다른 사람들의 곤란, 혼란을 이용하여 이익을 보다.)

в наряде хорош, а без него на пень похож. (속담) 의복이 날개.

в некотором роде (разг.) 어느 정도, 얼마간. Ваше мнение в некото ром роде оригинально. 당신의 의견은 어느 정도 독창적이다.

в новинку кому–чему что 또는 **с инф.** (разг.) 처음이다, 새롭다, 신기하다. Вам уж это надоело, а мне в новинку. 당신은 벌써 이것에 싫증을 느끼지만 저에게는 새롭습니다.

в оборот пустить (ввести, вовлечь…) 사용하다. Завтра пускаем в оборот новые машины. 내일은 새 기계를 돌립니다.

в обрез (разг.) 여분이 없다, 필요한 양밖에 없다. Денег в обрез. 돈이 딱 알맞다.

в обтяжку (порт.) 몸에 딱 붙는 (붙게.) Платье сшито в обтяжку. 드레스는 몸에 딱 붙게 만들었다.

в общей сложности 모두 합하여, 모두 해서, 도합. В общей сложно сти, работы осталось ещё на две недели. 모두 해서 아직도 2주일간 할 일이 남아 있었다.

в общем 대체로 (부분적인 것을 제외한다면). В общем я согласен. 대체로 나는 동의합니다.

в общем и целом 대체로 (в общем과 같음).

в обществе 사교계에서, 사람들 속에서. Привычка быть всегда в обществе придавала ему некоторую любезность, особенно с женщинами. (Пушкин) 항상 사교계에 드나드는 습관으로 해서 그에게는 약간의 친절미, 특히 여성들에 대한 친절미가 있었다.

в общих чертах 대략적으로, 큰 줄거리만, 대체로.

в обычае у кого (разг.) 습관이다. Рабосать по ночам— у него в обычае. 날마다 밤에 일하는 것—이것은 그의 습관이다.

в один голос (разг.) 이구동성으로.

в один прекрасный день (разг.) 어느날, 언젠가, 한번은. Вдруг, в один прекрасный день, баронесса убедилась, что жизнь, в сущности, прескверная вешь. (Тупгенев) 어느 날 갑자기 남작 부인은 본래 생활이란 가장 추악한 것이라는 확신을 가지게 되었다.

в один присест (разг.) 앉은 자리에서, 한번에, 대번에. В один присест написал статью. 앉은 자리에서 (자리에서 한번 일어나지도 않고, 일사천리로) 논문을 내려 썼다.

в одиночку (разг.) 혼자서, 단독으로. Трудно действовать в одиночку. 혼자서 하기는 힘들다.

в одно прекрасное время (разг.) 어느 날, 언젠가, 한번은 (в один прекрасный день과 같음)

в особенности 특히.

в отличие от кого-чего …과 달라서.

в первую голову (разг.) 무엇보다도 우선.

в первую очередь 우선, 제일먼저.

в первых рядах 첫 번째 줄에서, 선두에서.

в перепективе (иметь что, быть у кого) 장차, 앞으로 У него в перепективе научная экспедиция. 그는 앞으로 학술 탐험에 떠나게 될 것이다.

в пожарном порядке (разг. фам. шутл) 함부로. Видно, что это он сделал в пожарном порядке. 그가 이것을 함부로 한 것은 뻔하다.

в поле за ветром не угонишься. (속담) 시루에 물 퍼붓기 (무익한 행동, 불리한 조건 하에서 시간만 낭비함을 말함.)

в помине нет кого-чего (разг.) 전혀 없다. Его давно и в помине нет. 그는 그림자조차 보이지 않은지 이미 오래다. С голубкой голубь врозь живёт, любви в помине больше нет. (Крылов) 숫비둘기와 암비둘기는 갈라져 산다. 이제는 털끝 만한 사랑도 없다.

в (самую) пору (разг.) 제때에. Он пришёл в самую пору. 그는 가장 적절한 시기에 왔다.

в порядке вещей (разг.) 당연하다, 보통이다. Всё это в порядке вещей, не надо удивляться. 이것은 모두 당연합니다, 놀랄 것은 없습니다.

в порядке дня 또는 **в порядок дня** 일정에 (오르다). 해결을 요하는 문제로서 (제기되다.)

в (самое) последнее время 또는 **в последние дни** 최근에, 요즈음.

в последнем градусе (устар) 마지막 단계에 있다. 가장 험한 단계에 있다.(병에 대하여) Он в последнем градусе чахотки. 그의 폐병은 가장 위험한 단계에 있다.

в последнем счёте 결국.

в поте лица (трудиться, добывать хлеб…) (книжн.) 땀을 흘리면서. Мне бы теперь работать, добывать хлеб в поте лица, искупать свои ошибки. (Чехов) 나는 이제는 일을 하고, 땀을 흘려 빵을 얻으면서 자기 과오를 씻고 싶다.

в придачу (разг.) 덧붙여서, 게다가. Выменял ружьё на седло, да в придачу получил новую уздечку. 총을 안장과 바꾸었고 새 굴레까지 더 받았다. Обругал, да в придачу отколотил. 욕설

을 퍼붓고 게다가 때리기까지 하였다.

в принципе 원칙적으로 (원칙에 있어서). В принципе я согласен. 원칙적으로는 나는 동의한다.

в прямом смысле слова (разг.) 그 말의 비유적인 의미에서가 아니라 직접적인 의미에서. Он чудок в прямом смысле слова. 그는 참으로 기묘한 인간이다.

в пух и прах (разг.) 여지없이, 산산이. Разбить в пух и прах. 여지없이 분쇄하다.

в разбивку ① 무질서하게, 순서 없이. Спросите это стихосворение в разбивку. 이 시에 대해서 아무 구절이나 막 물어 보십시오. ② 하나하나씩, 따로 따로. Продавать в разбивку. 한꺼번에 전부 팔지 않고 하나하나씩 따로 팔다. **Действовать в разбивку.** 제각기 행동하다.

в развес (**торговать, продавать**…) (торг.) 소매로. Часть товара продали оптом, часть– в развес. 상품의 일부는 도매로 팔고 일부는 소매로 팔 았다.

в (**самый**) **разгар, в** (самом 또는 всём) разгаре ① 불길이 한창일 때. Пожар в самом разгаре. 불길이 하늘에 솟는다. ② 한창 벌어질 때, 최고조에 달하였을 때. Хлебная уборка была во всём разгаре. (Л.Толтой) 가을이 한창이었다.

в разгоне (разг.) (있는 말들은 부리기 위해서 내보내고 지금은 남아 있는 말이 없다.) Все лошади в разгоне. 남아 있는 말은 한 필도 없습니다.

в разрез (또는 вразрез) (идти) с чем 반대하다, 배치되다. Он всегда шёл вразрез с мнениями большинства. 그는 언제나 다수의 의견과는 달리 행동하였다. Этот поступок идёт вразрез с требованиями морали. 이 행위는 도덕이 요구하는 바와 배치된다.

в разрезе (книжн) 입장에서, 각도에서. Докладчик сделал обзор

экономического положения в разрезе сегодняшнего дня. 보고자는 오늘날의 입장에서 경제 정세를 개관하였다.

в распоряжение кого-чего …의 지도 하에 사업하도록.

в распоряжении кого-чего 가지고 있다.

в расход кого 총살하다.

в расходе (разг.) 모두 나가고 없다. Все люди в расходе. 사람들은 모두 나가고 없다.

в расчёте кто с кем 빚이 없다. Мы с тобой в расчёте. 우리들의 대차 관계는 청산되었다.

в речах по-соловьиному, а в делах по-змеиному. (속담) 웃음 속에 칼이 있다. (말로는 좋게 하면서 행동에 있어서는 남에게 해를 준다는 뜻.)

в решете воду не удержишь. (속담) 바구니에 물은 못 담는다. (어떤 일에도 해당한 지식과 해당한 기구가 있어야 한다는 뜻.)

в роли (быть, выступать, являться…) …으로서. Выступить в роли обвинителя. 기소자로서 나서다.

в рот не возьмёшь (разг.) 맛이 없어서 입에 댈 수가 없다. Пирожки в этом ресторане в рот не возьмёшь. 이 식당의 삐로쉬끼는 맛이 없어서 먹을 수가 없다.

в руках что у кого 완전히 파악하다. (제 것으로 만들다, 소화하다.) Эта пьеса у меня ещё не в руках. 나는 이 곡을 아직 완전히 외우지 못하였다.

в ряде кого-чего 일련의, 적지 않은 …에는. В ряде деревень уже созданы сельскохозяйственные производственные кооперативы. 여러 농촌에는 벌써 농업 생산 협동조합이 조직되어 있다.

в ряду кого-чего (устар.) …속에는, 사이에는. В ряду награждённых орденом был и мой отец. 훈장을 탄 사람들 중에는 우리 아버지도 있었다.

в самом деле 정말로, 진실로. Ах, в самом деле рассвело! (Грибоедов.) 아이 구, 참말로 날이 밝았네! – А ведь пропажа–то нашлась. – В самом деле? –잃었던 물건이 나타났네. –참말인가? От его высокой фигуры кажется, что домик наш меньше, чем в самом деле. (Леонид Разбаш) 그 사람의 장대 같은 키에 우리들의 작은 집은 실제보다 더 작아 보였다.

в самый раз (разг.) ①제때에, 적절한 시기에. Вы пришли в самый раз. 마침 잘 오셨습니다. ② 딱 맞다. Сапоги мне в самый раз. 장화는 내 발에 딱 맞는다.

в свете чего …에 비추어, …의 견지에서. Необходимо критический пересмотреть свою работу в свете новых задач. 새 과업에 비추어 자기 사업을 비판적으로 재검토할 필요가 있다.

в своё время 한때 (과거); 필요한 때, 제때에 (미래). В своё время она была очень известной артисткой. 한때 그 여자는 배우로서 이름을 날렸다. Вы получите ответ в своё время. 당신은 제때에 회답을 받을 것입니다.

в своём роде (разг.) 일정한 관점에서 볼 때. И осень и весна хороши и каждая в своём роде. 가을도 봄도 각각 제 맛을 가지고 있다.

в свою очередь 다른 사람들과 마찬가지로 자기편으로도, 자기도.

в связи с чем (делать что–нибудь, происходить) (книжн.) …과 관련하여, …의 결과로, … 때문에. Спрос на товары увеличивается в связи с ростом благосостояния трудящихся. 상품에 대한 수요는 근로자들의 복지 향상으로 인하여 증대되고 있다.

в семье не без урода. (속담) 동내마다 홀아비 아들 하나씩은 있다. (어느 사회, 어느 집단에서나 못난 것들이 있다는 뜻.)

в сердцах 또는 **всердцах** (разг.) 화를 내여. В сердцах хлопнул дверью и ушёл. 화를 내고 문을 탁 닫고 가버렸다.

в силах 힘이 있다. 할 수 있다. Пока я в силах, по работаю. 건강이 허락할 때까지는 나는 일하겠다.

в силе ① 세력이 있다. ② 한창이다, 고조에 달하고 있다. Зима ещё в силе но пахнет уже весной. 겨울바람은 아직 쌀쌀 하지만 벌써 어딘가 봄이 느껴진다.

в силу чего (드물게는 всилу)(книжн.) …로 말미암아, … 때문에. В силу создавшихся условий. 조성된 조건들로 인하여.

в слепом царстве кривой король (속담) 범 없는 곳에 토끼가 왕이다.

в слепую 또는 **вслепую** (разг.) 사정을 모르고, 맹목적으로. Действовать вслепую. 암중모색하다, 맹목적으로 행동하다.

в случае чего …이 발생할 경우에.

в случае чего (разг. эвф.) 뜻밖의 일이 발생할 때에는, 사태가 복잡해 질 경우에는. В случае чего, немедленно телеграфируй. 만일의 경우에는 (무슨 일이 생겼을 때에는) 곧 전보를 치게.

в смысле чего 어떤 점, 어떤 면에 있어서.

в согласном стаде и волк не страшен. (속담) 양들이 의가 맞으면 늑대도 무섭지 않다.

в соку 또는 **в самом соку, в полном соку** (разг.) 혈기 왕성하다. Она дама в соку. 그 부인은 혈기 왕성하다.

в составе чего ① 구성에 있어서, 성원에 있어서. Выслать разведку в составе одного эскадрона. 한 기병 중대에 해당한 정찰대를 파견하다.

в состоянии с инф. 할 수 있다. Я не в состоянии поднять такую тяжесть. 나는 이렇게 무거운 것을 들어 올릴 수 없다.

в среднем 평균하여.

в старину 옛날에는.

в стенах чего (книжн.) 내부에서 (무엇이 수행되는 장소를 가리킴). В стенах нашего клуба предполагается встреча нового года. 우리들의 클럽에서는 신년 축하회가 있을 것입니다. Вообще же в стенах Петрограда, по газетам, была тишина. (Нек расов) 신문에 의하면 대체로 뻬뜨로그라드는 평온하였다.

в стороне оставить кого-чего 주의를 돌리지 않다, 언급하지 않다, 논의하지 않다. Оставим маменьку в стороне. сделайтесь на минуту прежней Наденькой…и отвечайте прямо. (Гончаров) 어머님 이야기는 하지 맙시다, 그리고 잠시 이전의 나젠까로 돌아가서 솔직하게 대답해 주십시오.

в стороне остаться ① 간과되다. Вопрос о подсобном хозяйстве опять остался в стороне. 부업경리에 관한 문제는 이번에도 간과되고 말았다. ② 참가하지 않다. Нам нельзя остаться в стороне от борьбы за мир. 우리는 평화옹호 투쟁을 방관해서는 안 된다.

в сторону (отложить, отбросить…) 집어 던지다 (불필요한 것, 대수롭지 않은 것으로 인정하다.) Пошёл гулять, а дело – в сторону. 일은 집어 치우고 놀러 갔다. Отбросив шутки в сторону, обратимся к реальным цифрам.(Г. Рыклин) 농담은 그만하고 실제 숫자를 보기로 하자.

в стоячей воде много тины. (속담) 흐르지 않는 물엔 풀이 성한다. (정체하고 있는 인간이나 사회에는 결함이 많다는 뜻.)

в страхе (держать, воспитывать, жить) 공손하게, 완전한 복종 속에. Он держал всю семью в страхе. 그는 자기 가족을 완전히 자기에게 복종 시켰다. Всю жизнь в страхе жила. (М. Горький) 대꾸 한마디 못 하고 일생을 지냈다.

в сущности 또는 **в сущности говоря** (삽입어) 실제로, 바른 대로 말하면. (по существу, по существу говоря와 같음). Это его, в сущности, не удивляло. (Тургенев)실제로 이것은 그를 놀라 게 하지 못하였다.

в счёт чего (выдать, получить…)(канц.) 어떤 지출 항목에 속하는 것으로서. Выдать денег в счёт гонорара. 원고료로 돈을 지불하다. Получить денег в счёт зарплаты. 임금으로서 돈을 받

다.

в таком разе (простореч.) 이런 경우에는, 그렇다면 (в таком случае 와 같음.) В таком разе поезжай сам. 그렇다면 자네가 직접 가게.

в таком роде (разг.) 비슷하게 (в этом роде 와 같음.)

в таком случае 이런 경우에는, 그렇다면.

в такт 어떤 리듬에 장단을 맞추어. И в такт головами качали.(Некрасов) 장단을 맞추어 머리를 흔들었다.

в течение …동안에 (기간을 표시하는 말) В течение недели. 한 주일 동안에.

в тихом омуте черти водятся.(속담) 새침데기 골로 빠진다. (수줍어 보이는 처녀가 실제로는 극히 엉뚱한 행동을 하는 경우를 말함.)

в то время, как …할 때에 (반대되는 것을 대치시킬 때에 쓰임)

в то же время 동시에. Он любил город, и в то же время его всегда тянуло в лес, на реку. (Иван Арамилев) 그는 도시를 사랑하였으나 동시에 그의 마음은 항상 숲으로, 강으로 향하고 있다.

в тот раз 그때에, 지난번 Пойдём в три часа, как оговорились в тот раз. 지난번 약속한 대로 3시에 갑시다.

в (самую) точку (попасть…) (разг.) 바로 그대로, 정확히, 요구되는 대로. Пророчество… чуть в точку не обылось. (Некрасов) 예언은 거의 그대로 실현되었다.

в точности 정확히.

в три погибели (гнкть, —ся, погнуть, —ся) (разг.) 몹시, 지독하게. Спать приходилось в тесноте, согнувшись в три погибели. 온 몸을 구부리고 비좁게 자야만 되었다. Будет бить тебя муж —привередник и свекровь в три погибели гнуть. (Некрасов) 성질이 까다로운 남편은 너를 구타하고 시어머니는 너를 못살게 굴 것이다.

в трубы трубить в ком–чём (разг.) 떠들다. Об них ни в газетах не пишут, ни в трубы трубят. (Салтыков Щедрин) 그 일에 대해서는 보도하는 신문도 없고 크게 말하는 사람도 없다.

в ту пору 그 때. Натерпелась она в ту пору горя. (Тургенев) 그 여자는 당시 갖은 설음을 겪었다.

в тысячу раз 천 배나 더. Это в тысячу раз полезнее. 이것은 천배나 더 유익하다.

в угоду кому–чему 비위에 맞게, 희망하는 대로. Ты, видно, стал в угоду мира благоразумный человек. (Пушкин) 확실히 자네는 세상 사람들이 바라는 대로 똑똑한 인간이 되었네 그려.

в уме (что–нибудь делать) 마음속으로 (기록하거나 발음하지 않고.) Считать **в уме**. 암산하다. Прикинуть в уме. 속으로 타산하다.

в упор выстрелить (стрелять) 직접 총 구멍을 목표에다 대고 쏘다.

в упор глядеть (стрелять) на кого 가까운 거리에서 찬찬히 보다. Они глядели друг на друга в упор. 그들은 서로 찬찬히 쳐다보았다.

в упор сказать (говорить) что 똑바로 이야기하다. Я ему в упор сказал, что он бесчестный человек. 나는 그가 불성실한 사람이라는 것을 그에게 똑바로 말하였다.

в уровень с чем …과 같은 수준에서. Вода в ведре в уровень в краями. 물은 물통에 가득 차 있다. Итти в уровень с веком. 시대와 보조를 맞추어 나가다.

в ус не дуть (разг.) 태연하다. Ему вынесено общественное порицание, а он и в ус не дует. 그는 사회의 비난에 귀 기울이지 않는다.

в форме 자기 실력을 충분히 발휘할 수 있는 상태를 말함. Шахматист сегодня не в форме. 장기 선수는 오늘 컨디션이 나쁘다.

в характере чьём 성격상 그러하다. Не в вашем характере об этом

сожалеть. (Тургенев) 당신은 이것을 애석해할 성격이 아니다.

в хвосте (быть, итти, плетись…) 뒤따르다. Плохо работали и оказались в хвосте. 일을 잘하지 못하여 꼴찌가 되었다.

в ход пустить ① 발동시키다. Пустить в ход машину. 기계를 시동시키다. ② 사용하다.

в (во) цвете чего (лет, сил…) 한창 꽃필 때. Увядает во цвете юности живой. (Пушкин) 꽃피는 청춘에 시들어 간다.

в цвету 개화기에 있다. Персики во всём цвету. (Л. Толстой) 복숭아나무들에 꽃이 만발하였다.

в целом 전체적으로, 총체적으로. Исторический материализм изучает законы развития общества в целом. 역사적 유물론은 전체로서의 사회의 발전 법칙들을 연구한다.

в чёрном теле держать кого 냉대하다. Племянника старьёвщик держал в чёрном теле. (Кокорев) 고물상은 조카아이를 학대하였다.

в честь кого－чего 또는 кому－чему (книжн.) 기념하여, 경의를 표하여. Ъанкет в честь делегатов съезда. 대회 대표들을 환영하는 연회.

в чужой монастырь со своим уставом не суйся. (속담) 입향 순속. (다른 지방에 가서는 그 지방의 풍속을 따름.)

в чужом глазу соломньку видит, а в своём бревно не замечает. (속담) 제 흉 열 가진 놈이 남의 흉 한가지를 본다. (다른 사람의 사소한 결함은 보면서도 자기의 더 큰 결함은 보지 못한다는 뜻.)

в чужом пиру похмелье 남의 사건에 말려들어 손해를 보다.

в этом роде (разг.) 대략, 비슷하게. Он в этом роде и сказал. 그는 대략 이렇게 말하였다.

валить всё в одну кучу (разг.) 상이한 사물, 현상들을 동일시하다,

혼동하다. Даже опытные рыбаки, век свековавшие на своём море, ничего не знают о жизни сельди, в одну кучу валят совершенно различиые породы. (И. С. Соколов-Микитов) 자기 바다에서 일생을 보낸 노련한 어부까지도 청어의 생활에 대해서는 아무것도 모르며 전혀 종류가 다른 것들을 혼동하고 있다.

валиться из рук (разг.) 일이 되지 않는다. (힘이 없어서, 의욕이 없어서.) 일이 손에 잡히지 않는다. Я изнывал в отсутствии Зинаиды: ничего мне на ум не шло, всё из рук валилось, я по целым дням напражённо думал в ней. (Тургенев) 나는 지나이다가 없는 동안 빈민 속에 세월을 보냈다: 아무것도 머리에 들어가지 않았고 아무 일도 손에 잡히지 않았다, 나는 며칠씩 두고 지나이다에 대해서 곰곰이 생각하였다.

валять дурака (простореч.) ① 장난을 하다. (어리석은 행동으로 사람을 웃기다.) ② 바보 같은 짓을 하다. (어리석은 실수를 하다.) Не валяйте дурака! Это дело требует большого внима ния. 정신을 차리시오! 이것은 세심한 주의를 기울여야 할 일입니다.

ваш брат (фам.) 자네 (당신) 같은 사람들 (→ наш брат.) На вашег о брата не угодишь. 당신 같은 사람들의 비위는 맞출 수가 없다.

ваша власть (разг.) 당신의 자유입니다, 좋을 대로 하십시오. Счаст ливые часов не наблюдают. − Не наблюдайте, ваша власть. (Грибоедов) − 행복한 사람은 시계를 보지 않는 법입니다. − 좋을 대로 하십시오, 그것은 당신의 자유입니다.

вбивать (вбить) в голову кому (разг.) 머리에 억지로 넣다. Он принуждён был всякую вещицу им раза по три и по четыре перетолковывать и насильно вбивать в голову. (А. Т. Ъолото в) 그는 그들에게 (장군의 아들들에게) 어떤 것이건 서너 번씩

다시 설명해 주어 억지로 머리에 두드려 넣지 않으면 안 되었다. Его не урезонишь, если он что-нибудь вбьёт себе в голову. 그는 한번 결정한 일에는 누가 뭐라고 해도 듣지 않는다.

вверх дном (разг.) 극도의 혼란, 무질서를 말함. Подай-ко ему не скоро носовой платок, он накричит в беспорядках и поставит вверх дном весь дом. (Гончаров) 손수건을 가져오는 것이 조금만 늦어도 그는 이런 무질서가 어디 있느냐고 고함을 치면서 온 집안을 뒤집어 놓는다.

вверх ногами (разг.) 거꾸로. Повернуть ящик вверх ногами. 상자를 뒤집어 놓다.

ввести кого в курс чего 자세히 알리다. Я ввёл его в курс наших событий. 나는 그에게 우리들의 여러 사건을 자세히 알려 주었다.

ввязаться в бой (воен.) 전투에 참가하다.

вдаться в подробности (разг.) 자세히 서술하다. (때로 지엽적인 것을 자세히 설명하느라고 중요한 것을 망각한다는 의미에서 사용됨.) Доклад его был живым и очень интересным, но, к сожалению, в конце его он вдался в подробности. 그의 보고는 참신하고 매우 흥미 있었으나 유감스럽게도 마지막에 가서 지루한 감이 있었다.

вдоль и поперёк ① 이리저리, 사방으로. Изъездил Европу вдоль и поперёк. 유럽은 안 가 본데가 없다. ② 세밀하게, 충분히. Я изучил эту книгу вдоль и поперёк. 나는 이 책을 충분히 연구하였다.

век вековать (разг. нар. -поэт.) 일생을 보내다. Ну, брат, …квартира у тебя, конечно, не завидная, да ведь тебе не век здесь вековать. (М. Н. Загоскин) 여보게, 내 말 들어보게… 하긴 자네네 살림방은 그리 부러워할만한 방은 못 되지만 뭐 여기서 일생을 보내겠나.

век живи, век учись. (속담) 공부는 죽는 날까지 해야 한다.

велика важность (разг.) 그게 무슨 큰일인가. – Тебя ругают. –Ну и пусть, велика важность. – 사람들이 자네를 욕하고 있소. – 욕 할 테면 하라지, 그게 무슨 큰일인가.

велика федора, да дура. (속담) 빛 좋은 개살구. (키가 크고 풍채는 좋지만 어리석은 사람, 크기는 하지만 쓸데없는 물건에 대해서 하는 말.)

велика честь, да нечего есть. (속담) 빛 좋은 개살구. (표면상의 성공에 실망을 표시하는 말).

вензеля писать (разг. фам. шутл.) 비틀거리다 (술 취한 사람의 걸음걸이). Ногами никогда он вензелей не пишет. 그는 결코 술에 취해서 비틀거리는 일이 없다.

верёвки вить из кого (разг.) 마음대로 주무르다 (사람에 대해서). Он бесхарактерный, из него верёвки можно вить. 그는 얼마나 줏대가 없는지 자기로 새끼를 꼬아도 가만히 있을 사람이다.

верить на слово 말을 믿다.

вертеться в голове 또는 **на языке что** (разг.) 생각날 듯 하면서도 좀처럼 머리에 떠오르지 않다. [Бахмутов] сидел и старался припомнить, как её фамилия··· Фамилия вертелась у него на языке, как это иногда случается, но он не мог её назвать. [바흐무또브]는 앉아서 그 여자의 성이 무엇이었던지 생각해 내려고 애썼다··· 그러나 가끔 있는 일인데 그 성은 생각날 듯 하면서도 좀 체로 머리에 떠오르지 않았다.

вертеться вьюном (разг.) 날쌔게 뛰어 돌아가다. [Мужики] приня лись трепать и гладить пса. Он вьюном вертелся от благодар ности. (Федин) [농부들]은 개를 가볍게 두드려 주고 쓸어 주기 시작하였다. 개는 반가 워서 날뛰었다.

вертеться под ногами, перед глазами (разг. фам.) 시끄럽게 매달리

다, 시끄럽게 굴다. Дети, играя, тут же вертелись под ногами. 아이들은 장난을 하면서 조금도 떨어지지 않고 시끄럽게 굴었다.

вести свою линию 자기 입장, 노선을 견지하다, 자기 의사대로 행동하다.

вести себя хорошо 또는 **дурно** 옳게 행동하다, 그르게 행동하다.

ветер в голове у кого (разг. пренебр.) 경박하다. Всё ещё ветер ходит в голове. (Гоголь) 아직도 허파에 바람 들었다.

ветер горы разрушает, слово народы поднимает. (속담) 바람은 태산을 무너뜨리고 말은 천하를 움직인다 (사람들을 고무 시킬 수 있는 말의 위력을 가리키는 말).

вечная история! (рзаг. фам.) 언제나 그 모양이다. 또 그따위 짓을 한다 (불만을 표시하는 말). С ним вечная история—всегда всё забывает. 그는 언제나 그 모양이다 – 늘 이것저것 다 잊어버리고 만다.

вешать голову 우울해 지다. Милый друг ты мой, не стыдись, не вешай голову··· Н—ну? (Фадеев) 사랑하는 내 친구, 부끄러워 말고 우울해지지 말게··· 자, 어서!

вешать собак на кого 또는 **вешать собак на шею кому** (разг.) 욕설하다, 비난하다. Прежде, чем вешать собак на других, надо уметь относиться критически к самому себе. 다른 사람을 욕하기 전에 자기를 반성할 줄 알아야 한다.

вешаться на кого 또는 **на шею кому** (разг. шутл. неодобр.) 목에 매달리다, 교태를 부리다 (갖은 수단으로 남자의 환심을 사려고 하다). Глазки ему делает улыбки отпускает, — ну так и вешается ему на шею. (М. Н. Загоскин) 추파를 보내고, 미소를 던지고 – 그에게 갖은 교태를 부린다.

взбрести в голову 또는 **на ум** (разг. фам.) 우연히 어떤 생각이 떠오르다. Откуда тебе взбрела в голову эта мысль? 그런 생

각이 어떻게 해서 자네 머리에 떠올랐나?

взглянуть одним глазком (разг. фам.) 잠깐 만나다. К больному никого не пускали, а мне так хотелось взглянуть на него одним глазком. 환자에게는 아무도 들여보내지 않았는데 나는 그를 잠깐이라도 만나고 싶었다.

взлететь на воздух 공중에 날아나다 (폭파되다, 계획이나 공상이 여지없이 부서지다).

взявшись за гуж, не говори, что не дюж. (속담) 어떤 일을 맡은 후에는 못 하겠다는 말을 하지 말고 끝까지 완수하라는 뜻.

взятки гладки с кого (разг.) 어쩔 도리가 없다 (그에게 무엇을 요구하든지 하나마나 하다).

взять в оборот кого (рзаг. фам.) 엄격한 훈계를 하다. Наш бригадир взял в оборот всех наших лентяев. 우리들의 반장은 브리가다의 모든 건달들에게 엄격한 훈계를 하였다.

взять в работу (разг. фам.) 엄격한 훈계를 하다. (взять в оборот 와 같음).

взять в толк что (разг.) 이해하다. Никак не возьму я в толк, чего он от меня добивается. 그가 나에게서 얻으려는 것이 무엇인지 나는 전혀 알 수가 없다.

взять да (또는 взять и, 또는 взять да и) +동사 (разг.) 돌연한 또는 뜻밖의 동작을 표시, 표현 형태는 다음과 같다. (① возьму да скажу (возьмёшь да скажешь…) = я скажу (ты скажешь…) ② я (ты…) взял да и сказал (сказала) = я (ты…) сказал (сказала) ③ я (мы, вы, он, она, они) возьми да скажи = я сказал (мы сказали…). ④ (ты) возьми да скажи, вы возьмите да скажите = решись (−тесь), скажи (−те), не робея. 과거의 뜻으로는 네 째 번 형태는 위문문에서만 쓰일 수 있음. А ты возьми да скажи ему? 과연 그래 그 사람에게 말하였단 말이요?

взять за бока кого (простореч. фам.) 참가시키다. Для проведения этого дела придётся взять за бока товарища Иванова. 이 사업을 하기 위해서는 이바노브 동지를 참가시켜야 한다.

взять за горло кого (разг.) 강박하다.

взять на борт (мор.) 배에 태우다, 구해서 올리다.

взять на буксир кого (раз.) 방조를 주어 사업을 추진시키다.

взять силу (простореч.) 강해지다, 유력해지다. Огонь силу взял. (Даль) 불이 세어졌다. Большую силу взял наш Семёныч, вот—вот в председатели выйдет. 우리 씨묘느이치는 대단히 신망이 높아져서 아마 곧 위원장이 될 것이다.

видал виды (разг.) 많은 풍파를 겪었다. (경험이 많은 사람에 대해서 하는 말) Вы человек пожилой, бывалый, видали виды. (А. Островский) 당신은 연세도 상당하고 경험도 있고 많은 풍파를 겪은 사람입니다.

видеть насквозь кого—что (разг.) 속을 환히 들여다보다.

видеть толк в чём (разг.) 조예가 깊다, 감상력을 가지다, 잘 알다. (понимать толк в чём 와 같음).

видит око, да зуб неймёт. (속담) 보고도 못 먹는 떡 (욕심은 나도 손이 닫지 않는 물건에 대해서 하는 말).

видишь, видите, видишь ли, видите ли (삽입 어) 무엇에 대해서 주의를 환기시키며 무엇을 강조하려고 할 때 쓰는 말. Он, видите ли, очень занят! 그는 그야말로 매우 분주합니다!

видно сокола по полёту, а добра молодца по поступкам. (속담) 매는 나르는 재주를 보고 사람은 행실을 본다 (사람에 대한 평가는 그의 행동에 의해서 규정된다는 뜻).

видом не видано. 본 사람도 없고 들은 사람도 없다 (전에 있은 적이 없는 것, 아무도 본 적이 없는 것을 가리키는 말).

виноватый винится, а правый ничего не боится.(속담) 죄 지은 사람은 죄를 인정하고 벌을 받아야 하지만 죄 없는 사람은 아

무것도 두려울 것이 없다는 뜻.

винтиков 또는 **винтика нехватает** (в голове) у кого (разг.) 그는 좀 돌았다. 정신이 이상하다 (어리석은 사람, 다소 비정상적인 사람, 행동이 약간 이상한 사람을 가리키는 말).

висеть в воздухе 허공에 떠 있다 (① 불안정하고 흔들거리는 것 ② 근거 없는 것).

висеть на полоске 또는 **на ниточке** 간신히 걸려 있다, 풍전등화이다.

виться вьюном около кого (разг.) 옆에서 떠나지 않고 열심히 시중하다, 정중히 모시다. Все вились около него вьюном, не зная куда посадить дорогого гостя. 모두 귀한 손님을 어디에다 모실지 몰라서 빵빵 돌면서 그의 시중을 들기에 바빴다.

вколотить в голову кому (простореч.) 회초리로 때려서 가르쳐 주다. Еле вколотили ему в голову элементарные правила арифметики. 수학의 초보적인 규칙들을 간신히 그의 머리에 넣어 주었다. Вколотил себе в голову, будто его преследуют. 마치 자기가 박해를 당하고 있는 듯이 그는 생각하였다.

вкривь и вкось ① 여러 방향으로, 무질서하게. Исчерченное вкривь и вкось колёсами поле. (Б. Полевой) 사방으로 바퀴 자리가 난 들판. И верный посох мне вручив, не дай блуждать мне вкось и вкривь. (пушкин) 믿음직한 지팡이를 나에게 주어 사방으로 헤매지 않도록 하라. ② 되는 대로, 그릇되게, 전도되게 (논의하다). Пожалуйста, при нём не спорь ты вкривь и вкось. И завиральные идеи эти брось. (Грибоедов) 제발 그 사람 앞에서 엉터리 논쟁을 하지 마시오, 그리고 이 어리석은 사상은 집어 치우고.

владеть собой, своими чувствами 자기를 억제하고 태연하게 행동하다, 흥분을 억제하고 냉정하게 판단하다.

влачить жалкое существование (книжн.) 간신히 입에 풀칠하다,

비참한 생활을 하다.

влезть в долги (простореч.) 빚을 많이 지다.

влезть в душу кому (разг.) ① 남의 주의를 집중 시키다. Рассказчик так влез нам в душу, что мы жадно ловили каждое его слово. 이야기하는 사람이 우리들의 귀에 쏙쏙 들어오게 말을 하는 바람에 우리는 그 사람의 말을 한마디도 놓치지 않으려고 하였다. ② 남의 속을 꿰뚫어 보다. (성격, 습관, 속에 깊이 품은 생각, 의도를 알아내다). В чужую душу не влезешь, чужая душа – потёмки. (В. Костылев) 남의 속을 어떻게 아나, 열 길 물속은 알아도 한 길 사람 속은 모른다네.

влепить пощёчину кому (разг. вульг.) 뺨을 때리다.

влететь бомбой 또는 **как бомба** (разг.) 총알같이 날아 들어오다 (나는 듯이 빠르게 뛰어 들어 오다).

вломиться в амбицию (разг.) 화를 내다, 노기등등하다. Лёшка-гармонист, человек самолюбивый и самомнительный, вломился было в амбицию. (Куприн) 자존심과 자부심이 강한 아코디온 연주자 료쉬까는 화를 내려다가 말았다.

вместе с тем 그와 동시에, 이와 함께.

вместе тесно, а врозь скучно. (속담) 같이 있으면 싫증나고 헤어지면 쓸쓸하다. (가족들이 화목하지 못할 경우에 흔히 쓰는 말).

вне времени и пространства 현실에서 유리되어 Он прожил жизнь свою вне времени и пространства. 그는 뉘 집에 밥이 끓는지 죽이 끓는지 통 모르고 일생을 보냈다.

вне закона (офиц. право) 법률의 보호 밖에.

вне себя 극도의 흥분 상태를 말함. Гады! гады! – вне себя рычал Пимен, держа себя за голову. (Салтыков-Щедрин) 더러운 놈들! 더러운 놈들! -삐멘은 머리를 움켜쥐고 미친 듯이 고함쳤다. Найди пятак, Петя был вне себя от восторга. (Катаев) 5전 짜리 동전을 얻은 뻬짜는 너무 기뻐서 어쩔 줄을 몰랐었

다.

вне (всякого) сомнения 물론, 두말할 것 없이, 의심할 것 없이. (без「всякого」сомнения 와 같음). —Значит, вы приедете? — Вне всякого сомнения! — 그럼 오신단 말씀이지요? — 물론입니다!

во весь дух (разг.) 전 속력으로. Во весь дух бежать. 전속력으로 말하다.

во весь рост 허리를 쭉 펴고. Он поднялся во весь громадный рост… (Н. Островский) 그는 그 큰 키를 쭉 펴고 일어섰다. Во весь рост встали новые важные задачи. 새로운 중요한 과업들이 긴급하게 제기되었다.

во время оно 또는 **во времена оны** (разг. шутл.) 옛날에는, 한때에는. Так было прежде во время оно и со мной. (Пушкин) 이전에 한때에는 나도 그랬답니다.

во все глаза (смотреть, глядеть.) (разг.) 눈을 크게 뜨고, 주의깊이. Мы смотрели за ним во все глаза, стараясь понять, как он делает этот фокус. 우리는 그가 어떻게 이 요술을 부리는가 하고 눈을 크게 뜨고 바라보았다.

во всё горло 힘껏 큰 소리로. Ворона каркнула во всё воронье горло. (Крылов) 까마귀는 힘껏 큰 소리로 울었다.

во все лопатки (удирать, бежать, гнать) (разг. фам) 전속력으로, 나는 듯이, 쏜살같이. Слушайте : вы побегите, да бегом, во все лопатки, и снесите две записки. (Гоголь) 제 말을 들으십시오, 달려가서, 그렇습니다, 부리나케 달려 가서 두장의 편지를 전하십시오.

во всех отношениях 모든 점에서. Работник хороший во всех отношениях. 어느 점으로 보나 훌륭한 인물이다.

во всю (простореч.) 있는 힘을 다하여, 열심히. Во всю бежать. 있는 힘을 다하여 달리다. В судомойне шла работа во всю.

(Н. Островский) 설거지 하는 곳에서는 눈코 뜰 새 없이 분주하였다.

во всяком случае 이렇든 저렇든 간에, 어쨌든, 적어도. Он был старше всех мужчин за столом, ему, во всяком случае, перевалило за тридцать. (Вера Панова) 그는 식탁에 앉아 있는 어느 남자보다도 나이가 많았다. 그는 적어도 삼십은 넘었었다.

во главе (книжн) 선두에.

во главу угла 기본적인 것으로서, 특히 중요한 것으로서 (나서다, 내세우다.) Мы дисциплину ставим во главу угла практики нашей работы. (Киров) 우리는 우리들의 실제 사업에서 규칙을 가장 중요하게 내세운다.

во дни оны (разг. шутл.) 기왕에는, 옛날에는, 한 때에는. (во время оно, во времена оны 와 같음)

во плоти (устар) 인간으로 화한. Она – ангел во плоти. 그 여자는 하늘에서 내려 온 천사 같다. (천사의 화신이다.)

во что бы то ни стало 어떤 일이 있더라도, 어떻게 해서든지, 기어이. Как бы ни было тяжело, я должен выдержать до вечера, во что бы то ни стало! (Владимир Билль–Белоцерковский) 아무리 힘들더라도 나는 저녁때까지 견뎌 내어야 한다, 어떤 일이 있더라도 기어코!

вогнать в пот кого–что чем (разг. фам.) 땀을 흘리게 하다. Профессор химии на экзаме е вогнал в пот всех студентов своими вопросами. 시험장에서 화학 교수의 질문에 모든 학생들이 땀을 흘렸다.

вода на мельницу (чью–нибудь.) 누구를 지지하다.

водить за нос кого–что (разг.) 기만하다, 우롱하다. Она так водила за нос людей, что они даже не подозревали обмана. 그 여자는 얼마나 감쪽같이 사람들을 속여 넘겼던지 사람들은 자기가 속고 있다고 꿈에도 생각지 않았다.

водить на помочах (разг.) 어린아이가 넘어지지 않도록 겨드랑이 아래로 줄을 매여 걷는 법을 가르치다.

водой не разольёшь кого (разг.) 그들은 매우 친하다. Такие стали друзья, что водой не разольёшь. (А. Печерский) 그들은 떨어질래야 떨어질 수 없는 친구가 되었다.

водою не замутит (разг.) 온순하다. Была такая скромница, водою не замутит. (А. Островский) 무척 온순하였다.

воду толочь (в ступе) (разг.) 시루에 물 퍼붓기 (헛수고를 하다.)

воды не замутит (разг.) 온순하다. (водою не замутит 와 같음.)

воды утекло (много, немало) 많은 세월이 흘렀다. 많은 변화가 있었다. Прошло лет двадцать. Много воды утекло с тех пор, много людей умерло, много родилось, много выросло и сост арелось, ещё больше родилось и умерло мыслей. (Л. Толсто й) 20년이 지났다, 그동안 많은 것이 변하였고 많은 사람들이 죽었다, 많은 사람이 태어나고 자라고 늙었다, 그리고 그 보다도 더 많은 사상이 나타나고 사라졌다.

вожжа под хвост попала (попадёт) (разг. вульг.) 웬일인지 초조해하다, 신경질을 부리다. 화를 내다.

воздать сторицею кому за что 백 배로 갚다. (① 몇 배나 더한 표창을 하다. ② 몇 배나 더한 보복을 가하다.) Упорный труд возн аграждается сторицею. 꾸준한 노력에는 몇 배나 더한 찬양이 온다. За все его козни воздам ему сторицею. 그의 모든 흉계에 백배의 보복을 가할테다.

воздушные замки (строить) 사상누각.

возлагать вину, ответственность на кого (книжн.) 죄를 누구에게 덮어씌우다.

возлагать надежды на кого-что (книжн.) 기대를 걸다.

вознаградить себя за что-нибудь 자기의 수고, 자기의 슬픔을 스스로 위로하다. Вернувшись домой, я вознаградил себя хороши м ужином. 집에 돌아 온 후 나는 맛있는 저녁으로 하루의 수고를 풀었다.

возомнить а себе (ирон. неодобрит.) 우쭐거리다, 잘난 척 하다.

возыметь действие (книжн.) 효과를 내다.

возьмёшь лычко, а отдашь ремешок. 배보다 배꼽이 크다. (적은 것을 받고 많은 것을 갚게 되는 경우에 하는 말.)

войти в возраст. 어른이 되다. Он вошёл в возраст. 그는 어른이 되었다.

войти в курс чего 자세히 알다. Я не успел ещё войти в курс дела. 나는 아직 사정을 알아보지 못하였다.

войти в силу ① 강해지다, 왕성하게 되다. (взять силу와 같음.) Коноплянники уже вошли в силу и пускают свой тяжёлый, но приятный дух (Тургенев) 삼밭의 삼은 벌써 자라나서 코를 찌르는, 그러나 상쾌한 냄새를 풍긴다. ② 힘을 가지다, 권위를 가지다. Закон вошёл в силу. 법률은 효력을 발생하였다. (실시하게 되었다.)

вокруг да около (разг.) 요령부득, 핵심에 닿지 못하다. (요점을 파악하지 못하고 주위를 빙빙 도는 것을 말함.) Мы всё ходим вокруг да около и никак не договоримся до настоящей сути. (Чехов) 우리들의 이야기는 그냥 주위만 뱅뱅 돌뿐 아무리해도 본질적인 것을 파악하지 못할 것이다.

волей-неволей (разг.) 부득불. Волей- неволей соглатился. 하는 수 없이 동의 하였다. Пошёл сильный дождь, и волей- неволей приходится оставаться дома. 많은 비가 내려서 할 수 없이 집에 있을 수밖에.

волков бояться - в лес не ходить (속담) 범굴에 들어가야 범을 잡는다. (우유부단하면 아무 일도 못 한다는 뜻.)

волком выть (разг.) 자기의 고통을 하소연 하다. Он волком выл, жолуясь на свою горькую судьбу. 그는 자기의 쓰라린 운명을

우는 소리로 하소연 하였다.

волком смотреть (разг.) 침울한, 적의를 품은 눈으로 보다. Попав в детдом, мальчик волком смотрел на всех окружающих. 고아원에 들어온 소년은 주위의 모든 사람들을 침울한, 적의를 품은 눈으로 보았다.

волосы рвать на себе 제 머리를 쥐어 뜯다. (자신에 대해서 화를 낼 때, 절망에 빠졌을 때.)

волчий аппетит 대단한 식욕.

вольный казак (разг.) 메이지 않은 몸, 자유로운 몸. Теперь… сам себе голова, сам себе вольный казак!… Что захочу, то и делаю!… (А. Печерский) 지금… 나는 내 주인이요, 자유로운 몸이다!… 무엇이나 하고 싶으면 하고 싫으면 안 한다!

вольный перевод 자유의역.

волю давать рукам (разг.) 주먹질하다, 구타하다. Языком болтай, а рукам воли не давай. (속담) 말로는 떠들어도 주먹질은 하지 말라.

вооружаться до зубов (книжн.) 철저히 무장하다.

вооружаться терпением 참기로 작정하다, 참으려고 애쓰다. Я долго вооружался терпением, но всему есть конец терпение моё истощилось! (Д. В. Григорович) 나는 오랫동안 참으려고 애썼지만 어떤 것에도 한계가 있는 법이다 : 이제는 참으려 해도 참을 수 없게 되었다!

вооружённой рукой (разрешить спор) 무력으로, 전쟁으로써 (분쟁을 해결하다.)

вопрос жизин и смерти 생사에 관한 문제, 중대문제.

вор обшарит, хоть стены оставит, а огонь и те приберёт. (속담) 도적맞은 뒤에는 벽이나마 남아도 불난 자리에는 재밖에 없다.

ворон ворону глаз не выклюет. (속담) 까마귀끼리는 눈알을 쪼아 먹지 않는다. (나쁜 짓을 하는 자들, 일가친척들이 서로 비호하

는 것을 가리키는 말.)

ворон считать (разг. фам.) 멍하니 입을 벌리고 있다 (주의를 하지 않다, 중요하고 필요한 것을 보지 못하다.)

ворона в павлиньих перьях (пренебр.) 공작 깃 속의 까마귀, 양질호피 (자기를 실제 이상으로 보이려고 시도하는 사람.)

ворочать глазами (разг.) 눈을 부라리다. 눈을 흘기다.

ворочать тысячами, миллионами (разг.) 수백만금을 주무르는 거부이다.

восходящее светило, восходящая звезда (книжн.) 이름을 떨치기 시작한 과학, 예술계의 혜성, 신지.

вот + **의문 대명사** (кто, что, какой, каков, чей), 의문 부사 (как, где, куда, тогда, когда, почему) …눈앞에 있는 것, 직접 다음에 오거나 선행하는 것을 가리킴. Вы вот что сделайте: помажьте рану нодом и забинтуйте. 이렇게 하십시오: 상처에다 옥도정기를 바르고 붕대를 감으십시오. Так вот где таилась погибель моя! (Пушкин) 바로 여기에 나의 파멸이 숨어 있었다! −Возьми ты с меня какую−нибудь клятву страшную… − Какую клятву? − Вот какую : чтобы не смела я без тебя ни под каким видом ни говорить ни с кем чужим, ни видеться (А. Островский) −저에게서 어떤 무서운 맹세를 받으세요… −어떤 맹세 말입니까? −바로 이런 맹세지요: 내가 당신이 없이는 어떤 구실로도 딴 사람과 결코 말하지 않고 만나지 않는다는 맹세이지요.

вот−вот 다음 순간에는, 조금만 있으면 곧… Раза два мы отдыхали, потом опять шли, в надежде, что вот−вот покажется море. (В. К. Арсеньев) 우리는 두 번 가량 쉬었다, 그리고 곧 바다가 보일 것 같아서 또 다시 걸었다.Утро было тихое, тёплое, серое. Иногда казалось, что вот−вот пойдёт дождь (Тургенев) 아침은 고요하고 따뜻하였고 하늘은 잿빛 이였다. 간혹, 방금

이라도 비가 내릴 것 같았다.

вот где зарыта собака 문제의 본질, 관건은 여기에 있다, 문제는 바로 여기에 있다. Теперь я понимаю, где тут собака зарыта. 지금 나는 문제의 본질이 어데 있는가를 알았다.

вот где сидит кто−что (разг.) 골치 거리다. 걱정거리다. Ах, уж этот мне Альберт−вот где сидит! (Л. Толстой) 아이구 요 알베르트가 애를 먹인단 말이야!

вот ещё (разг.) 거부, 불찬성을 표시하는 말 −Кто дома? −Никого. Тётя Фаля, она спит⋯ Разбудить? −Ну, вот ещё. (Вера Панова) − 집에 누가 있습니까? −아무도 없어. 아주머니 팔랴는 자리에 누워있고⋯ 깨울까? − 아이, 그냥 두십시오.

вот как! 그래요, 뭐라 구요, 그럴 수가 있나 −Я уезжаю в Москву. −Вот как! а я не знал. − 나는 모스크바로 떠납니다.− 그래요! 난 모르고 있었어요. Вот как! Почему же никто не предупредил меня об этом? 뭐라 구요! 왜 아무도 이것을 나에게 미리 일러 주지 않았습니까?

вот не было печали, так черти накачали. (속담) 자다가 얻은 병, 예기치 못한 우환.(아무 일도 없었는데 뜻밖에 불행이 닥쳐왔다는 뜻.)

вот так (разг. фам. ирон.) 경멸을 표시. Вот так шофёр! Править не умеет! 그래도 운전수인가! 운전할 줄도 모르고!

вот так так! (разг.) вот тебе и на와 같음

вот тебе и весь сказ 또는 **последний мой сказ** (разг.) 이것이 마지막 말이다, 더 말할 것이 없다. Не согласен я −вот тебе и сказ весь! 나는 동의 할 수 없소 − 이것은 마지막으로 하는 말이오!

вот тебе и на, вот тебе на, вот те на! (разг.) 기대와 어긋났을 때에 놀람을 표시하는 말. Вот те на!⋯ Ждали с гор, ан подплыло низом. (Михаил Бубеннов) 뜻밖인데요! ⋯ 산에서 내려

오는 줄 알고 기다렸더니 산 아랫길로 나타났군요.

вот тебе (и) раз (разг.) вот тебе и на와 같음.

вот уж ① 반박할 때에 하는 말 Вот уж неправда! 그것은 잘못입니다! ② 벌써. Мы не видались вот уж пять лет. 우리는 벌써 5년 동안이나 만나 보지 못하였다.

вот что! (разг.) 뭐라 구요, 그럴 수가 있나, (вот как와 같음.)

впадать в детсво 노망하다.

впадать в противоречие 자기모순에 빠지다.

вперить взор 또는 **взгляд** 응시하다 Женщина, вперив взор в одну точку, продолжала хранить молчание. 여자는 한 점을 바라보면서 계속 침묵을 지켰다.

вплоть до … 까지. Вплоть до утра. 아침까지.

вплоть до по−беды. 승리할 때까지. Животные всех видов, вплоть до высших, пользуются лишь тем, что даёт природа. Только человек создаёт орудия производства. 고등 동물에 이르기까지의 각종 동물은 자연이 주는 것만을 이용한다. 오직 생산 도구를 창조하는 것은 인간만이다.

впредь до чего 앞으로 …할 때까지. Впредь до распоряжения. 앞으로 지시가 있을 때까지.

враг боек, да наш народ стоек. (속담) 적은 강하지만 우리 국민은 용감하다.

врагов не считают, а их бьют. (속담) 전투에서는 적의 수적 우세에 겁먹지 말고 용감히 공격하여 적을 분쇄해야 한다는 뜻.

врастать в землю 땅 속으로 내려앉다. Ветхая избушка врастает в землю. 낡은 집은 기둥이 내려앉는다.

время не ждёт 시간은 사람을 기다리지 않는다. 서둘러야 한다. Время не ждёт мы должны усилить темпы нашей работы. 시간은 우리를 기다리지 않습니다. 우리는 작업 속도를 더 높여야 하겠습니다.

время от времени 때때로, 간혹, 가끔.

время покажет 때가 오면 스스로 명백하여질 것이다. Кто прав, кто виноват－время покажет. 때가 오면 누가 옳고 그른가가 스스로 명백해질 것이다.

время терпит 바삐 서두르지 않아도 된다. Беги, Серёжа, время не терпит. (Н. Островский) 달려 가, 쎄료자, 시간이 없어.

врёт, как сивый мерин. 바보스러운 소리를 하다. (뻔뻔스러운 거짓말을 하는 사람에게 하는 말.)

вроде как (простореч.) 마치…비슷하게. А Марья Сергеевна у нашего барина в роде как экономка жила. (Сал－тыков－Щедрин) 그리고 마리야 쎄르게예브나는 관리인 비슷하게 우리 주인집에 와 있었다.

врозь (**идёт, пошло**) 일이 잘 되지 않는다. И снова дело врозь. (Пушкин) 일은 또다시 잘못 되었다.

вряд ли 의심스럽다, 만무하다. Вряд ли это так. 그럴 리가 만무하다. Вряд ли он придёт. 그는 아마 오지 않을 것이다.

всё более и более 점점 더.

все в один голос (разг.) 이구동성으로.

всё вместе взятое 상술한 모든 것은, 이 모든 것은. Всё вместе взятое подтверждает правильность нашего решения. 이미 말한 모든 것은 우리들의 결정이 정확하다는 것을 확인하여 준다.

всё время (разг.) 언제나, 항상. Я всё время занят. 나는 항상 바쁘다.

все друзья－приятели до чёрного лишь дня. (속담) 집이 가난하면 친구도 멀어진다.

всё ещё 아직도, 여태껏, 여전히. Он всё ещё живёт в этом городе. 그는 지금도 이 도시에 살고 있다.

всё ж, всё же 그래도 역시. всё же я с вами не согласен. 그래도 역시 나는 당신에게 동의할 수 없다.

все за одного один за всех. (속담) 전체는 각자를 위해서, 각자는 전체를 위해서 (집단의 원칙을 말 한 것).

все и вся 모두 (빠짐없이)

все кому не лень (разг. фам) 원하는 사람은 누구든지. Присоединяйтесь к нам все кому не лень. 누구든지 생각 있으면 참가하시오.

всё одно (простореч.) всё равно와 같음.

всё равно 또는 **всё одно** ① 이러나 저러나 마찬가지다, 매 일반이다. − Не перевезти ли её ко мне в больницу? − Нет! зачем в больницу! всё одно помирать−то. (Тургенев) − 그 여자를 저의 병원으로 옮겨야 되지 않겠습니까? − 아닙니다! 뭐 하러 병원으로 옮기겠습니까! 아무래도 구하지는 못할 것입니다. ②다름이 없다. (чтоб как와 함께 비교를 표시). ③ 결코(어떤 경우일지라도). Проси, не проси, я всё равно не пойду. 초대하건 안 하건 어쨌든 나는 가겠습니다.

всё хорошо, что хорошо кончается. (속담) 결과가 좋으면 모두가 좋다.

всего доброго! (разг.) 안녕히 (작별할 때의 인사) − До свидания. − Всего доброго. До следующей субботы.−다시 만납시다.− 다음 토요일까지 안녕히.

всего−навсего (разг.) 모두 해서, 겨우, 불과. Осталось всего−навсего два рубля. 모두 해서 2루블 밖에 남지 않았다.

всего ничего (простореч.) 매우 적게. И денег то у меня осталось всего ничего. 나에게는 돈이라고는 겨우 몇 푼밖에 남지 않았다.

всего только 다만, 불과. В Малом Художественном театре я был всего только один раз. 소 예술 극장에는 나는 한번밖에 가 본 적이 없다.

всеми правдами и неправдами (разг.) 수단을 가리지 않고, 온갖

수단으로. Он всеми правдами и неправдами добивался повышения по службе. 그는 출세하려고 온갖 수단을 다 했다.

вскружить голову кому (разг.) 아찔하게 하다, 황홀케 하다, 이성을 잃게 하다. Похвалы вскружили ему голову. 그는 칭찬을 받는 바람에 정신이 아찔해졌다.

всосать с молоком матери что 타고난 성미다, 어렸을 때 부터 배양되다. Русский человек – гордый человек, с детства он с молоком матери всасывает любовь к всему русскому. (Н. С. Тихонов) 러시아 사람은 긍지에 넘친 사람이다. 어렸을 적 부터 그는 모든 러시아적인 것에 대한 사랑을 어머니의 젖과 함께 빨아들인다.

всплеснуть руками (разг.) 손뼉을 치다. (기쁠 때, 놀랐을 때, 어떤 강한 인상을 받았을 때).

всплыть на поверхность 표면에 떠오르다, 드러나다, 나타나다.

вставлять палки в колёса (разг.) 방해를 놀다.

встать пораньше да шагнуть подальше. (속담) 일찍 일어나면 멀리 간다. (일찍 일어나면 일을 많이 할 수 있다는 뜻).

встречный и поперечный(разг.) 만나는 사람마다, 누구나 다 (본래는 저 쪽으로부터 오는 사람과 길을 건너가는 사람이라는 뜻.) Каждый день, часов в семь утра, он выходил из дома за припасами на рынок и имел, при этом случае, привычку поговорить со встречным и поперечным. (А. Ф. Писемский) 날마다 아침 일곱시쯤에 그는 양식을 구하러 장으로 가곤 하였는데 이 때에 오고 가는 사람과 다 말을 거는 버릇이 있다.

вступить в брак (офиц.) 결혼하다.

вступить в должность (офиц.) 취임하다. Вступить в должность секретаря. 비서로 취임하다.

вступить в свои права (книжн.) 자기 힘을 완전히 나타내다. Весна скоро вступит в свои права. 봄은 곧 자기의 힘을 완전히 나타

낼 것이다.

вступить в (законную) силу 효력을 가지게 되다, 실시되다. Закон вступил в силу. 법률은 효력을 발생하였다.

всыпать горячих кому (простореч.) 채찍으로 때리다. Перестань баловаться, вот я всыплю тебе горячих! 응석은 그만 부려! 괜히 매 맞지 말고!

всяк кулик своё болото хвалит. (속담) 도요새마다 자기가 사는 개펄이 좋다고 한다. (사람마다 제 것이 좋아 보인다는 뜻, 또는 자기 자랑을 하는 사람에게 하는 말.)

всяк сверчок знай свой шесток. (속담) 오르지 못할 나무는 쳐다 보지도 말라. (자기의 분수에 맞는 일을 하라는 뜻.)

всякая всячина 잡동사니, 온갖 것. Навалена в углу всякая всячина. 구석에는 여러 가지 물건이 되는대로 쌓여있다. Куда больше наш лес, а в лесу этом зверья всякого видимо-невидимо : волк, медведь, рысь, всякая всячина. (М. М. Пришвин) 우리들의 숲은 훨씬 더 크다, 그리고 이 숲에는 짐승들이 우글우글하고 늑대, 곰, 그리고 멧돼지 – 없는 것이 없다.

всякая сосна своему бору шумит. (속담) 소나무마다 제 숲이 좋다 한다. (사람마다 자기와 가까운 것을 자랑한다는 뜻.)

всякий человек вперёд смотрит. (속담) 자기의 계획을 세우는데 있어서 사람들은 누구든지 자기의 미래를 계산 한다는 뜻.

всяко бывает (разг.) 세상에는 별 일이 다 있을 수 있다. Всяко бывает, а потому не надо падать духом. 세상일이야 이럴 수도 있고 저럴 수도 있으니까 낙심할 것은 없네,

всякому овощу своё время. (속담) 모든 채소는 제철이 있다. (모든 것에는 각각 때가 있다는 뜻.)

всякому яду есть противояди. (속담) 모든 독에는 해독제가 있다. (어떤 행동에든지 거기에 대항하는 방도가 있다는 뜻.)

втереть очки кому (разг.) 속이다.

втереться в доверие к кому (разг. фам.) 교묘하게 신용을 얻다.

втоптать в грязь (ритор.) 얼굴에 먹칠하다, 오명을 씌우다, 비방하다, 모욕하다. (공개적으로)

входить в азарт. 열중하다. Во время концерта регент входит в азарт… Он машет руками, шевелит пальцами, дёргает плечами… (Чехов) 연주회 때에는 합창대 지휘자는 열광해 버린다… 그는 손을 흔들고 손가락을 놀리며 어깨를 으쓱거린다…

входить в быт 일상적인 것으로 되다.

входить в долги 빚지다.

входить в жизнь чего 누구의 생활에 함께 어울리게 되다. Постепенно я стал входить в жизнь посёлка, в жизнь шахты, расширяя круг знакомых. (Б. Галкн) 나는 아는 사람들의 범위를 넓히면서 차츰 부락의 생활, 탄광 생활과 호흡을 같이 하게 되었다.

входить в лета 상당한 연세에 달하다, 늙기 시작하다.

входить в моду 유행하게 되다.

входить в поговорку 속담으로 되다. 소문 거리가 되다.

входить в чьё-нибудь положение 입장을 바꾸어 상대방의 입장에 서서 그의 처지를 이해하고 동정적으로 대하다. Будем однако справедливы, постараемся войти в их положение и, может быть, станем судить об них гораздо снисходительнее. (Пушкин) 그러나 공정한 입장에 서서 그들의 처지를 이해하려고 노력한다면 아마 그들에 대해서 훨씬 겸손한 태도로 논의하게 될 것이다.

входить в роль 자기의 역할을 하다. Анна Фёдоровна большую часть дня оставалась дома одна и постепенно входила в роль молодой хозяйки. (Д. Н. Мамин-Сибиряк) 안나 표도로브나는 하루의 대부분을 혼자 집에서 보냈고 차차 젊은 주부로서 틀이 잡히게 되었다. (젊은 주부로서의 자기 역할을 하게 되었다.)

входить в славу 이름을 날리게 되다. Писатель начал входить в славу, будучи ещё молодым. 작가는 젊은 나이에 벌써 이름을 날리기 시작하였다.

входить в строй 준공되다, 조업을 개시하다, (공장, 기업소 등)

входить во вкус 맛을 알게 되다, 열중하게 되다. Я ещё во вкус не вошёл. 나는 아직 맛을 모른다.

вы меня очень обяжете. (разг.) 대단히 감사합니다.

выбить дурь из головы из кого-нибудь 혼을 내서 (매질을 해서) 어리석은 생각을 버리게 하다, 어리석은 행동을 그만두게 하다. Я выбью из тебя дурь. Я тебе выбью дурь-то из головы. 네가 다시는 그런 짓을 안 하도록 혼을 내 주겠다.

выбить из колеи (разг.) 정상적인 생활을 잃게 하다. Горе выбило её из колеи. 너무나 큰 슬픔에 그 여자는 침식도 제대로 하지 않았다.

выбиться в люди (разг. устар.) 오랜 노력 끝에 상당한 사회적 지위를 얻다. [Ему] пришлось пройти очень тяжёлую школу, пока он выбился в люди… (Д. Н. Мамин-Сибиряк) [그는] 사회에서 상당한 지위를 차지하기까지에는 대단한 시련을 겪지 않으면 안 되었다…

выбиться из сил 기진맥진하다. Лошади и люди выбивались из сил, втаскивая повозки на… крутой вал. (В. В. Вересаев) 가파른 언덕으로 달구지를 끌어 올리면서 말과 사람들은 지칠 대로 지쳤다.

выбросить за борт кого-что 헌 신짝 같이 내던지다, 집어 던지다.

выбросить на улицу кого (разг.) 거리로 내쫓다.

выброиться на мель на берег (мор.) 난파를 면하기 위하여 배를 몰아서 물이 얕은 곳 또는 물가에 올려놓다.

выбыть из строя 전투 능력, 작업 능력을 잃다.

выводить в расход ① 장부의 지출 란에 올리다. Все суммы, затраче

нные на ремонт, вывели в расход. 수리를 위하여 소비된 전체 금액을 장부의 지출란에 올렸다. ② 총살하다. (тюремн. арго. нов.)

выводить из себя кого 성나게 하다.

выводить из строя 전투 능력을 잃게 하다, 무엇을 수행할 능력을 잃게 하다.

выводить на чистую (또는 **свежую**) **воду кого** (разг.) 폭로하다.

выводить наружу что (книжн.) 들어내다, 폭로하다. (어떤 비밀, 좋지 못한 일을 모든 사람에게 명백하게 하다.)

выдержать табак, вино 적당한 조건 밑에 오래 저장해 둠으로써 담배, 술의 품질을 좋게 하다.

выдержать характер (разг.) 끝까지 버티다, 자기를 지키다, 확고하게 행동하다, 자기의 결정에 충실하다. Мы выдержали характер и не пошли на уступки. 우리는 끝까지 버티고 양보하지 않았다.

выезжать на чьей спине (разг.) 남을 이용하여 목적을 이루다.

выжить из ума (разг.) 나이가 많아서 의식이 몽롱해 지다, 노망하다.

выйти на воздух (разг.) 집안에서 밖으로. 거리로 나가다.

выйти с честью из чего 영예롭게 극복하다. Он… вышел с честью из всех потасовок, которыми судьбе угодно было награждать его. (Салтыков-Щедрин) 그는 운명에 의해서 매번 부딪치는 모든 불쾌한 일들을 훌륭히 극복하였다.

выкинуть за борт кого-что 헌 신짝 같이 내던지다, 집어 던지다. (Выбросить за борт와 같음.)

выкинуть из головы что (разг.) 어떤 생각을 버리다, 머리에서 씻어 버리다.

выкинуть лозунг 구호를 내세우다.

выколотить дурь из кого (разг.) 혼을 내서 (매질을 해서) 어리석은

생각을 버리게 하다, 어리석은 짓을 그만 두게 하다. (выбить дурь из головы와 같음.)

вылететь в трубу (разг. шутл.) 파산하다, 망하다. Всех обдувал, а теперь весь в трубу вылетел… (Л. Толстой) 모든 사람의 돈을 다 땄었는데 이젠 다 날려 버리고 말았소.

вылететь из головы (разг.) 머리에서 사라지다.(어떤 생각, 지식에 대해서 하는 말.)

вылупить глаза (простореч.) 눈이 뚱그래지다. (놀라서.)

вымотать (всю) душу, силы… (разг.) 극도로 지치게 하다. Ночью пришёл Сергей со станции. Двадцать пять вёрст по осенней дороге вымотали у него последние силы. (А. С. Неверов) 밤중에 세르게이는 역에서 돌아왔다. 25볼스트의 가을 길에 그는 지칠 대로 지쳤다.

выносить на своих плечах 혼자서 감당하다. На него вдруг навалили тяжёлую обузу выносить на плечах службу целого дома! (Гончаров) 갑자기 그는 온 집안 심부름을 혼자서 해야 할 무거운 짐을 짊어졌다.

выносить сор из избы (разг.) 집안 허물을 온 동네에 알리다. Пусть всё будет ≪шито-крыто≫, нечего сор из избы выносить. 모든 것을 덮어 두세, 집안 허물을 온 동네에 광고할 필요가 무언가.

выпить брудершафт 또는 **на брудершафт с кем** 친교를 맺다. (동시에 술잔을 들고 포옹한 다음부터 서로 「야」 자」 하는 관계에 들어가는 것.)

выпить до дна 잔을 내다, 다 마시다.

выплакать (все) глаза (разг. нар. -поэт.) 눈이 붓도록 울다. [Агафья Матвеевна] проторила тропинку к могиле мужа и выплакала все глаза… (Гончаров) [아가피야 마뜨베예브나] 는 남편의 무덤으로 자주 다니면서 눈이 붓도록 울었다…

выпустить в свет что (книж.) 출판하다.

вырвать с корнем 송두리째 뽑아 버리다.

высмотреть глаза (нар. −поэт. разг.) 눈을 오래 써서 못쓰게 만들다. Все глаза высмотрела, ожидая его. 눈이 빠지도록 그 사람을 기다렸습니다.

высосать все соки из кого−чего 기진맥진하게 하다.

высосать из пальца что (разг.) 꾸며내다, 날조하다. (사실에 의거하지 않은 근거 없는 것을 이야기 하거나 쓰다.) Ты что же думаешь, проект свой он из пальца высосал? Он кровью сердца написан, этот проект, вот что!… (Суров) 자네는 그 사람이 자기 설계도를 하룻밤 동안에 머리에서 꾸며냈다고 생각하나? 이건, 이 설계도는 심장의 피로 그려진 걸세.

высуня язык (бежать) (простореч.) 이를 악물고, 죽을힘을 다해서 (달리다.) Хоть и высуня язык бежали, но всё равно опоздали. 죽을힘을 다해서 달려갔으나 역시 제 시간에 못 미쳤다.

высшая мера наказания (офиц.) 사형, 최고형.

вытянуть все жилы у кого 또는 **из кого** 고통을 주다. (혼내다, 혹독하게 착취하다.) Старуха! Всю истину сейчас же говори! не скажешь правды, вытяну из тела все жилья старые твои. (А. Островский) 노인! 어떻게 된 건지 모두 곧 말하시오! 바른대로 말 안하면 단단히 경칠 테니까.

вытянуть (всю) душу кому 또는 **у кого** 염증 나게 하다. Ты своими слезами из меня всю душу вытянула. (А. Островский) 나는 너의 그 울음 소리에 염증이 났다.

выходить в отставку (дореволюц. и загр.) 퇴직하다, 사직하다.

выходить за пределы чего (книжн.) 한계, 범위를 넘다.

выходить из берегов 범람하다. (강물에 대해서 하는 말.)

выходить из положения 난관을 타개하다, 탈출구를 찾다.

выходить из себя 자제력을 잃다. Он, получив удар в грудь, совер шенно вышел из себя. 가슴을 한번 맞자 그는 정신이 벌컥 뒤집혔다.

выходить из строя 전투 능력을 잃다.

выше себя не прыгнешь. 사람은 자기 능력 이상의 일을 할 수 없다는 뜻.

Г

где наше не пропадало

гальванизировать труп (рнтор.) 시체를 소생시키다. (어떤 죽어 가는 것에 대한 인공적으로 새로운 힘을 부여하다.)

где бы (простореч.) …커녕, 오히려. Где бы ему помолчать, он выболтает. 그는 잠자코 있기는커녕 오히려 비밀을 누설할 것이다.

где кто родится, там и пригодится. (속담) 사람은 자기가 태어난 곳에서 더 많은 힘을 발휘할 수 있다는 뜻.)

где наше не пропадало (разг.) 괜찮아, 되건 안 되건 해 보아야지. (약간의 모험이 필요한 행동을 할 때.)

где тонко, там и рвётся. (속담) 얇은 곳이 터진다.

герой не моего романа (разг.) 내가 어떤 매력도 느낄 수 없는 사람이 아니다. Если это и герой, то не моего романа. Он ещё мальчуган. (П. Д. Боборыкии) 글쎄 호남자라 해도 내 소설의 주인공은 아니에요, 아직 입에서 젖내가 나는데요.

герой умирает раз, трус — тысячу раз. (속담) 영웅은 한번 죽고 비겁자는 천 번 죽는다. (영웅은 참으로 죽음이 닥쳐왔을 때에 한번 죽는다, 비겁한 자는 항상 죽음의 공포를 느끼기 때문에 천 번 죽는 거나 다름없다, 따라서 사람은 용감해야 한다는 뜻.)

главным образом 주로.

гладить по головке (разг.) 칭찬하다, 묵과하다.

гладить против шерсти (разг.) 거슬리는 말 (행동)을 하다. Наш начальник так привык к лести и повиновению, что соверше нно не выносил, если его гладили против шерсти. 자기를 치켜주고, 자기에게 복종하는 것만 보아 온 우리들의 책임자는 남이 자기에게 거슬리는 말을 할 때에는 전혀 그것을 참을 수가 없었다.

глаза б мои не видали (разг.) 눈꼴사납다, 차마 볼 수가 없다. Он настолько опустился, что глаза б мои не видали. 그는 얼마나 초라해졌는지 차마 볼 수가 없다.

глаза (и зубы) разгорелись на что (разг.) 욕심을 내다, 침을 흘리다. Бери, бери! Я же знаю, что у тебя на него [маузер] да вно глаза раз горятся. (Н. Островский) 가져라, 가져! 네가 거기 [마우제르] 에 다가 전부터 눈독을 드리고 있는 줄은 안다. У кумушки глаза и зубы разгорелись [нп синоград] , (Крылов) [포도를 보고] 여우는 침을 흘렸다.

глас вопиющего в пустыне (высок.) 광야에 외치는 자의 목소리 (아무도 반응도 없는 호소-성서에서 온 말.) Как и следовал о ожидать, горячее воззвание знаменитого драматурга оказ алось гласом вопиющего в пустыне… (Ю. М. Юрьев) 예견되였던 바와 같이 저명한 극작가의 열렬한 호소에는 아무도 호응하는 사람이 없었다.

глотать слёзы 터지려는 울음을 참으려 하다. Ольга шла тихо и утирала платком слёзы; но едва оботрёт, являются новые. Она стыдится, глотает их, хочет скрыть даже от деревьев, и не может. (Гончаров) 올가는 조용히 걸어가면서 손수건으로 눈물을 씻었다. 그러나 미처 씻어 버리기도 전에 또 새 눈물이 흘렀다. 올가는 부끄러운 마음에 참으려고 애쓰며 길가의 나무에조차 눈물을 보이지 않으려 하나 어쩔 수가 없다.

глотать слова 똑똑히 발음하지 못하다. Быстро глотая слова, зача стил : — Вы не понимаете… я не мог… я… (М. Горький) 말을 더듬거리면서 급하게 말하였다:— 당신은 모릅니다… 난

할 수 없습니다… 난…

глуп, как пробка (разг. фам.) 어리석기 짝이 없다.

глухая тетеря (разг. фам.) 귀머거리. 벽창호.(잘 듣지 않는 사람, 잘 알아듣지 못하는 사람에 대한 욕).

глядеть в гроб 죽을 날이 가깝다. Я в гроб уже гляжу. (Крылов) 나는 벌써 죽을 날이 가깝다.

глядеть в книгу и видеть фигу (разг. фам.) 책을 보아도 아무것도 모른다. Я, брат, по－немецки ежели написано, то гляжу в книгу и вижу фигу. (Лейкин) 여보게, 독일말로 써 있으면 난 눈 뜬 소경이나 다름없네.

глядеть в оба (разг.) 주의해서 보다, 조심하다. Замуж выходи － в оба гляди. (속담) 남편을 택할 때는 신중히 해야 한다.

гнездо заразы (книжн.) 전염병 만연의 근원.

гнуть горб (разг.) 고된 일, 힘에 겨운 일을 하다. Гнула она горб от зари до ночи. (Аю Островский) 그 여자는 이른 아침부터 밤늦게까지 힘에 겨운 일을 하였다.

гнуть своё 자기의 원칙을 견지하다, 고수하다, 자기 생각대로 하다. (гнуть свою линию와 같음.)

гнуть свою линию 자기의 원칙을 견지하다, 고수하다, 자기 생각대로 하다. Надо только начать и потом не отставать, гнуть свою линию, несмотря ни на что. (Чехов) 오직 시작하고 다음에는 뒤떨어지지 말고 어떤 일이 있더라도 자기 노선을 견지하는 것이 필요합니다.

гнуть спину (разг.) 고된 일, 힘에 겨운 일을 하다. (гнуть горб와 같음.)

гнуть спину перед кем (разг.) 허리를 굽히다, 굽실거리다. …Сотни лет жили люди по－старинке, …гнули спину перед кулаком и помещиком, перед ростовщиком и спекулянтом. (Сталин.) …수 년간 사람들은 예전처럼 살아 왔으며… 끌라크와

지주, 고리 대금업자와 투기업자 앞에서 허리를 굽힌다.

гнуть шею перед кем (разг.) 머리를 숙이다, 허리를 굽히다. (비굴한 태도를 취하다.) (гнуть спину перед кем과 같음.)

говорит сам за себя (разг.) 스스로 자기에 대해서 말하고 있다, 설명이 필요 없다, 다른 논증이 필요 없다.

говорить без обиняков 똑바로, 솔직하게 말하다.

говорить загадками 수수께끼 같은 말을 하다 (똑바로 말하지 않고 둘려서 암시적으로 이야기하다.)

(говорить) как по писоному (разг.) 말이 청산유수 같다.

говорят тебе (вам) (разг.) 말을 강조할 때, 지시 명령할 때에 쓰임. Говорят вам, перестаньте шуметь. 떠들지 마십시오.

год на год не нриходится. (속담) 음지가 변해서 양지된다.(금년과 명년이 다르다, 모든 것이 언제나 똑 같지는 않다는 뜻.)

гол как сокол (разг.) 맨 몸 하나밖에 없다.(극히 가난하다.) Бобыль гол, как сокол. (И. С. Нкитин) 머슴에게는 맨 몸 하나밖에 없다.

голова идёт кругом у кого (разг.) 정신을 못 차린다, 머리가 멍하다 (너무 분주해서.)

голова кружится 현기증이 일어난다.

голова решетом (또는 как решето) 한쪽 귀로 듣고 한쪽 귀로 흘린다. (건망증이 심한 사람에 대해서 하는 말.)

голова трещит (разг.)머리가 터질 것 같다, 머리가 몹시 아프다.

голову давать на отсечение (разг.) 목을 걸고 보증한다. Он голову давал на отсечение, что она невиновна в этом. 그는 그 여자에게는 이것에 대한 죄가 없다는 것을 목을 걸고 보증하였다.

голод не тётка. (속담) 굶고 살 수는 없다.

голодной курице просо снится. (속담) 배고픈 암탉이 수수 알 꿈을 꾼다(사람에게 절실한 소원이 있을 때에는 그것만 생각

하고 그것만이 입에 오른다는 뜻.)

голой рукой не тронь (простореч.) 조심하시오, 함부로 대하지 마시오. **Парень важный: голой рукой не тронь.** 그 청년이 좀 빼기는 편인데 함부로 대하지 마시오,

голому одеться – только подпоясаться. (속담) 없는 놈이 밖으로 나갈 때에는 허리띠를 졸라매는 것 외에 별로 차릴 것이 없으므로 매우 간단하다는 뜻의 농담.

голь на выдумки хитра. (속담) 궁하면 통한다.

гомерический смех (хохот.) 앙천대소, 큰 소리로 웃는 웃음.(호마의 서사시 「일리아도」에 있는, 신들의 웃음의 유명한 묘사에서 온 말.) Если вы услышите гомерический хохот, сотрясающий небесные своды, знай, что это смеются боги на Олимпе. 만일 당신이 천지를 뒤흔드는 웃음소리를 듣거든 그것은 올림프의 신들이 웃는 줄로 알라.

гони природу в дверь, она войдёт в окно. (속담) 오는 봄을 문으로 내쫓으면 창문으로 들어온다 (자연의 법칙은 어쩔 수 없다는 뜻.)

гонять лодыря собак (разг. фам.) 건달부리다. Слушай ты, Андрюшка! Будет тебе по Москве собак-то гонять! Что ты шляешься, как саврас без узды! Пора, тебе, дураку, за ум браться! (А. Островский) 애 안드류쉬까야 내 말을 좀 들어 봐! 모스크바를 건들거리고 다니는 것은 제발 좀 그만 둬라! 너는 왜 굴레 벗은 말처럼 싸다니기만 하니! 바보 노릇은 그만 하고 이젠 좀 똑똑해 져도 될 때가 아니냐!

гора с горой не сходится, а человек с человеком сойдётся. (속담) 산과 산은 만날 날이 없어도 사람과 사람은 만나게 마련이다.

гора с плеч (разг.) 한시름 놓다, 큰 짐을 벗어 놓은 것 같다. Сегодня я чувствую себя так, как будто бы гора свалилась с моих плеч. (В. М. Гаршин) 오늘 나는 큰 짐을 벗어 놓은 것처럼 마음이 가볍다.

горбатого могила и справит. (속담) 꼽추는 죽어야 고친다 (나쁜 버릇을 고치지 못하는 사람에 대하여 하는 말).

горы и камни разрушаются ветром, людская дружба словом. (속담) 죽마고우도 말 한마디에 갈라진다.

горький ньяница (разг.) 지독한 술군 (고칠 수 없는 알콜 중독자.)

господь своего слова (книжн.) 약속을 지키는 사람.

господь его знает (разг.) 하느님만이 알고 있다. (아무도 모른다.) (бог его знает와 같음.)

готовь летом сани, а зимой— телегу. (속담) 썰매는 여름에 장만하고 달구지는 겨울에 장만하라 (모든 일은 미리부터 준비하라는 뜻).

гром не грянет, мужик не перекрестится. (속담) 급할 때만 하느님을 찾는다.

гром среди ясного неба. 청천벽력.

грош медный(또는 ломаный) цена кому-чему (разг. ирон.) 한 푼의 가치도 없다. (гроша не стоит와 같음.)

гроша (медного, ломаного) не стоит (разг. ирон.) 한 푼의 가치도 없다.

губки бантиком (разг. шутл.) 작은 입. губа의 애칭.

гусь лапчатый (простореч.) 약은 놈.

Д

давши слово – держись,

а не давши, крепись.

да здравствует (ритор.) 만세.

да и (разг.) ① 사건들을 종결짓거나 그것을 파괴하는 어떤 동작으로 갑자기 전환함을 표시하는 접속사. Думал, думал, да и надумал. 생각하고 또 생각한 나머지 결심을 채택하였다. Жил, жил, да и помер. 무사히 살아오다가 갑자기 죽었다. ② 사실 말이지 (표현을 강화). Да и говорить-то об этом не стоит. 사실 이에 대해서는 말 할 가치조차 없다.

да и то 그것도, 그것조차 (и то와 같음.)

да и то 그것도 그럴 것이, 사실 말이지 (да и то сказать와 같음.)

да и то сказать (разг.) 그것도 그럴 것이, 사실 말이지 (앞에서 한 말을 긍정할 때에 쓰임) (да는 생략 될 때가 있음.) У него всегда дел пропасть, да и то сказать, что ему за удовольствие со старухой сидеть? (Л. Толстой) 그는 밤낮 분주히 돌아다니는데 사실 말이지 집에서 늙은 노인네 하고 마주 앉아 있어봤자 그에게 신통할 것은 없는 것이다. Прекрасной дочерью своей гордится старый Кочубей. и то сказать : в Полтаве нет красавицы, Марии равной. (Пушкин) 늙은 꼬추베이는 어여쁜 자기 딸을 자랑한다. 그것도 그럴 것이 뾜따와에는 마리야를 따를 만한 미인이 없는 것이다.

да и только (разг.) 위에서 말한 것을 긍정하는 말. Вот не доедем, да и только, домой. (Гоголь) 집에까지 닿기는 틀렸네 틀렸어.

да и только (동사 뒤에 올 때) (разг.) 그냥. Смеётся, да и только. 그냥 웃기만 한다.

давать пищу чему (книжн.) 무엇의 발생, 전파를 촉진하다. Давать пищу слухам. 뜬소문을 부추기다.

давать (дать) подписку 서약서를 쓰다. Дать подписку невыезде. 다른 곳으로 가지 않겠다는 서약서를 쓰다.

давать (дать) понять 암시를 주다. Он дал мне понять, что больного тревожить не надо. 그는 환자를 불안케 할 필요가 없다는 것을 나에게 암시하였다.

давать (дать) телеграмму 전보를 치다.

давать (дать) урок 한 강의를 하다. Я дал уже два урока а сейчас даю третий. 나는 벌서 두 번째 강의를 끝마치고 지금은 세 번째 강의입니다.

давать уроки где 또는 кому (완료 체 없음) 교직 생활을 하다, 집에서 개인 교수를 하다. Он даёт уроки в средней школе. 그는 중학교에서 교직 생활을 하고 있다. Сестра служит, а даю уроки. 누이는 직장에 나가고 나는 개인 교수를 한다.

давно бы так (разг.) 진작 그럴 것이지 (누구의 행동, 동의에 대하여 만족을 표시하는 말.) Давно бы так, сказал о мне с довольным видом. (Пушкин) 진작 그럴 것이지 하고 그는 만족한다는 듯이 나에게 말하였다.

давши слово – держись, а не давши, крепись. (속담) 장부 일언이 중천금이라 (약속을 하였으면 반드시 실행하고 아직 하지 않았으면 함부로 약속하지는 말라는 뜻.)

дай(те) срок (разг.) 조금만 기다리게 (기다리시오) (사정이 허락하기만 한다면 하는 뜻.) Дай мне срок : это тебе даром не пройдёт. (сухово-Кобылин) 조금만 기다리게: 자네가 어디 무사할 줄 아나.

далеко за 어떤 시간을 훨씬 넘어서. Было уже далеко за полночь.

(Тургенев) 벌써 밤 열 두시가 훨씬 넘었었다.

далеко зайти в чём (разг.) 허용할 수 있는 한계를 훨씬 넘다. В своих требованиях они далеко зашли, так что пришлось их обуздать. 그들이 제어하지 않을 수 없었다.

далеко не (разг.) 전혀 그렇지 않다. Она далеко не красавица. 그 여자는 미인이라고는 전혀 말할 수 없다.

далеко не уедешь 또는 не уйдёшь с чем (разг.) 큰 성과를 거둘 수 없다. С такими темпами далеко не уедешь. 이런 템포로써는 큰 성과를 거둘 수 없다.

далеко пойти (уйти) (разг.) 크게 성공하다, 출세하다. С его способностями он далеко пойдёт. 그만한 재주를 가졌으니 그 사람은 크게 성공할 것이다.

дальше ехать некуда. 극에 달하였다. (부정적인 의미에서.)

Дамоклов меч (книжн.) 다모쿨레스의 머리 위에 걸린 검, 부단한 위험성. (시라쿠사의 폭군 디오니시우스는 기쁨과 쾌락이 허황함을 보여 주기 위해서 연회 때에 신하 다모쿨레스의 머리 위에 말털로 검을 매달았다는 고사에서 온 말.) Как Дамоклов меч, что-то страшное висит над ним, неистово воюющим против самодержавия. 전제 정치를 반대하는 사자 같이 싸우는 그의 머리 위에는 어떤 무서운 것이 항상 걸려 있다.

даровому коню в зубы не смотрят. (속담) 공짜로 얻은 말은 이빨을 들여다보지 않는다. (공짜로 얻는 물건에 대해서는 좋으니 나쁘니 하고 시비를 하지 말아야 한다는 뜻.)

даром не пройдёт (не прошло) кому (разг.) 무사하지 못할 것이다.(무사하지 못하였다) (위협의 뜻으로도 쓰임.)

даром что (простореч.) 비록 …이기는 하나. Даром что старый, а глупец ребёнка. 나이는 먹었지만 어린애보다 더 어리석다. – Мне умереть? Но забыл ты, что я лекарь? – Даром что бы лекарь! (Крылов) –내가 죽는 다구? 그래 내가 의사인

줄 모르나? -의사라도 하는 수 없지!

дать дорогу кому ① 길을 양보하다. ② 앞길을 열어 주다.

дать знать кому-чему а ком-чём 알리다. Разведчики должны были дать знать командиру о приближении врага. 정찰병들은 적의 접근을 지휘관에게 알려야만 하였다.

дать знать о себе 남이 자기에 대해서 알도록 하다. Дайте знать о себе, когда приедете к нам в город. 우리들의 도시로 오면 왔다는 것을 알려 주십시오.

дать леща кому (простореч.) 후려치다.

дать по рукам кому (разг. фам.) 혼나게 하다 (다시는 그러지 못하도록 타격을 주다.)

дать повод кому-чему 가능성, 기회, 구실을 주다. Она сама дала повод сплетням. 그 여자 자신이 비방에 대한 구실을 주었다.

дать себе отчёт в чём 인식하다. (отдать себе отчёт в чём과 같음.)

дать себя знать (почувствовать…) 자기의 가치, 기량을 나타내다. Бессонные ночи давали себя знать. (Ажаев) 며칠 밤잠을 자지 못한 결과가 나타났다. Ночь была морозная и ветреная. Даже у огня холод давал себя чувствовать. (В. К. Арсеньев) 바람이 불고 추위가 심한 밤 이여서 불 곁에 있어도 몸이 떨렸다.

два сапога пара (разг. ирон.) 유유상종

двое дерутся, третий не зевай. (속담) 어부지리를 얻다.

дать маху (разг.) 실수하다. Пришлось согласиться, что в этом деле мы дали маху. 이 사업에서 우리들이 실수했다는 것을 시인하지 않을 수 없었다.

двум смертям не бывать, одной не миновать. (속담) 한번 오는 죽음은 피하지 못해도 두 번은 죽지 않는다. (용감 하라는) 뜻

двух зайцев убить одним выстрелом. (속담) 일거양득, 일석이조.

действовать на два лагеря 양면적인 행동을 하다.

дела – как сажа бела. 일은 틀렸다. (농담으로 하는 말.)

делать вид …체 하다.(가장하다.) Оба они… сделали вид, что впервые видят друг друга. (Фадеев) 그들은 서로 처음 만나는 체 하였다.

делать вслепую – унести суму пустую. (속담) 주먹구구에 머리 터진다. (무계획적으로 하면 좋은 결과를 가져오지 못한다는 뜻.)

делать из мухи слона (разг.) 침소봉대하다.

делать нечего (разг.) 하는 수 없다, 부득이하다. (삽입 어). Ну, делать нечего, принимаю ваши условия. 하는 수 없습니다. 당신이 내놓은 조건들을 받아들이겠습니다.

делать (сделать) упор на кого–что 또는 **на ком–чём** 중점을 두다. дело мастера боится. (속담) 모든 일에는 능숙한 인물이 필요하다.

дело прошлое (разг.) 지나간 일이다.(이미 의미를 상실하였다, 장애가 될 수 없다.) Впрочем, дело прошлое, нечего греха таить. (Чехов) 그러나 벌써 지나간 일입니다. 숨겨서 뭘 하겠습니까.

дело табак (простореч.) 매우 좋지 못하다. Наше дело табак. 우리 일은 아주 글렀다.

дело шутки не любит. (속담) 일은 농담을 싫어한다. (어떤 일에나 진지한 태도가 필요하다는 뜻.)

делу–время, а потехе–час. (속담) 힘껏 일하고 즐겁게 쉬어라.

делу конец (простореч.) 일은 끝이다, 이것으로써 끝이다.

денег куры не клюют у кого (разг.) 돈이 많다. Отец ему сказал, что у Никитина куры денег не клюют, очевидно, намёкая на приданое. (Чехов) 아버지는 니끼친이 매우 돈이 많다고

그에게 말했는데 이것은 지참금에 대한 암시임에 틀림없었다.

день в день 정확히 지정된 날에.

день да ночь, и сутки прочь. (속담) 세월은 화살과 같다.

день и ночь 밤낮 (끊임없이.) День и ночь сидит за работой. 밤낮을 두고 일하다.

день ото дня 날로, 나날이. День ото дня больнойнепоправлялся. 환자는 날로 몸이 약해졌다.

держать банк 물주가 되다. Побуревший от волнения Заливанов держал банк. (Н. Островский) 흥분하여 얼굴이 닳아 오른 잘리바노브가 물주가 되어 있었다.

держать кого в курсе чего 자세히 알리다. Держить меня в курсе научиой жизни Москвы. 모스크바 과학계의 소식을 저에게 자세히 알려 주십시오.

держать на отлёте что (разг.) 뻗친 손을 잡다. В одной руке — на отлёте — он держал шляпу. (А. Н. Толстой) 한쪽 손에 —내 뻗친 손에—그는 모자를 쥐고 있었다.

держать нос по ветру (разг. ирон.) 바람 부는 데로 신념을 바꾸다. (원칙이 없이 주위 형편에 따라 간다는 뜻.)

держать своё слово 약속을 지키다.

держать ухо востро с кем (разг.) 조심하다, 마음을 주지 않다, 경계하다. Держи с ним ухо востро! 그 사람을 경계하게!

держать фасон (простореч.) 멋 부리다. Рубашка на Михайле пуз ырём дуется, ниже живота тесёмачкой перетянута. Тоже фасон держит. (А. С. Неверов) 미하일이 입은 루바쉬까는 풍선처럼 부풀고 배꼽 아래에서 가는 띠로 동여졌다. 역시 멋을 부리는 것이다.

держать язык за зубами 입을 다물다 (필요 없는 말을 하지 않다.)

держаться на честном слове (разг. ирон. шутл.) 겨우 걸려 있다,

간신히 유지 하고 있다. Эта полочка держится на честном слове : вот-вот упадёт. 이 선반은 겨우 걸려 있는데 금시라도 떨어질 것 같다.

держаться середины (знать середину) 극단적인 과격한 행동을 삼가다, 중용을 지키다. (знать середину와 같음.)

держи карман шире (разг. фам.) 호주머니를 펼치고 기다려보지, 아예 바라지도 말라. -Угостил бы ты меня обедом. - Как бы не так, держи карман шире! -점심이나 한턱 쓰게 그려. 흥, 공것 바라기는 기생의 서방인가. (→как бы не так.)

дешевле пареной репы. (속담) 터무니없이 값이 싼.

дёшево да гнило, дорого да мило. (속담) 싼 게 비지떡. (쓰지 못할 싼 물건을 사기 보다는 비싸도 좋은 물건을 사는 편이 낫다는 뜻.)

дёшево и сердито (разг.) 맛 좋고 값싼 갈치 자반 (값싸고 좋은 것, 쉽게 실현할 수 있으면서도 목적을 달성할 수 있는 것에 대하여 하는 말.) Посмотрите, что я приобрёл. И дёшево и сердито! 내가 구해 온 것을 보십시오. 이거야 말로 맛 좋고 값싼 갈치 자반입니다.

дёшево стоить (фам.) 아무런 가치도 없다. Его слова дёшево стоят. 그 사람 말은 일고의 가치도 없다.

диву даваться (разг.) 놀래다. Я диву давался, откуда это берётся. 왜 이렇게 되는지 나는 놀라지 않을 수 없었다.

дитя не плачет, мать не разумеет. (속담) 우지 않는 아이 젖 주랴? (고난한 때에 그것을 말하지 않고 있으면 사람들이 알지 못하고 따라서 도와주지 않는다는 뜻.)

дитя хоть криво, да отцу с матерью мило. (속담) 고슴도치도 제 새끼는 귀엽다고 한다. (제 것은 결함이 있더라도 좋아 보인다는 뜻.)

длинный рубль (нов. разг.) 쉬운 돈벌이. 쉽게 많이 번돈

длинный язык у кого 수다를 떨다. Все побаивались его длинного и грязного язык. (А. И. Куприн) 누구나 다 쉴 새 없이 지껄이는 그 사람의 더러운 입을 두려워하였다.

для вида, для виду 겉으로만, 건성으로. Да, может быть, я и была весела ; но только для виду. (А. Островский) 그렇지요, 나는 즐겁게 놀았을 것입니다. 그러나 다만 겉으로만 그랬을 뿐이지요.

для красного словца не пожалеет родного отца. (속담) 말주변이 좋다니까 제 아버지 욕까지 한다. (인기를 얻기 위해서 닥치는 대로 누구든지 매도하는 사람에게 하는 말.)

для милого дружка и серёжка из ушка. (속담) 생사를 같이 하는 친한 사람. 문경지교 (친구나 가까운 사람을 위해서라면 모든 것을 희생하려는 사람을 두고 하는 말.)

для отвода глаз (разг.) 사람들의 주의를 딴 데로 돌리기 위해서. Всё это делается для отвода глаз. 이것은 다른 사람들의 주의를 딴 데로 돌리기 위해서 하는 짓입니다.

для очистки совести (рзаг.) 후회가 없도록, 후에 자신을 책망하는 일이 없도록 하기 위해서. Знаю, что не удается, но для очистки совести попытаюсь сделать. 되지 않을 줄 알고 있지만 속이나 시원하게 끝까지 해 보겠습니다.

дневать и ночевать (разг.) 모든 시간을 어디에서 보내다. Он дню ет и ночует в клубе. 그 사람은 클럽에서 산다. 밤이고 낮이고 클럽에 가 있다.

днём с огнём не сыщешь. (속담) 대낮에 등불 켜 들고도 못 찾는다, 못 구한다. (잃은 물건 또는 사람을 찾을 수 없을 때에 하는 말, 유사한 사람 또는 물건을 구할 수 없다는 뜻으로도 쓰임.)

дни сочтены чьи (книжн.) 죽을 날이 가깝다. Дни его уж были сочтены. (жуковский) 그 사람은 벌써 죽을 날이 가깝다.

до бога высоко−до царя далеко. (속담) 하느님까지는 너무 높고 임금님까지는 너무 멀다. (신이나 임금에게 도움을 기대할 수 없다는 뜻.)

до востребования (офиц.) 편지에 주소를 쓰지 않고 수신자가 요구할 때에 우체국에서 내여 주도록 하는 것. Послать письмо до востребования. 우체국에서 찾도록 편지를 보내다.

до конца ногтей 또는 **до кончиков ногтей**(разг.) 철저한. Эгоист до конца ногтей. 철저한 이기주의자.

до костей (промокнуть, промёрзнуть) (разг.) 물에 빠진 쥐처럼 되다 (젖어서), 동태가 되다 (얼어서). Мы промёрзли до костей, пока добрались до деревни. 마을에 이르렀을 때에는 우리는 벌써 온 몸이 얼었다.

до крайности (разг.) 극도로. Он глуп до крайности. 그는 어리석기 짝이 없다.

до небес вознести (превознести…) (книжн.) 극구 찬양하다.

до невероятности 극도로 (믿을 수 없을 만치). Цена на эти продукты упала до невероятности. (Салтыков−Щедрин) 이 물건 값은 믿을 수 없을 정도로 떨어졌다.

до невозможности (разг. фам.) 극도로 (불가능할 만치). Он смешлив до невозможности. 그는 몹시 웃기를 잘 한다.

до обалдения (шутл. фам.) 대단히 (머리가 멍해질 정도로). Хороша до обалдения! 기막히게 예쁜데!

до основания 철저히, 완전히. Дом сгорел до основания. 집은 몽땅 타 버렸다.

до отвала 또는 **до отвалу** (наесться, накормить…) (разг.) 배부르게. Свинья под дубом вековым наелась желудей досыта, до отвала. (Крылов)돼지는 큰 떡갈나무 밑에서 배가 터지도록 열매를 주어 먹었다.

до отказа (спец. и разг.) 가능한 한도까지.

до петухов (встоть, подняться…) 닭이 울 때까지 (늦도록), 닭이 울기도 전에 (일찍이). Просидели всю ночь до петухов. 닭이 울 때까지 밤새 앉아 있었다. Я встаю кождый день до петухов. 나는 날마다 닭이 울기 전에 일어난다.

до поры, до времени (разг.) 어느 시기까지.

до последнего (разг.) 있는 힘을 다하여. Бороться до последнего. 있는 힘을 다하여 싸우다.

до последней капли крови (ритор. книжн.) 마지막 피 한 방울까지 바쳐, 헌신적으로.

до последней крайности 극도로.

до пропасти (разг.) 대단히 많다. Всего один карась! А было их до пропасти. (Некрасов) 모두 다 해서 붕어가 단 한 마리다! 그런데 전에는 붕어가 대단히 많았다.

до ручки (дойти, довести) кого (простореч. фам.) 절망 상태로. Пьянство довело его до ручки. 술은 그를 파멸에 이르게 하였다.

до свадьбы заживёт (разг.) 걱정마라, 장가갈 때까지야 낫지 않겠느냐 (상처를 입은 사람-흔히 아이들-에게 농담으로 하는 위로).

до свету (разг.) 날이 밝기 전에 Встать до свету. 꼭두새벽에 일어나다.

до седьмого (또는 **четвёртого**) **пота** (пить чай 또는 работать) (разг.) 땀이 나도록, 땀에 푹 젖도록. Комиссия работала до четвёртого пота. (В. Маякалский) 위원회는 부지런히 활동을 하였다.

до сих пор 또는 **до сих пор** ① 지금까지. ② 여기까지. Вы учите стихотворение вот до сих пор. 시를 여기까지 암기 하시오.

до смерти 몹시. Было мне до смерти обидно, что он укоряет и называет меня на вы. (Сергей Антонов) 그가 나를 책망하

고 나를 당신이라고 부르는 것이 몹시 화가 났다.

до солнца (разг.) 해가 올라오기 전에, 해가 올라올 때까지. Присядем, делать нечего, до солнца отдохнём! (Неерасов) 앉읍시다, 하는 수 없지요, 해가 떠오를 때까지 쉽시다.

до страсти (простореч.) 몹시. Он до страсти любил карты. (Тургенев) 그는 트럼프를 몹시 좋아하였다.

до тех пор 그때까지.

до того (разг.) 그 전에. До того, как вы мне это сказали, у меня уже были некоторые подозрения. 당신에게서 이 말을 듣기 전에 벌써 나는 약간의 의심을 품고 있었습니다.

до того, что (разг.) 그러할 정도로. Устал до того, что ноги подкашиваются. 서 있을 수 없으리만치 피로하였다.

до точки (дойти, довести) (разг. фам.) 극도에 (달하다, 달하게 하다.), (부정적인 사건에 대해서 말함). Дошёл до точки — ни копейки в кармане! 형편이 극도에 달해서 호주머니에는 동전 한 푼 없다.

до ужаса (разг.) 극도로 (치가 떨릴 정도로). Человек до ужаса бездушен. (Некрасов) 이자는 치가 떨릴 정도로 냉혹하다.

добрая слава лежит, а дурная бежит. (속담) 좋은 소식은 문지방에 머물고, 나쁜 소식은 천리를 간다. (좋은 점에 대해서는 말하는 사람이 적으나 나쁜 점에 대해서는 곧 소식이 퍼진다는 뜻).

добро бы 또는 добро б 만일…이라면 묵인 할 수도 있다. Добро бы был неуч, а то ведь знающий человек. 무식하다면 모르지만 그래도 안다는 사람이 아닌가.

добро пожаловать! (торж) 대환영! 환영합니다!

добрые жернова всё мелют. (속담) 낙수 물이 돌을 뚫는다. (꾸준한 노력은 모든 것을 극복한다는 뜻.)

довести до белого каления кого (разг.) 분노하다.

дождик вымочит, а красно солнышко высушит. (속담) 비와서 젖으면 해나서 마른다 (실패에 낙심하지 말라는 뜻.)

долг платежом красен. (속담) ① 빚은 갚아야 아름답다. ② 인정도 품앗이.

долгие проводы－лишные слёзы. (속담) 슬픈 일은 빨리 잊을 수록 좋다.

долго спать－с долгом встать. (속담) 늦잠 자면 빚지고 일어난다 (늦잠을 자고 게으르면 집이 망한다는 뜻).

должно быть 아마. 거의. (삽입어).

дорога помощь до－время. (속담) 원조를 하려면 제때에 해라.

дорого бы я дал, чтобы… (разг.) 실현할 수 없는 강한 욕망을 표시하는 말. Дорого бы я дал, чтобы вернуть молодость! 지나간 청춘을 되돌아 오게 할 수 없는 것이 한이다. (그렇게만 할 수 있다면 다른 희생을 아끼지 않았을 것이다.)

драконовские законы 또는 **драконовы законы** (книжн.) 가혹한 법령 (희랍의 전설적인 입법자 Дракон의 이름에서 온 말).

драть глотку (разг. вульг.) 큰 소리로 외치다, 노래 부르다. Пьяные драли глотку всю ночь. 술 취한 사람들은 떠들었다.

драть с живого и с мёртвого (разг.) 용서 없이 돈, 재물을 거두어 가다. Заговорило село о бескорыстном священнике. Но прошло немного времени, и геременился новый поп, не выдержал : стал ≪драть≫ с живого и мёртвого. (С. Скиталеч) 온 마을에서는 사심 없는 신부님에 대한 이야기가 돌기 시작하였다. 그러나 얼마 안 가서 새로 온 신부는 달랐다. 그 역시 본색을 나타내어 사정없이 돈을≪긁어 가기≫시작한 것이다.

друг неиспытанный, что орех нерасколотый(속담) 물은 건너보아야 알고 사람은 겪어보아야 안다.

дружба дружбой, а табачёк врозь (속담) 친구라고 하면서도 담배

한가치 안 나눈다. (개인적 이해관계에 저촉되지 않은 한도 내에서의 타산적인 우정을 두고 하는 말.)

дружно не грузно, а врозь хоть брось. (속담) 백지장도 맞들면 가볍다.

друзья познаются в несчастьи. (속담) 어려운 고비를 당해서야 친구를 알 수 있다. 겨울이 다 되어야 솔이 푸른 줄 안다.

дурак дураком (разг. фам.) ① 바보. [Стёпка] дурак-дураком, трёх перечесть не может. (Гончаров) [쓰쬽까] 는 바보여서 셋까지도 세지 못한다. ② 멍청이처럼. В первые минуты не мог ничего ей сказать подходящего, дурак-дураком сидел, даже пот выступил на лбу. (П. Д. Боборыкин) 처음에는 그 여자에게 그럴 듯한 말 한마디도 건네지 못한 채 멍청이처럼 앉아 있었고, 이마에는 진땀까지 흘렀다. 3. 멀거니, 우두커니, 아무것도 이해하지 못하고. Первые дни на службе я сидел дурак дураком. 처음 며칠 동안 직장에서 나는 멍하니 앉아 있었다.

дураком закон не писан. (속담) 바보가 법을 알면 바보라 할까. (어떤 사람이 상식, 관습, 공동생활의 규칙을 무시하는 행동을 하였을 때에 하는 말.)

дурацкая голова ногам спокою не даёт. (속담) 머리가 둔하면 다리만 고생 한다. (둔한 사람은 일을 복잡하게 만들고 쓸데없이 뛰어 다닌다는 뜻).

дух занимается (разг.) 숨이 가쁘다.

душа в пятки ушла (разг. шутл.) 몹시 놀라다, 간이 뒤집어 지다.

душа не лежит к кому-чему 정신을 집중하다. Малый скучает… тоскует, ни к работе, ни к чему душа у него не лежит. (Г. И. Успенский) 청년은 권태를 느끼고… 수심에 잠겨 일에도, 어떤 것에도 정신 집중이 되지 않는다.

душа не на месте у кого 마음이 놓이지 않다, 우물가에 보낸 것

같다. (сердце не на местеи 같음).

душа просит, да карман не велит. (속담) 생각은 있어도 돈이 있어야지.

душой и телом (разг.) 무한히. Предан душой и телом. 무한히 충실하다.

дым коромыслом (разг.) 떠들썩하다. Через полчаса в театре шёл дым коромыслом. Разошедшиеся петлюровские старшины лихо отплясывали гопака (Н. Островский) 반 신간쯤 지나서 극장 안은 온통 떠들썩하였다. 흥에 겨운 뻬뜰류라의 장교들은 신이 나게 고빠크를 추었다.

дыхание занимается (разг.) 숨이 가쁘다. (дух занимаетсяи 같음).

E

есть такое дело

едва-едва 겨우. Кран засорился, едва-едва течёт. 수도꼭지가 막혀서 물이 겨우 조금씩 나온다.

едва ли 도저히…못할 것이다. Едва ли удается нам получить билеты. 우리들은 도저히 표를 못 살 것입니다.

едва ли не 거의, 하마 트면. Считался едва ли не лучшим кавалеристом. (Тургенев) 거의 누구보다도 우수한 기수라고 인정되었다.

едва ноги носят кого (разг.) 몹시 약하다, 늙었다. Старинка уж едва ноги носят. 노인은 몹시 쇠약하였다.

единолично жить – слёзы лить. (속담) 꼴호즈에 가입하지 않고 남아 있으면 외로운 생활에 눈물 밖에 흘릴 것이 없다는 뜻.

ездить на чьей спине (разг.) 어부지리를 얻다.

еле дышать (разг.) 숨이 겨우 붙어 있다 (죽어 가다). (на ладан дышать와 같음).

еле (едва, чуть…) ноги волочить (разг.) 겨우 발을 옮겨 놓다. (피로, 병환, 쇠약으로 인하여). За день мы сильно устали и теперь едва волочили ноги. (В. К. Арсеньев) 하루 동안에 우리는 지칠 대로 지쳐서 이제 겨우 발을 옮겨 놓았다.

если на то пошло (разг.) 정 그렇다면 (만일 그렇게 필요하다면, 만일 그렇게 필요하게 되었다면.) Если уж на то пошло, то я согласен. 정 그렇다면 나는 동의합니다.

если (и) не…, то ① 비록…할지라도. Эта мебель, если и не изящна, то удобна. 이 가구는 모양은 없지만 쓰기가 편하다. ②

만일…아니라면 (혹은… 혹은…) Придёт если не он, то друг его. 그 사람이 안 오면 그 사람의 친구라도 올 것입니다 (그 사람이 오던지 혹은 그 사람의 친구가 올 것이다.)

если хотите 또는 если хочешь 물론, 그렇기는 합니다. (상대방에 대한 동의, 양보를 표시하는 삽입 어). Некоторым кажется роман Гончарова нутым. Он, если хотите, действительно растянут. (Добролюбов) 어떤 사람들은 곤챠로브의 소설을 지루하게 생각한다. 물론 이 소설을 지루한 감이 있는 것만은 사실이다.

есть когда! кому (разг. фам.) 짬이 없다. Есть когда мне возиться! 나는 그러고 있을 시간 여유가 없다!

есть такое дело (простореч. фам. нов.) 좋습니다, 그렇게 합시다. Есть такое дело! Приду в шесть часов. 좋습니다! 여섯시에 오겠습니다.

ешь пирог с грибами и держи язык за зубами. (속담) 말을 삼가라는 뜻.

ещё бы (разг.) 물론이다. –Пойдёшь с нами? – Ещё бы! –우리들하고 같이 가려나?–물론이네!

ещё какой (разг.) 감탄문에서 경탄을 표시한다.

ещё ничего (разг.) 아직 괜찮다, 아직 대단치 않다. Это ещё ничего. 이건 아직 괜찮다.

Ж

жизнь прожить—

не поле перейти.

жалует царь, да не милует псарь. (속담) 종이 채를 잡으면 형문부터 한다.

ждать не дождаться (разг.) 몹시 기다리다. А ты, красавица, божусь, лишь только замолчишь, то жду я, не дождусь, чтобы начала ты снова. (Крылов) 애, 예쁜 뻐꾸기야, 네가 노래를 멈추기만 하면 난 그 노래가 또 시작되는 걸 그냥 기다린단다, 참말이야.

ждать у моря (또는 у моря) **погоды** (разг.) 막연하게 기다리다.

жёлтый дом (разг.) 정신 병원.

живая газета (нов.) 살아 있는 신문, 소식통.

живи—не тужи : теперь нет межи. (속담) 신선놀음에 도낏자루 썩는 줄 모른다.

живи просто—проживёшь лет до ста. (속담) 생활이 간소하면 장수한 뜻.

жизнь прожить—не поле перейти. (속담) 사람의 일생은 탄탄대로가 아니다.

жил—был 옛날에 …살고 있었습니다. (옛말을 할 때에 쓰는 말.) Жили—были старик со старухой; у них было три сына. 한 옛날에 영감과 할멈이 살고 있었는데 그들에게는 아들이 셋이 있었답니다.

жить барином (разг.) 잘 먹고 잘 살다.

жить душа в душу (разг.) 사이좋게 살다.

жить–поживать 살다. (옛말 또는 회화에서 사용). А сам с войском своим занял царство, народу власть учредил, себе в жёны крестьянку девушку взял, стал жить–поживать да вместе с народом добро наживать. Тут и сказка вся. 자기는 군대를 거느리고 왕국을 점령하고 백성을 다스리고 촌 아가씨를 아내로 삼고 백성과 함께 잘 살았더랍니다. 이야기는 이것으로 끝입니다.

жить приневаючи (разг.) 안락한 생활을 하다. Долгое время он жил припеваючи. (Тургенев) 오랫동안 그는 안락한 생활을 하였다.

житьё–бытьё (разг.) 생활. Рассказал о житьё–бытьё родных в провинции. 시골에 있는 친척들의 생활을 이야기 하였다.

3

заглядывать вперёд

за битого двух небитых дают. (속담) 경험이 많은 한 사람이 경험이 없는 두 사람 보다 낫다는 뜻.

за бортом (мор.) 물에 빠졌다. (술어로써 사용됨) Человек за бор том! 사람이 물에 빠졌소!

за версту (разг.) 멀리. За водой приходится за версту ходить. 물을 얻으러 십리 밖에 가야 한다.

за глаза (разг.) 본인이 없는데서. Ругать кого－нибудь за глаза. 없는데서 욕하다.

за глаза (довольно, хватит, достаточно) (разг. фам.) 넉넉하다.

за двумя зайцами погонишься, ни одного не поймаешь. (속담) 두 마리 토끼를 잡으려다가는 하나도 못 잡는다.

за дело (разг.) 괜히 그러는 것은 아니라는 뜻. [Фому Фомича] м аменька обожает － и за дело, за дело : он много для неё сделал. (Достоевский) 어머니는 [포마포미치] 를 숭배한다. － 그것도 그럴 것이 그는 어머니를 위해서 많은 힘을 썼던 것이다. Ему попало за дло. 그는 벌을 받아도 싸다.

за душой нет (ничего, ни копейки…) у кого 빈털터리다, 아무것도 없다, 한 푼도 없다. Ни гроша за душой нет. 동전 한 푼도 없다.

за компанию с кем (разг.) 다른 사람들과 함께. Ну, ещё стаканчи к за компанию! 자 함께 한잔 더 듭시다!

за кулисами 막 뒤에서, 비밀리에. Переговоры западных держав велись за кулисами. 서방열강의 회담은 비밀리에 진행되었

다.

за морем телушка－полушка, до рубль перевозу. (속담) 먼 지방에서 어떤 물건이 싸다고 하더라도 수송비가 많이 들어서 결국 배보다 배꼽이 더 커진다는 뜻.

за один присест (разг.) 앉은 자리에서, 단번에.(в один присест와 같음).

за один раз дерева не срубить. (속담) 한 술 밥에 배부르랴. (모든 일에는 꾸준한 노력이 요구된다는 뜻.)

за плечами иметь что (разг.) 경력을 가지고 있다. У него за плечами шестьдесят лет трудовой жизни. 그는 60년간의 직장생활의 경력을 가지고 있다.

за последнее влемя, за последние дни 최근에

за семь вёрст киселя хлебать (есть, месить) (속담) 특별한 용건도 없이 뭘 하러 먼 길을 떠나겠느냐는 뜻.

за спиной у кого (делать что－нибудь) (разг.ирон) 배후에서, 몰래.

за счёт кого－чего ① …의 부담으로. Сделать ремонт за счёт домоуправления. 건물 관리부의 부담으로 수리하다. ② …을 이용하여, …에 의하여, …을 희생시켜.

за учёного двух неучёных дают , да и то не берут. (속담) 100명의 어리석은 사람이 제갈량 한 사람보다 못하다.

забросать (또는 **закидать**) **грязью** (рьтор.) 누구의 얼굴에 먹칠하다, 비방하다, 모욕하다. (공개적으로) (**втоптать вгрязь**와 같음.)

заварить кашу (разг) 시끄러운 문제를 일으키다, 골치 아픈 일을 일으키다.

заглядывать вперёд (разг) 미래를 생각하다.

заговорить зубы кому (разг. фам.) 딴 말을 늘어놓으면서 속이려고 하다. Он думал,что ему удастся заговорить мне зубы и отделаться от уплаты долга. 그는 나를 속여 넘겨서 빚을 면할 수 있을 것이라고 생각하였다.

загребать деньги лопатой (простореч.) 돈을 삽으로 퍼들이다, 많은 돈을 벌다.

задать баню кому (разг.) 심하게 나무라다. Если невзначай приедет доктор, и баню же задаст мне , что аптеку бросил.(А.С. Серафимович) 아무튼 의사 선생님이 오시면 약국을 비웠다고 심하게 나무랄 것이다.

задним умом крепок (разг.) 미리 예견하지 못하고, 지나고 나서 후회하는 사람을 두고 하는 말.

задним числом 실제보다 이른, 이미 지나간 날짜로 소급하여. Он написал расписку и пометил её задним числом. 그는 영수증을 쓴 다음 이미 지나 간 날짜를 기입하였다.

задняя мысль 숨은 의도, 생각. Сказал я это просто, безвсякой задней мысли. 나는 속에 딴 생각을 품지 않고 솔직하게 말하였다.

задор силы не спрашивает. (속담) 성급한 놈은 제 힘을 헤아리지 않는다.

адрать нос (разг.) 우쭐거리다. Мы друг перед другом нос дерём… (Чехов) 우리는 서로 우쭐댄다.

зажать рот кому (разг. газет.) 입을 막다 (말을 못 하게 하다.)

зайца ноги носят, волка зубы кормят. (속담) 토끼에게는 뒷발이 있고 늑대에게는 앞니가 있다. (모든 동물은 각각 자기 나름대로 특성을 보유하고 있다는 뜻.)

закинуть словечко слово (разг.фам) 슬쩍 물어 보다. Будете у заведуюшего, закиньте словечко о нашем дельце. 지배인한테 가면 우리 일을 넌지시 물어 주십시오.

закинуть удочку (разг.) 낚시를 던지다, 탐지하다. (암시를 하거나 조심스럽게 상기시킴으로써 무엇을 사전에 알아 보다.)

заключать в себе 내포하다. 포함하다.

заключительный аккорд (книжн.) 마지막 행동, 최후. Крах предприятия был заключительным аккордом бесхозяйственной деятельности акционеров.주주들의 비경제적인 활동은 기업의 파산으로써 끝났다.

закон не писан кому 또는 **для кого** (разг.) 자기행동에서 온갖 준칙을 무시하는 자, 제멋대로 행동하는 자를 가리키는 말. Для этого шофёра, видно, закон не писан : он всё время нарушает правила уличного движения. 보아하니 이 운자사는 법이 안중에 없는 모양이다. 그는 언제나 교통규칙을 위반한다.

закружилось в голове, закружилась голова. 현기증이 일어났다.

закрывать глаза на что 눈을 감다. (고의적으로 보지 않다.) Закрывать глаза на недостатки. 결함에 대해서 눈을 감다.

закрыть глаза (ритор.) 눈을 감다 (사망하다).

закрыть глаза кому ①죽는 사람의 눈을 감겨 주다. ②임종하다 (죽는 사람을 모시다).

закусить удила (разг.) 자기를 억제하지 못하다. 절제를 모르다. Получив власть, фашисты совсем закусили удила. 정권을 잡은 파시스트들은 굴레 벗은 망아지 같이 제멋대로 날뛰었다.

закусить язык 갑자기 입을 다물었다. Тут Иван Игнатьич заметил, что проговорился, и закусил язык. (Пушкин) 거기에서 이반 이그나찌이치는 안 할 말을 하였다는 것을 깨닫고 갑자기 입을 다물었다.

залезть в долги (простореч.) 많은 돈을 벌리다. (빚을 많이 짊어지다.)

залезть в душу кому (простореч.) ① 남의주의를 집중시키다. 기분을 맞추다. ② 남의 비밀을 캐내다. (влезть в душу와 같

음).

замести след 또는 **следы** 자취를 없애 버리다. Замести следы преступления. 범죄의 증거물을 없애 버리다.

замуж выходи — в оба гляди. (속담) 남편을 잘못 만나면 평생 원수다. 즉 배우자의 선택은 신중히 해야 한다는 뜻에서 쓰임.

запастись терпением 인내성을 발휘하려는 단단한 각오를 하다.

запретный плод сладок. (속담) 먹지 말라는 열매가 더 맛나 보인다 (사람은 금지된 것에 더 유혹을 느낀다는 뜻).

запустить руки 또는 **лапы** 또는 **когти во что** (разг.) 손아귀에 쥐다, 강탈하다.

зарубить себе на лбу 또는 **на носу** 또는 **на стенё** (разг. фам.) 명심하다. Зарубить себе на носу, что я не потерплю халатного отношения к делу. 내 말을 명심하시오, 나는 되는 대로 일하는 것을 참을 수 없습니다.

зарыть талант в землю 자기의 재능을 발전시키지 않고 죽여 버리다.

заставь дурня (дурака) богу молиться он и лоб разсбьёт. (속담) 바보를 고치는 약은 없다.

затем, чтобы (книжн.) 위하여. Я приехал затем, чтобы окончательно объясниться с вами. 나는 당신과 함께 모든 것을 완전히 해명하기 위해서 왔습니다.

заткнуть за пояс кого (разг.) 능가하다. В пляске наши любители заткнули за пояс даже профессиональных артистов. 우리들 무용 애호가들의 춤은 직업적인 배우를 능가하였다.

затоптать в грязь (ритор.) 남의 얼굴에 먹칠하다. 오명을 씌우다.(Втоптать в грязь 와 같음).

захватило дух 또는 **дыхание** 숨이 막히다. (추위, 급격한 운동, 정신적 격동 때문에). От злости все поджилки трясутся и дух захватило. (Чехов) 악이 북받쳐 몸이 떨리고 숨이 막혔다.

звёзд с неба не хватает (разг. ирон.) 그렇게 총명하지는 못하다. Звёзд он с неба не хватает, но очень знергичный и исполнительный работник. 그는 그렇게 총명하지는 못하지만 정력적이고 추진력이 강한 일꾼이다.

здоровая глотка (простореч.) 크게 울리는 목소리.

злая собака кусает исподтишка. (속담) 못된 개는 소리도 없이 문다. (흉악한 자는 은밀히 해를 가한다는 뜻).

зло берёт, взяло 또는 **разбирает кого** (разг.) 분하다, 악이 북받치다. Зло меня берёт, когда вспомню свою оплошность. 자기가 실수한 것을 생각하면 분하기 짝이 없다.

злой плачет от зависти, добрый—от радости. (속담) 남의 일에 기뻐하는 사람도 있고 시기해서 배 아픈 사람도 있다. (나쁜 사람은 남의 성공을 시기하고 좋은 사람은 축하한다는 뜻).

злые языки 험담을 퍼뜨리는 자들.

знает кошка, чьё мясо съела. (속담) 제 잘못을 알고 있다. 도둑이 제 발 저린다.

знаешь, знаете ; знаешь ли, знаете ли ; знаешь что, знаете что (разг.) 아십니까 (이야기하려는 것에 대해서 상대방의 주의를 환기시키기 위하여 사용하는 삽입 어). А знаете что? Есть очень интересная фигура··· Юрченко, Сергей Семёнович. 아시는지 모르겠습니다만 여기에 매우 흥미 있는 인물이 있습니다··· 성은 유루첸꼬 이름은 쎄르게이 쎄묘노비치 라고 합니다.

знай себе 그냥 (다른 것에는 전혀 주의를 돌리지 않고). Всё сидит в халате, да трубку знай себе покуривает. (Гоголь) 언제나 할라트를 입고 앉아서 그냥 담배만 피운다.

знатные люди (нов.) 저명한 사람들

знать в лицо кого 얼굴을 알다. Я вашего отца знаю в лицо, но не знаком с ним. 나는 당신 아버지의 얼굴만 알지 인사는 못했습니다.

знать (узнать) как свои пять пальцев (разг.) 사소한 것까지 잘 알다.

знать своё место 자기의 지위를 인식하고 주제 넘는 행동을 안 한다. знать середину 과격한 행동을 삼가다, 중용을 지키다. Я ни в чём середины не знал. (Некрасов) 나는 어떤 일에 있어서나 극단적으로 흘렀다.

знать толк в чём (разг.) 조예가 깊다, 잘 알다, 맛을 알다 (понимать толк в чём과 같음) Он знает толк в винах. 그는 술에 대해서 상당한 감식력을 가지고 있다. 술에 대해서 잘 안다.

знать цену кому-чему 가치를 알다, 정확히 평가하다. Он, конечно, цену себе знал. 그는 물론 자기의 가치를 잘 알고 있었다.

золото и в болоте светится. (속담) 금덩이는 진흙 속에서도 빛난다. (훌륭한 인물은 어떤 곳에서든지 자기의 자질을 나타낸다는 뜻).

золотое дно (разг.) 수입이 많은 일, 돈벌이 되는 일, 장소. Ах, земля здесь была, чёрная, родящая – золотое дно. (А. Н. Толстой) 땅도 여기는 기름진 흙토여서 오곡이 무르익는 곳이었다.

зондировать почву 어떤 기도가 성공할 가능성 여하를 미리 조사하다. Мы поехали позондировать почву насчёт постройки завода. 우리는 공장 건설의 가능성을 조사하러 갔다.

зуб на зуб не попадает (разг.) 추워서 몸이 떨리다.

И

и не грамотен,

да памятен.

и без того 그렇지 않아도 (이미 다른 원인들로 인해서 충분한 정도에 달하였다는 뜻) Монополисты хотят увеличить и без того баснословные прибыли. 독점가들은 그렇지 않아도 엄청난 이윤을 더 증가 시키려한다.

и был (была, было) **таков** (такова, таково) (разг.) 곧 사라졌다.

и в уме нет 또는 **не было чего** (разг.) 생각지도 않았다, 예상치도 못하였다.

и волки сыты и овцы целы. (속담) 처남도 좋고 매형도 좋고.

и всё такое (простореч.) 등등 (и так далее, и тому подобное 와 같은 뜻으로 쓰임)

(и) глазом не сморгнуть (разг.) 태연하다, 시치미 떼다, 얼굴도 안 붉히다. Он соврёт и глазом не сморгнёт. 그는 거짓말을 하고도 얼굴도 안 붉힌다.

и горя мало кому 아무런 느낌도 없다, 태연하다

и дело с коицом (разг.) 결말이 났다, 이것으로써 끝이다.

и есть (простореч.) 사실, 참으로 그렇다 (대답을 할 때에 상대방이 한 말을 되풀이하면서 사용). Что это, тобой словно бес овладел? – Бес и есть. (А. Островский) –이게 웬 일인가, 도깨비한테 홀렸나? –바로 그렇습니다.

и книги в руки кому (разг.) 이 문제, 이 경우에 있어서 권위 있는 결정적 발언을 할 수 있는 사람은 누구이다. Обратимся к профессору Голубеву, по данному вопросу ему и книги в руки. 골루베브 교수에게 문의 합시다, 그는 이 문제에 있어서는 권위자입니다.

и кости по родине плачут. (속담) 죽어서도 고향 그리워 운다.

и на нашей улице будет праздник. (속담) 우리 거리에도 명절은 돌아 올 것이다. (우리들이 축배를 드는 날이 있으리라는 뜻).

и на солнце есть пятна. (속담) 해에도 흑점이 있다. (세상에는 완전한 것이란 없다는 뜻).

и нашим и вашим (разг.) 서로 적대시하는 양쪽의 비위를 다 맞추다, 양면적인 행동을 하다. Угодить и нашим и вашим. 두루춘풍, 누구에게나 호감을 사는 일. 또 그런 사람.

и не грамотен, да памятен. (속담) 배운 것은 없어도 총기가 밝다. (교육은 받지 못하였으나 재질이 있는 사람을 칭찬 하는 말).

(и) не нюхал кого-чего (разг.) 이름도 모른다, 듣지도 못하였다. (전혀 모른다). Он математики и не нюхал. 그는 수학이란 말도 모른다.

и не пошевельнуться (разг.) ① 꼼짝달싹 안 하다 (전혀 반응하지 않다, 아무런 조치도 취하지 않다). Он и не пошевельнулся, видя её горе. 그는 그 여자의 슬픔을 보고도 본체만체 하였다. ② 꼼짝 못 하다. (반응, 기도, 반항할 수 없다.) Он теперь у нас и не пошевельнётся. 그는 이제는 우리들 속에서 꼼짝 못할 것이다.

и не рад (разг.) 참으로 죄송할 뿐입니다. (сам не рад와 같음).

и никаких гвоздей! (простореч.) 이것이면 충분하다, 더 논할 것도 없다. Светить, и никаких гвоздей! Вот лозунг мой и солнца. (Маяковский) 밝게 비추어라, 이것이면 다다! 이것이 나의 구호요, 태양의 구호다.

и прочее 등등 (보통≪и пр.≫혹은≪и проч.≫라고 생략하여 쓴다).

и разговору нет 또는 **и разговору быть не может о чём** (разг.) 말할 것도 없다, 물론이다. Об этом и разговору нет. 여기에 대해서는 논의할 것도 없다.

и сила уму уступает. (속담) 기운이 세다고 소가 왕 노릇할까? (힘이 지혜를 당하지 못한다는 뜻).

и смех и грех 소가 웃을 노릇이다. (어이없는 말이나 행동에 대해서 하는 말).

и спать и видеть (разг.) 자나 깨나 그 생각이다. (몹시 동경 하다) (спать и видеть 와 같음) Я и спал, и видел, как бы в компании с хорошими людьми посидеть. (Салтыков-Щедрин) 나는 어떻게 하면 훌륭한 사람들과 한 자리에 앉을 수 있을까 하고 언제나 생각 하였다

и так (разг.) 그렇지 않아도 벌써. Мне больше не надо, у меня и так много. 나는 더 필요 없습니다, 있는 것만 해도 충분합니다. (나에게는 그렇지 않아도 많습니다.).

и так и иначе (разг.) 여러 가지 방법으로 (и так и этак 와 같음)

и так и сяк (разг.) ① 이렇게도 해보고 저렇게도 해보는 모양. Новую шляпу она примеряла перед зеркалом и так и сяк. 그 여자는 거울 앞에서 새 모자를 이렇게도 써보고 저렇게도 써 보았다. ② 평범하다. Старший умный был детина, средний был и так и сяк, младший вовсе был дурак. (Ершов) 맏아들은 총명 하였고 둘째는 그저 그랬고 막내둥이는 바보였다.

и так и этак (разг.) 여러 가지 방법으로, 이렇게도 해 보고 저렇게도 해 보면서. Челкаш чувствовал себя в силе повернуть её и так и этак. (М. Горький) 첼까쉬는 여러 가지 수단으로 그 여자를 되돌릴 수 있을 것 같이 느껴졌다.

и то 그것도, 그것조차. Её губы улыбалист редко — и то слегка. (Тургенев) 그 여자의 입술에는 간혹 미소가 떠올랐고 그것

도 아주 가벼운 웃음이었다.

и то сказать (разг.) 그것도 그럴 것이, 사실 말이지 (앞에서 한 말을 긍정할 때에 쓰임) (Да и то сказать와 같음).

и тому подобное (подобные) 등등 (보통 ≪и.т.п.≫라고 생략하여 쓴다).

и ухом не вести (не повести) (разг.) 듣지도 않다, 아무런 주의도 돌리지 않다. А Мишенька и ухом не ведёт… в берлогу теплую забрался. (крылов) 그러나 새끼 곰은 듣지도 않고... 따뜻한 굴속으로 들어가 버렸다.

играть в бирюльки 쓸데없는 짓을 하다 (бирюльки 는 작은 물건을 쌓아 놓고 딴 것이 움직이지 않도록 하면서 하나씩 들어내는 놀음).

играть первую скрипку ① 오케스트라에서 제일 바이올린 연주자로 연주하다. ② 지도적 역할을 하다.

играть роль 뚜렷한 작용을 하다, 뚜렷한 역할을 하다, 큰 영향을 미치다. Он играет там роль. 그는 그곳에서 뚜렷한 역할을 하고 있다.

играть роль кого-чего 또는 какую. ①어떤 역할을 하다, 작용하다, 영향을 미치다. Это обстоятельство не сыграло в его судьбе никакой роли. 이러한 사정은 그의 운명에 아무런 영향도 주지 못하였다. ② …체 하다(가장하다) Ему как-то нравилось играть роль страдальца. 그는 웬일인지 수난자인 체 하기를 좋아 하였다. ③ 어떤 처지에 있다. Он играл жалкую роль приживала. (Чехов) 그는 가련한 식객 노릇을 하였다.

из большой тучи, да малая капля. (속담) 용두사미(기대는 컸는데 결과는 보잘 것 없다는 뜻).

из воды сухим выйти (разг.) 처벌을 면하다. Я увернусь, из воды сухая выйду. 나는 꾀를 부려서 죄를 면해 보렵니다.

из вторых рук (купить, узнать, получить…) 중매자를 거쳐서, 간접적으로. Он купил дом из вторых рук. 그는 중매자를 통해서 집을 샀다.

из года в год 해마다. Из года в год улучшается благосостояние трудящихся. 노동자들의 복지는 해마다 개선되어간다.

из головы вон у кого (разг.) 잊어버리다.

из гостей 손님으로 갔던 그 곳으로부터. В то время из гостей домой пришёл Евгений молодой. (Пушкин) 그 때 젊은 예브게니는 손님으로 갔던 집에서 제집으로 돌아 왔다.

из другой оперы (разг. шутл. ирон.) 그것은 딴 이야기다 (하고 있는 이야기, 논의되고 있는 문제와는 아무런 관계도 없다.) Уж это вы из другой оперы. Я не об этом говорю. 그건 이야기가 다릅니다. 내가 말하는 건 그것이 아니지요.

из-за угла (разг.) 몰래, 은밀하게. Действовать из-за угла. 은밀하게 행동하다.

из кожи (вон) лезть (разг.) 몹시 애쓰다. Из кожи лезут вон - а возу всё нет ходу (Крылов) 죽을 힘을 다해도 달구지는 조금도 나가지 않는다.

из кулька в рогожку 올바르게 하려고 한일이 더 나쁜 결과를 가져왔을 경우에 쓰임. Поправился из кулька в рогожку. 바르게 하려고 한일이 더 망가졌다.

из огня да в полымя. (속담) 갈수록 태산, 여우를 피하니 범이 나온다.(한 재난을 피하니 더 큰 재난이 닥쳐온다는 뜻).

из первых рук (узнать, получить, сведения) 직접, 중재자를 거치지 않고.

из песку верёвки не вьют. (속담) 모래로는 새끼를 꼴 수 없다. (재료가 나쁘면 좋은 것을 만들 수 없다는 뜻, 재료가 없이는 아무것도 만들 수 없다는 뜻.)

из-под полы (продавать) (разг.) 남몰래 (판매하다, 판매할권리

가 없는 사람이 혹은 금지된 상품을 판매하다).

из-под спуда ① 은폐된 곳에서. 그는 남 몰래 간수했던 좋은 술 한 병을 내 놓았다. ② 망각 상태로부터, 이용되지 않고 있는 상태로부터. Извлечь свои прежние знания из-под спуда. 이용하지 않고 있던 자기의 이전 지식을 끄집어내다.

из пятого в десятое (разг.) 두서없이(차례로 넘어 가지 않고, 순서 없이 연관성 없이) Рассказывать из пятого в десятое. 두서없이 이야기하다.

из расчёта 계산하여, 고려하여. Размер пенсии определяется из расчёта заработка за последний год. 연금의 액수는 마지막 1년간의 보수에 의해서 규정된다.

из рук в руки (передать, перейти) 중개자를 거치지 않고, 친히, 직접 (전달하다, 전달되다).

из рук вон (плохо) (разг.) 매우 나쁘다, 아무데도 쓸데가 없다. Уж это такая невинность, что из рук вон. (А. Островский) 벌써 이것은 아무데도 쓸데가 없는 소박성이다.

из ряда вон (выходящий) 보통이 아닌, 놀라운, 엄청난. Из ряда вон выходящее явление. 놀라운 현상.

из угла в угол (ходить) 어떤 장소에서 왔다 갔다 하다 (할일이 없어서, 흥분해서, 생각에 잠겨서). Ему теперь скучно, и он, шатаясь из угла в угол, не знает, чем развлечься. (Помяловский) 그는 지금 권태를 느낀다. 그리고 한곳을 왔다 갔다 하면서 그는 대체 무엇으로 시간을 보내야할지 모른다.

из ума вон что у кого (разг. фам.) 깨끗이 잊어버리다. Что бишь я хотела сказать? Из ума вон… Вишь нынче какая память у меня. (Гончаров) 가만히, 내가 무슨 말을 하려했지? 깜빡 잊었다… 요즘은 기억력이 통 없구나.

из уст в уста (книжн.) 이 입에서 저 입으로, 이 사람에게서 저 사람에게로. Переходя из уст в уста, коварна и бесчестна, крылатым змеем клевета носилась повсеместно. (Некрасов) 이 입에서 저 입으로 옮겨 가면서 치사하고 더러운 비방은 날개 달린 뱀같이 사방으로 날아갔다.

избрать благую часть (ирон. устар.) 가장 유리한 결정을 채택하다. Когда начались резкие разговоры и взаимные оскорбления, то я решил избрать благую часть, т. е. ушёл домой. 논쟁이 벌어지고 서로 욕설을 하기 시작하자 나는 좋은 생각으로 집으로 가 버렸다.

изволь(те) радоваться (разг. ирон.) 뜻밖의 불쾌한 일에 화를 내여 하는 말. Я пришёл, а он, извольте радоваться, ещё не вставал с постели. 내가 오니까 그 사람은 글쎄 아직도 자리에 누워 있지 않겠소!

изо дня в день 나날이.

иметь в виду ① кого-что 누구를 두고 말하다, 염두에 두다. Кого же он имел в виду, когда говорил о негодяях? 그 사람이 나쁜 놈들이라고 한 것은 누구를 두고 한 말입니까? ② кого-что 관심을 돌리다, 고려하다, 잊지 않다. Он обещал иметь меня в виду в случае вакансии. 그는 빈 자리가 날 때에는 나를 잊지 않을 것을 (나를 추천해줄 것을) 약속하였다. ③ с инф. …할 작정이다. Имею в виду лечиться. 나는 치료를 받을 작정입니다.

иметь вкус к чему 좋아하다.

иметь голову на плечах (разг.) 똑똑하다.

иметь дело с кем 상대하다. Вам придётся иметь дело с неопытным инженером. 당신은 경험이 없는 기사를 상대로 해야 할 것입니다.

иметь зуб против кого (разг.) 누구에게 반감을 품다.

иметь место (канц.) 있다. (발생 하다, 수행 하다). Это событие имело место много лет тому назад. 이 사건은 여러해 전에

있었다. 이것은 여러해 전에 있은 사건이다.

иметься в виду (книжн.) 고려되다. При постройке здания имелось в виду устройство торговых поиещений (또는 устроить торголые помещения). 건물을 지을 때에는 거기에 상점을 배치할 것이 고려되었다.

иначе говоря 바꾸어 말하면, 달리 말하면.

иной раз (разг.) 가끔, 때로는. Иной раз надо и отдохнуть. 간혹 쉬기도 해야지.

искать вчерашиего дня (разг. ирон.) 이미 없어진 것, 찾을 수 없는 것을 찾느라고 헛수고를 하다.

истереть в порошок кого (разг.) 치우다. 없애다. (растереть в порошок와 같음).

идти в гости 나그네 길로 가다.

идти (нога) в ногу 발맞추어 나가다. В ногу, ребята, идите! (Курочкин) 발맞춰 나가라, 젊은이들아!

итти впрок 이롭다, 도움이 되다. Какая была тому причина – этого я вам растолковать не могу, но только учение не впрок мне щло. (Салтыков-Щедрин) 그 원인은 어디에 있는지 나는 당신에게 설명할 수 없습니다만은 어쨌든 학업은 나에게 도움을 주지 못하였습니다.

идти вразрез с чем ① 역행하다. Он всегда шёл вразрез с мнением большинства. 그는 언제나 다수의 의견과는 달리 행동하였다. ② 일치되지 않다, 배치되다.

идти (выйти, пойти, выходить) замуж за кого 시집가다, 출가하다.

идти ко дну ①침몰하다 ② 파멸하다.

идти, куда ветер дует (разг. ирон.) 확고한 신념 없이 그때그때 지배적인 이론이나 유행을 따른 다는 뜻.

идти навстречу ① 어떤 불가피한 것의 실현을 촉진하다. ② кому

－чему 호의적으로 대하다, 협조하다. Идти навстречу чьим－нибудь пожеланьям. 누구의 희망을 지지하다.

итти (пойти) по стопам чьим (книжн.) 본을 따르다, 전철을 밟다. Сынки по стопам родителя пошли. (Мельников－Печерский) 아들들은 아버지의 본을 따랐다.

ищи ветра в поле. (속담) 헛된 노력을 하다.

К

как аукнется,

так и откликнется.

к лицу ① 어울리다. Эта шляпа вам не к лицу. 이 모자는 당신에게 어울리지 않습니다. ② (누구) 답다.

к месту (разг.) 적절하다. Не к месту было говорить об этом. 여기에 대해서는 이야기할 바가 아니다.

к (моему, твоему…) несчастью 불행하게도(삽입어).

к примеру (разг.) 실례로 (например와 같음)

к примеру сказать (разг.) 실례로 (к примеру와 같음)

к прискорбию 유감스럽게도. К моему большому прискорбию, он отказался. 매우 유감스럽게도 그는 거절하였다.

к себе 자기 집으로, 자기 방으로, 자기가 사는 곳으로. Когда вы к себе переедете－не забывайте нас. 집으로 돌아가시더라도 우리를 잊지 말아 주십시오. С трепетом вошла к себе, надеясь найти там Германна. (Пушкин) 거기에 게르만이 있으리라는 생각에 떨리는 가슴을 안고 자기 방으로 들어갔다.

к слову сказать 덧붙여서 말한다면 (삽입 어).

к сожалению 또는 **к крайнему** (великому, глубокому) **сожалению** 유감스럽게도, 매우 유감스럽게도 (삽입 어).

к спеху кому 급하다 (급히 요구된다.) (술어로서 사용됨). Мне не к спеху, не торопитесь. 나는 급하지 않습니다. (나에게는 급하게 요구되지 않습니다.) 천천히 하십시오.

к стенке поставить кого (нов. разг.) 총살하다. Троих поставили к стенке. 세 사람을 총살하였다.

к стороне (простореч.) 집어 던지다. (в сторону와 같음).

к счастью (для меня, тебя…), к (моему, твоему…) счастью 다행히도, 행복하게도 (삽입 어). Где деться? к счастью дуб сухой в глаза попался. (Крылов) 어디에 숨을까? 하는 판에 다행히도 마른 떡갈나무가 눈에 띄었다.

к ужасу чему (разг.) 큰 사고 났다는 뜻. К ужасу моему, я сбился с пути. 재수 없이 나는 길을 잃었다.

к чорту на кулички (простореч. шутл.) 멀고 먼 곳에 (у чорта на куличках와 같음)

к шапочному разбору (поспеть, прийти…) (разг.) 사람들이 모자를 찾아 쓰고 흩어질 무렵에야. Одевайтесь, матушка, а то к шапочному разбору придёте (Лесков) 어머님, 옷을 입으십시오, 이러다간 다 끝날 무렵에 닿겠습니다.

как (또는 будто, словно…) **аршин проглотил** (разг.) 부자연스럽게 몸을 꼿꼿이 하고 다니는 사람을 가리키는 말

как аукнется, так и откликнется. (속담) 가는 말이 고와야 오는 말이 곱다, 가는 방망이 오는 홍두깨, 가는 정이 있어야 오는 정이 있다.

как без рук (разг.) 꼼짝 못 하다, 아무것도 못하다. Я без своей записной книжки, как без рук. 나는 수첩이 없이는 꼼짝 못 한다.

как блины печёт 빨리 되는 대로 해 버리다. 많이 만들다. Он стихи пишет, как блины печёт. 그는 시를 많이 쓴다.

как бог на душу положит (разг.) 생각나는 대로. А сказывать про тебя буду иди нет, как бог на душу положит. (Толстой) 자네 얘길 하고 안 하는 건 그때 가서 머리가 돌아 갈 탓이네.

как будто ① 마치 (비유) Над деревней и полем лежит невозмутимая т шина – всё как будто вымерло. 마을과 들은 깨뜨릴

수 없는 적막에 덮여 있다 – 마치 만물이 죽어 버리기나 한 듯이. ② …듯 하다 (추측) Он как будто собирался на лето в Крым. 그는 여름철을 크림에서 보내려고 한 듯 하였다.

как бы ① 어떻게, 어떤 방법으로. Начали думать, как бы лучше денёк провести. (Н. Островский) 어떻게 하면 재미있게 날을 보낼까 궁리들을 하기 시작하였다. ② 마치. Та… глядела на него сверху вниз, как бы оценивая его достоинства… (Н. Островский) 그 여자는… 마치 의견이나 떠 보려는 듯이 그를 아래위로 훑터 보았다. ③ 만일 (простореч.). Как бы пораньше взялись, тогда поспели бы. 조금 일찍이 시작 했더라면 능히 할 수 있었을 텐데.

как бы не (разг.) ~하지 않도록 Боюсь, как бы не стал он браниться. 그 사람이 욕이나 하지 않을까 겁난다.

как бы не так! (разг. фам.) 천만에 말씀, 어림도 없다 (거부, 반박할 때 하는 말)

как бы то ни было 어떻게 해서든지, 어떤 일이 있더라도, 기어이. Как бы то ни было, а я выполню свою задачу. 어떤 일이 있더라도 나는 자기 과업을 기어이 완수하겠습니다.

как в аптеке (разг. шутл.) 아주 정확하게 До чего верно! …как в аптеке. (А. С. Серафимович) 얼마나 정확해! … 약국 이상일세.

как в воду кануть (разг.) 소식이 없다, 종적을 감추다. В феврале в последний раз написала из Петербурга и после этого, как в воду канула. (В. В. Вересаев) 2월에 뻬쩨르부르그에서 마지막 편지를 보내고는 행방을 감추어 버렸다.

как в воду опущенный 서글픈, 침울한. Как батюшка просватал её за какого-то большого польского пана, так она с тех пор как в воду апущенная. (М. Н. Загоскин) 아버지가 그 여자를 폴란드의 어떤 큰 귀족에게 주기로 승낙한 다음부터

는 그 여자의 얼굴에서 웃음이 사라졌다.

как в котле кипеть (вариться) (разг.) 달달볶다. Весь дом как в котле кипел : ожидалось много гостей. 온 집안사람들이 들 볶아쳤다 : 손님이 오기로 되어 있는 것이다.

как в лесу (разг.) 오리무중 (상황을 모르다). Я в этом учреждении, как в лесу. 나는 이 기관 상황을 전혀 모른다.

как вдруг 갑자기. Я велел было поскорее закладывать лошадей, как вдруг поднялась ужасная метель. (Пушкин) 빨리 말을 메도록 지시하려는 사이에 갑자기 무서운 눈보라가 일어났다.

как видите 보다시피 (당신에게 지금 명백한 바와 같이) (삽입어) Как видите, я очень занят. 보다시피 나는 대단히 바쁩니다.

как во спе ① 사람을 경탄케 하는 어떤 비상한 것에 대해서 하는 말. Это было красиво, как во сне. 이것은 꿈같이 아름다웠다. ② 보거나 듣거나 판단할 능력을 일시적으로 상실한 반무의식적 상태를 말함. Сижу как во сне : слушаю и ничего не понимаю. 정신없이 앉아 있는 나는 듣고도 무슨 말인지 알지 못한다.

как водится (разг.) 일반적으로, 언제나 그러는 것처럼. Противники и секунданты обменялись, как водится, поклонами… (Тургенев) 적수들과 결투 입회자 들은 항상 하듯이 서로 인사하였다.

как волка ни корми, а он всё в лес глядит. (속담) 아무리 잘 길러도 이리 새끼 마음은 들에 있다. (천성이 나쁜 인간은 재 교양할 수 없다는 뜻).

как две капли воды (похож) 빼놓은 듯이 닮은 (꼭 같다). А портрет похож, как две капли воды. Софья та, какую все видят и знают её… (Гончаров) 그리고 초상화는 본인과 꼭 같다.

그려진 쏘피야는 누구나 다 보고 있고 알고 있는 바로 그 쏘피야이다.

как есть (разг.) 전혀, 완전히, 모조리. Как есть, ничего не понял. 전혀 아무것도 이해하지 못하였다. Всех, как есть, охотников со всего царства к себе в гости пригласил. (Тургенев) 온 나라의 사냥꾼이란 사냥꾼은 모두 초대 하였다.

как же ① 어떻게. Как же вы смели войти без доклада? (разг.) 말도 없이 방으로 들어오는 법이 어디 있습니까? ② 물론입니다. — Вы исполнили мою просьбу? Как же, как же. —제가 부탁한 것을 해 주셨는지요?— 물론입니다.

как же так? (разг.) 의아한 느낌을 표시 (как так? 와 같음.)

как зеницу ока (беречь, лелеять…) 눈동자 같이.

как знать? 어떻게 알 수 있습니까 (미래의 일은 지금 단정할 수 없다는 뜻), (почём знать? 와 같음.)

как и что (простореч.) 사정이 어떤가, 일이 어떻게 되고 있는가. Расскажи, как и что. 사정을 이야기해 보게.

как кому 이 사람에게는 이렇고, 저 사람에게는 저렇다; 사람에 따라서 다르다. Как кому, а мне нравится! 다른 사람은 모르지만 나에겐 마음에 드는데! — Нигилист, это человек, который не склоняется ни перед какими авторитетами, который не принимает ни одного принципа на веру, каким бы уважением ни был окружён этот принцип. — И что ж, это хорошо?… — Смотря как кому, дядюшка. Иному от этого хорошо, а иному очень дурно. (Тургенев) —허무주의자, 이것은 어떠한 권위 앞에서도 머리를 숙이지 않고 아무리 존경을 받는 원칙이라도 그저 받아들이지는 않는 사람이랍니다. — 그래서 어때, 그것이 좋은가?… —사람에 따라 다르지요, 어떤 사람에게는 좋고 어떤 사람에게는 대단히 나쁩니다.

как кошка с собакой (разг.) 개와 고양이처럼 (사이가 좋지 못하

다는 뜻.)

как лес ни густ, а сквозь деревья всё видно. (속담) 고쟁이를 열두 벌 입어도 보일 것은 다 보인다. (아무리 애써도 자기 의도를 숨길 수는 없다는 뜻.)

как манны небесной (ждать, жаждать) (книжн.) 학수고대하다. (манна는 이스라엘인들이 사막을 헤맬 때에 하늘에서 내려 보냈다는 실과).

как можно +(부사 비교급) 될수록. Как можно больше. 될수록 많이. Как можно лучше. 될수록 훌륭히.

как на пожар (бежать) (разг.) 재빠르게, 부리나케. Мы бежали, как на пожар, боясь опоздать к поезду. 우리는 기차를 놓칠까봐 부리나케 달렸다.

как на угольях 또는 **на углях** (быть, сидеть, находиться) (разг.) 바늘 방석에 앉은 것 같다 (극도의 불안, 흥분을 말함). Волнуясь, она сидела как на угольях, то и дело поглядывая на часы. 그 여자는 바늘방석에 앉아 있는 것 같아서 설레는 마음에 시계만 마냥 들여다보았다.

как нарочно (разг.) 일부러 방해나 하려는 듯이. Только собрался — как нарчно пошёл дождь. 채비가 끝나자 공교롭게도 비가 왔다.

как не, с инф. (разг.) 어떻게 …않을 수 있겠는가. —А чай много бывало с вами приключений? — Как не бывать, бывало. (Лермонтов) —재미있는 일들이 많았겠지요?—없을 수가 있습니까, 물론 있었습니다.

как не бывало кого-чего 온데 간데 없다, 자취도 없이 사라지다. Взошло солнце, и снега как не бывало. 해가 떠오르자 왔던 눈은 온데 간데 없었다. Боли как не бывало. 아프던 것이 신통하게 멎었다.

как не так! (разг. фам.) 천만에 말씀, 어림도 없다 (거절, 반박할

때 하는 말) (как бы не так! 와 같음).

как небо от земли, как земля от неба 천양지차가 있다. Что ни напишет перо твоё, … как земля от неба будет далеко от правды. (Гоголь) 네가 무엇을 쓰든지 간에 그것과 진실 간에는 천양지차가 있을 것이다.

как нельзя 비교급을 더 강화하는데 쓰임. Как нельзя лучше. 극히 훌륭하게 (그 이상은 있을 수 없을 만치 훌륭하게).

как ни в чём не бывало (разг.) ① 아무런 좋지 못한 결과도 없다는 뜻. Вчера очень нездоровилось, а сегодня встал как ни в чём не бывало. 어제는 몹시 몸이 괴로웠는데 오늘 일어났을 때에는 앓고 난 것 같지도 않았다. ② 아무런 죄도 없는 체 한다는 뜻. Все знают, что он вор, а он ходит себе, как ни в чём не бывало. 그 놈이 도적놈이라는 것은 누구나 다 아는데 그자는 뻔뻔스럽게 활개 치며 다닌다.

как ни как (разг.) 이렇든 저렇든 간에, 어쨌든, 드디어. Как ни как, а работа удалась. 어쨌든 일은 성공하였다.

как никогда 다른 어느 때보다도, 그 어느 때보다도.

как об стену горох, как в стену горох, как стене горох, как от стены горох (разг. фам.) 소귀에 경 읽기, 귓등으로 듣다 (아무런 작용도 못 미친다는 뜻). Все слова были сказаны в своё время, и все как об стену горох. (Вера Панова) 일러 줄 말은 제때에 다 일러 주었건만 모두가 소귀에 경 읽기였다.

как общее правило 보통, 상태로. Как общее провило, весна насту пает в марте. 봄은 보통 삼월에 온다.

как пить дать (дадут) 틀림없이, 갈데없이. Тебя уж упекут под суд – как пить дадут. (Грибоедов) 너는 법정에 끌려 나갈게다 – 갈 곳 있나.

как по маслу (разг.) 원활하게, 순조롭게, 쉽게. Всё у нас шло,

как по маслу. (Тургенев) 우리 일은 모두 다 순조롭게 되어 갔다.

как по нотам (разг.) 순조롭게 (이외의 곤란에 부딪히지 않고). Всё прошло, как по нотам. 모든 것이 순조롭게 경과하였다.

как попало 되는대로, 아무렇게나. Он не работает, а валяет, как попало. 그는 일을 하는 게 아니라 장난을 하고 있다.

как порох 불같은 (바싹 마른 장작 또는 성질이 과격해서 화를 잘 내는 사람을 가리키는 말). Привезли дрова, как порох. 바싹 마른 장작을 실어왔다. Он как порох – вспыхивает при малейшей обиде. 그는 불같은 성격이어서 조금만 기분이 상해도 벌컥 화를 낸다.

как правило 보통. Внедрение новой техники, как правило, требует перестройки налаженного процесса производства. 새 기술의 도입은 이미 질서가 잡힌 생산 과정의 개편을 요구하는 것이 보통이다.

как прошлогодний снег (разг. фам.) 이미 온갖 가치와 의의를 상실하고 만 불필요한 것에 대하여 하는 말. Школой он так же интересуется, как я прошлогодним снегом. (Чехов) 그는 학교에 대해서 털끝만한 관심도 없다 (내가 지난해의 눈에 관심을 가지는 것만큼 관심을 가진다).

как раз (разг.) ① 바로. Как раз сегодня я его встретил. 바로 오늘 나는 그 사람을 만났다. ② 딱 맞다 (술어로서 쓰임). Брюки мне как раз. 바지는 내게 꼭 맞다. ③ 대번에 (устар.) Ступай назад, я не шучу, как раз нахала проглочу! (Пушкин) 뒤로 물러가라, 이건 농담이 아니다, 염치없는 놈을 당장에 집어 삼킬 테다.

как рак на мели (разг.) 난처하다, 속수무책이다. Взялся за непосильную работу и сидит с нею, как рак на мели. 힘에 겨운 일에 달려 붙었다가 지금 어떻게 할 바를 모르고 있다.

как рукой сняло (простореч.) 깨끗이 사라지다 (아픈 것, 슬픈 것 등에 대해서 하는 말.). Боль как рукой сняло. 아프던 것이 신통하게 멎었다.

как рыба в воде (чувствовать себя) (разг.) 물속에 있는 고기처럼 자유롭게 (느끼다). Мне было хорошо, как рыба в воде, и я бы век не ушёл из этой комнаты, не покинул бы этого места. (Тургенев) 나는 고기가 제 놀던 물에 들어 간 것만큼 자유로웠고 기분이 좋았다. 나는 이 방을 영원히 떠나고 싶지 않았고 이 곳을 버리고 싶지 않았다.

как с гуся вода кому (разг. неодобрит.) 아무렇지도 않다. Видно, тебе всё как с гуся вода : иной бы с горя зачах, а тебя ещё разнесло. (Тургенев) 넌 아무렇지도 않은 모양이지, 딴 사람 같으면 설움에 살이 쪽 빠졌을 텐데 넌 더 몸이 났구나.

как (**дурак дурень**) **с писаной торбой носиться с кем-чем** (разг. пренебр.) 어떤 대단치 않은 것에 밤낮 매달리다, 누구에 대해서 밤낮 걱정하고 돌보고 주선하다, 어떤 대단치도 않은 것을 두고 항상 이야기하다. Этот бездарный поэт со своими стихами носится, как дурак с писаной торбой. 이 재주 없는 시인은 되지도 않은 자기 시를 밤낮 주무르고 있다.

как своих ушей не видать кого-чего (разг. фам.) 제가 제 귀를 못 보듯이 결코 못 볼 것이다, 못 얻을 것이다. Награды тебе как своих ушей не видать. 자네는 표창장 구경하기는 아예 글렀네.

как сельди в бочке (шутл. разг.) 꼭 찼다 (좁은 곳에 사람들이 많이 들어 선 모양을 가리키는 말). В вагоне народу, как сельдей в бочке. 찻간에는 사람들이 꼭 찼다.

как сказать (разг.) 자기의 생각을 정확하게 혹은 완전히 표현할 수 없을 경우 또는 상대방의 말에 불신임, 불완전한 동의를 표시 할 경우에 쓰임. — Зачем ты это пишешь? — Как сказат ь, зачем? Знаю грамматику, … учился правописанию… вот и пишу. (Салтыков–Щедрин) –자넨 왜 이걸 쓰고 있나? – 왜 쓰냐고? 글쎄 뭐라고 하면 좋을 까?, 문법을 알고… 철자법을 배웠고… 그래서 쓰는 게지. –Ты теперь вполне здоров? – Ну, это ещё как сказать. –자넨 지금은 몸이 완전히 나아졌나? – 얼른 대답하기가 좀 곤란하네.

как следует (разг.) 충분히, 힘껏, 톡톡이. На целину поехали тысячи людей, прибыли там, поработали как следует, прислали письма. (Хрущев) 수많은 사람들이 처녀지로 떠났고, 그곳에 도착하여 힘껏 일하였고, 편지를 써 보냈다. Выругал я его как следует. 나는 그 사람에게 단단히 핀잔을 주었다.

как смерть (бледный) 몹시 창백한. Я, как смерть, и тощ, и бледен. (Пушкин) 나는 몹시 여위고 또 창백하다.

как снег на голову 뜻밖에, 갑자기. Как снег на голову, нагрянет старость. (Тургенев) 갑자기 노년이 닥쳐올 것이다.

как собак перезан(н)ых (разг. фам.) 대단히 많다. В Петербурге исправников этих, как собак нерезаных. (Чехов) 뻬쩨르부르그에는 경찰서장이 얼마든지 있다.

как собака на сене–сама не ест и другим не даёт. (속담) 나 먹자니 싫고 개 주자니 아깝다 (인색한 사람에 대한 말.).

как стёклышко (простореч. фам. шутл.) ① 깨끗하게, 말쑥하게. Заново выкрашенный дом стоял как стёклышко. 새로 페인트칠한 집이 깨끗하게 서있었다. ② 조금도 술 취한 기색 없이. Вернулся из гостей как стёклышко. 손님으로 갔다가 온전하게 돌아 왔다.

как стелька (разг. фам.) 곤드레만드레. Целый день, как стелька, пьян. 종일토록 만취해서 돌아간다.

как сыр в масле (кататься) 호사하다. (풍족하게 지내다). В детстве, живя в деревне у бабушки, он как сыр в масле катался.

어린 시절에 그는 촌에 계신 할머님 댁에서 호사스럽게 지냈다.

как так? (разг.) 의아한 느낌을 표시 – Хочешь, научу тебя драться по–настоящему?… – Как так – по–настоящему? – А вот посмотришь. (Н. Островский) –네게 정말 싸우는 법을 가르쳐 줄까, 어때?… – 아니, 정말 싸우는 법이라니요? – 그야 배워 보면 알지.

как у Христа за пазухой (жить) (разг. устар.) 안락하게, 호사스럽게. Жил он всю жизнь при своих родителях, как у Христа за пазухой. (Сем. Нариньяни) 그는 오늘까지 부모의 슬하에서 호사스럽게 자랐다.

как угорелый (метаться, бегать…) (разг.) 미친 사람처럼 날뛰다. Нет отдыха, мечусь, как словно угорелый. (Грибоедов) 숨을 돌릴 겨를도 없이 미친 사람처럼 뛰어 다닌다.

как хотите 또는 **как хочешь** ① 좋을 대로 (당신이, 자네가 원하는 대로). –Пойдём гулять? –Как хочешь. – 놀러가지 않으려나? – 좋을 대로 하세. ② 그러나 역시 (반박할 때에 쓰는 삽입 어.) Как хотите, но это неверно. 그러나 역시 이것은 잘못입니다.

какая жалость! (разг.) 참으로 유감입니다. Какая жалость, что мы не застали их. 우리가 그 사람들을 만나지 못한 것은 참으로 유감입니다.

какая разница? (простореч. фам.) 매한가지가 아닌가?

какими судьбами? (разг.) 이게 웬 일입니까? 어떻게 되어서 여기에 오셨습니까? (어떤 사람과 뜻밖에 만났을 때에 하는 말)

каков корень, таков и плод. (속담) ① 외넝쿨에 가지 열릴까? 부모가 착해야 효자난다. (자식이 부모를 닮는다는 뜻). ② 시작이 좋아야 결과가 좋다.

каков поп, таков и приход. (속담) 부전자전. (특히 부정적인 영향

을 가리키는 말.)

каков Савва — такова ему и слава. (속담) 죄는 지은 데로 가고 공은 닦은 데로 간다 (칭찬과 비난은 각자의 자질과 능력과 노력에 달렸다는 뜻.).

какого лешего (нужно, пришёл…) (бран. простореч. вульг.) 무엇이 (필요한가), 왜 (왔는가). Какого лешего тебе ещё нужно! (Чехов) 네게 필요한 게 뭐냐! Какого лешего я с этой чудачкой разговорился? (Н. Островский) 내가 요 이상한 계집애와 무슨 이야기를 이러쿵저러쿵…

какого рожна (надо, недостаёт)? (простореч. вульг.) 무엇이 더 필요한가? Вам какого ещё рожна недостаёт? —сердилась мать. (Г. Успенский) 당신에게 더 필요한 게 무엇입니까? —하고 어머니는 화를 내었다.

какое там (разг. фам.) 전혀 그렇지 못하였다, 예상했던 것과는 딴 판이다, 정 반대이다 라는 뜻으로 쓰임. —Ты отдохнул? —Какое там! 자넨 쉬였나? —쉬긴 어떻게 쉬어! Только собрался выходить — какое там! опять дождь пошёл. 밖으로 나가려고 준비했더니—나가긴 어디로 나가! 또 비가 오질 않겠나?

какое тут! (разг. фам.) какое там! 과 같음.

какой ни на есть 어떤, 어떤 것이건. И запах я всякий чувствовать могу, самый какой ни на есть слабый! (Тургенев) 나는 어떤 냄새든지, 아무리 약한 냄새라도 맡을 수 있습니다!

какой след кому 과연 그래야 할 것인가, 그럴 필요가 뭐인가 (что за след 와 같음).

какой такой? (простореч.) 도대체 어떤… —Какой-то человек вас спрашивает. —Какой такой человек? —어떤 사람이 당신을 찾습니다. — 도대체 어떤 사람이란 말인가?

калиф на час (ирон.) 삼일천하, 일시적인 권력자.

камень за пазухой (держать) **на кого** 또는 **против кого** (разг.) 앙심먹다.

камня на камне не оставить (ритор.) 여지없이 파괴하다.

кануть в вечность (книжн.) 자취도 없이 사라지다, 잊어지고 말다. Он, как уехал, так и канул в вечность. 그가 떠나간 후로는 죽었는지 살았는지 소식이 없다.

капля в море 창해일속 (미미한 존재, 필요한 양과 비교도 되지 않는 적은 양을 말함).

капля по капле и камень долбит. (속담) 소리 없는 벌레가 벽을 뚫는 다 (꾸준히 노력하면 큰 난관도 극복할 수 있다는 뜻.)

карманная чахотка (разг. шутл.) 주머니가 텅 비다, 동전 한 닢 없다, 물에 빠져도 주머니밖에 뜰 것 없다.

карманный бог помилует. (속담) 뇌물이 죄를 면하게 해줄 것이라는 뜻.

катись колбасой 또는 **колбаской** (нов. вульг.) 물러가라.

каша во рту у кого (разг. фам.) 발음이 똑똑치 않다는 뜻.

каши не сваришь с кем (разг.) 손발이 안 맞다, 함께 일할 수 없다. Хочу перебраться на другой участок. Здесь, я вижу, каши не сваришь. 다른 부서로 옮기려하네, 여기선 손발이 맞아야 일을 하지.

каши просят (разг. шутл.) 궤어졌다. Сапоги коши просят. 장화가 돈을 달라네.

кашу маслом не испортишь. (속담) 죽에 버터를 넣어 잘못 될 것은 없다 (잘 하자고 하는 의욕은 사업에 도움을 줄 뿐, 해는 안 된다는 뜻.)

кипеть ключом (книжн.) 용솟음하다, 들끓다, 활발히 긴장 속에 진행되다. (бить ключом과 같음.)

кищка тонка, кишка слаба, кишка не выдержит (вульг. пренебр.) 힘, 능력이 모자라다.

кишмя кишеть (разг.) 우글우글하다, 대단히 많다. В яме кишмя кишат черви. 구덩이에는 구더기가 우글우글하다.

клади навоз густо — в амбаре не будет пусто. (속담) 볏가리를 많이 내면 쌀독이 비지 않는다. (① 비료가 중요하다는 뜻. ② 많은 노력을 경주하면 항상 훌륭히 성과를 거둔다는 뜻).

клин клином вышибай. (속담) 쐐기는 쐐기로 뽑아라 (나쁜 행동에 대해서는 동일한 행동으로 대항하는 것이 가장 좋다는 뜻.)

когда лень, всё идёт через пень. (속담) 게으른 놈의 일이 잘 될 리가 만무다.

когда рак свистнет (разг. фам. ирон.) 앞으로 영원히 있을 수 없다, 절대로… 하지 않는다.

когда (**если**) **так** (разг.) 그렇다면. Когда так, я согласен. 그렇다면 나는 동의합니다.

козёл отпущения (разг.) 항상 남의 죄를 뒤집어쓰는 사람, 속죄양. (고대 유태인들이 특별한 예식에 의해서 모든 사람의 죄를 양에게 전가한데서 온 말).

коломенская верста 또는 **с коломенскую версту** (**ростом**) (разг.) 키다리, 껑충이. (коломенская верста 는 모스크바에서 18키로 떨어진 Коломенское 촌에 있은 짜르 알렉세이 미하일로비치의 궁전으로 가는 길에 세웠던 이정표).

колоть глаза кому чем (разг.) 나무라다, 책망하다, 창피를 주다. Правда глаза колет. (속담) 좋은 약이 입에 쓰다.

колхоз без учёта, что дом без дверей. (속담) 경리가 밝지 못한 꼴호즈는 문 없는 집과 같다는 뜻.

командные высоты ① 주위를 제압할 수 있는 고지 (воен.) ② 관건이 되는 부분.

комар носа не подточит (разг. фам.) 주도면밀하게 수행되어 흠잡을 데가 없다는 뜻. Он так устроил все дела, что комар носа не подточит. 그는 조금도 흠 잡을 데가 없게끔 모든 일을 바로 잡았다.

конец－делу венеч. (속담) 일은 마무리가 중요하다. (모든 일은 결과를 보고 판단한다는 뜻.)

конца－краю нет чему (разг.) 끝이 없다 (끝이 없이 넓은 것, 많은 것, 오래 지속되는 것에 대하여 하는 말). Разговорам конца－краю не было. 이야기에는 끝이 없었다.

концы в воду (разг.) 꿩 구워 먹은 자리 (모든 흔적이 감추어져 있는 것을 말함). Он уничтожил все опасные документы － и канцы в воду. 그가 위험한 문서를 완전히 치우고 나니 그 뒤는 꿩 구워 먹은 자리였다.

концы с концами сводить 간신히 입에 풀칠하다, 겨우 생계를 유지하다, 수지를 맞추다. Они зарабатывали очень мало и только, только сводил концы с концами. 그들은 수입이 극히 적어서 겨우 지탱해 나갔다.

кончен бал! (разг. фам.) 마지막이다. Вот вам два пистолета － и кончен бал. (Салтыков－Щедрин) 자 여기에 권총이 두 자루 있 습이다 － 길게 말할게 있습니까.

конченый человек (разг.) 버린 사람 (앞으로 그에게서 아무것도 기대할 것이 없는 사람).

кончить дурно, плохо, скверно (разг.) 가련한 상태에 이르다, 비참한 죽음을 하다. Он кончит дурно, так как очень много пьёт. 그는 그렇게 술을 많이 마시니 비참한 죽음을 할 거다.

конь о четырёх ногах и тот спотытается. (속담) 네 발 가진 말도 넘어질 때가 있다 (실수는 아무에게나 있다는 뜻).

коня на вожжах удержишь, а слова с языка не воротишь. (속담) 쌀은 쏟고 다시 주어도 말은 하고나면 주어 담지 못한다.

копейка в капейку (разг.) 한 푼 한 푼 정확히 계산한다는 뜻. Я рассчитался с ним копейка в копейку. 나는 그 사람과

한 푼 한 푼 정확히 계산했다.

копейка рубль бережёт. 티끌모아 태산.

копья ломать из-за чего (кннжн.) 다투다, 야유하다. Из-за этого вопроса не стоит копья ломать. 이것은 서로 다툴 만한 문제가 못된다.

кармить завтраками (разг. фам.) 내일 내일하면서 속이다. Он меня всё завтраками кормит; неизвестно, когда он исполнит своё обещание. 그는 내일 내일하면서 그냥 나를 속이는데 언제쯤 자기 약속을 지킬는지 알 수가 없다.

короткая память (разг.) 기억력이 없다, 건망증에 걸렸다. Ты не можешь вспомнить об этом? У тебя память короткая. 자넨 이것이 생각 안나나? 아마 까마귀 고기를 먹었나보네.

коротки руки у кого-чего (разг. фам.) 무엇을 할 충분한 권력, 가능성이 없다는 뜻 -Я вас под арест! -Кто? вы? коротки руки! (Гоголь) -나는 당신을 체포하겠습니다! - 누가? 당신이? 잘 안 될 겁니다.

коротко говоря (разг.) 간단히 말하면.

короче (говоря) 한마디로 말하면 (이미 말한 것을 간단히 요약할 때, 결론을 내릴 때에 쓰임).

кот наплакал (разг. фам.) 고양이 죽은데 쥐 눈물만큼, 새 발의 피 (아주 적다는 뜻). Молока-то тут кот наплакал. 거기 있는 우유는 너무 적은 양이다. Денег у меня кот наплакал. 나에게는 단 돈 몇 푼밖에 없다.

кошке - игрушки, а мышке - слёзки. (속담) 고양이 웃음이 쥐 눈물 (한 사람에게는 농담 일지라도 다른 사람에게는 그것이 심각한 문제가 되는 경우를 말함).

кошки скребут на сердце у кого (разг.) 마음이 불한하다, 번민하다, 우울해 지다.

краем уха (слышать) (разг.) 귀담아 듣지 않다.

красугольный камень чего (книжн. ритор.) 초석, 기초, 기본 사상. 출발점.

край света (разг.) 멀고 먼 곳. Уехал куда-то на край света. 어딘가 멀고 먼 곳으로 가고 말았다.

красна птица перьем, а человек учением. (속담) 새는 날개를 보고 사람은 학식을 본다.

краснеть до корней волос 귀 밑까지 새빨개지다, 얼굴에 모닥불을 담아 붓듯.

краше в гроб кладут 얼굴이 상하고 창백하게 된 사람을 이르는 말. Боже мой, боже! Узнать её нельзя: краше в гроб кладут. (Тургенев) 아이구! 얼마나 얼굴이 상했는지 그 여자를 알아 볼 수가 없다.

крепкий сон 깊은 잠.

крепко-накрепко ① 든든히. Крепко-накрепко завязать что-ни будь. 든든히 잡아매다. ② 엄격히. Крепко-накрепко прика зать. 엄명하다.

крепко сшитый (о человеке) 몸이 튼튼한. Неладно скроен, да крепко сшит. (속담) 맵시는 없어도 튼튼하다.

кривая вывезет, вывезла (простореч.) 얘기치 않은 사정이 도움을 주는 경우를 말함. Вывозила же прежде кривая, вывезет и теперь. (Достоевский) 전에도 재수가 좋았는데 이번에도 그럴 테지.

кривить душой (разг.) 양심을 속이다, 거짓말을 하다. Григорий поклялся, что он не кривит душой, а говорит сущую правд у. (В. И. Костылев) 그리고리는 양심을 속이지 않고 바른대로 말할 것을 맹세하였다

кровавая баня (ритор.) 유혈의 참극, 잔인한 살육.

кровные деньги (разг.) 피땀을 흘려 번 돈.

кровь с молоком (разг.) 혈색이 좋다. Все эти школьники - кров ь с молоком. 이 학생들은 모두 혈색이 좋다.

кровь стынет 또는 леденеет (в жилах) (книжн.) 소름이 끼친다. Стынеткровь, как только вспомню взгляд холодный. (Пушкин) 차디찬 눈을 생각하기만 하면 소름이 끼친다.

кровь ударила 또는 бросилась в голову кому 순간적으로 격동하다. Кровь бросилась мне в голову но я сдержал себя и не ударил его. 나는 와락 화가 치밀었으나 꾹 참고 그에게 손을 대지 않았다.

кровью сердце обливается 가슴이 터질 것 같다. Кровью сердце обливается при виде несчастных голодных детей. 굶주린 불쌍한 아이들을 보면 가슴이 아프다.

крокодиловы слёзы (ирон.) 거짓 눈물 (악어는 무엇을 잡아먹을 때에 눈물을 흘린다는 이야기에서 온말).

кроме как (разг.) …이외는 Никуда не хожу, кроме как на службу. 직장 이외에는 아무데도 가지 않습니다.

кроме шуток (разг.) 농담이 아니다. Нет, кроме шуток, я решил уехать отсюда. 아니, 농담이 아닙니다, 나는 이곳에서 떠나기로 작정하였습니다.

круглые сутки 하루 종일, 낮이고 밤이고.

круглый год 일년 내내.

круговая порука 연대 책임.

крупный разговор (разг.) 말다툼.

крыть нечем кому (простореч.) 입이 열 개라도 말 못한다, 할 말이 없다, 반박할 도리가 없었다. Его так сильно критиковали, что в конце концов ему крыть было нечем. 되게 비판을 받은 그는 드디어 할 말이 없었다.

кстати сказать (разг.) 이제 한 말에 덧붙여 하는 말이라는 것을 표시하는 삽입 어. Кстати сказать, когда вы с ним виделись в последний раз? 그런데 당신이 그 사람하고 마지막으로

만난 것은 언제입니까? Я, кстати сказать, в то время ещё учился в университете. 그런데 말이지, 그때에 나는 아직 대학에서 공부하고 있었지.

кто в лес, кто по дрова. (속담) 각인각색

кто его знает (разг.) 누가 안담 (아무도 모른다), (чорт его знает 과 같음.)

кто куда 이 사람은 이리로 저 사람은 저리로. А потом дети вырос ли, выучились на инженеров и агрономов, обзавелись свои ми семьями и разъехались кто куда. (Борис Бедный) 그런데 그 후 아이들은 자라나서 기사와 농학사가 되고 장가를 들고 그리고는 각각 제 갈 데로 흩어져 버렸다.

кто много знает, с того много и спросится. (속담) 아는 것이 많고 지위가 높은 사람에 대해서는 그 만큼 요구가 크고 따라서 그의 책임이 크다는 뜻.

кто не работает, тот не ест. 일하지 않는 자는 먹지 말라.

кто смел, тот и цел (속담) 용감한 자가 산다 (전쟁에서는 비겁한 자가 먼저 죽는다는 뜻).

кто старое помянет, тому глаз вон. (속담) 지나간 일을 가지고 앙심을 먹는 놈은 눈앞에서 사라지라는 뜻.

кто такой? 또는 **кто такие?** 바로 누구인가? Не заставляйте меня напомнить вам, кто вы такой! (Тургенев) 당신이 어떤 사람인가 하는 것을 당신에게 말하지 않을 수 없게 하지 마시오!

куда глаза глядят (идти, бежать) (разг.) 아무 곳으로나 [Кост я] сел в поезд и уехал. Куда? Вот этого он и сам не знал. Куда глаза глядят. (Б. Л. Горбаттов) [꼬쓰쨔]는 차를 타고 떠났다. 어디로? 이것은 그 자신도 알지 못하였다. 아무 곳이나 갈 판 이었다.

куда как (простореч. ирон.) 대단히. Куда как чуден создан свет! (Гриоедов) 이 세상이란 참 묘하게 되였거든!

куда конь с копытом, туда и рак с клешней. (속담) 뱁새가 황새 걸음 하다가는 다리가 찢어진다 (하지도 못할 일에 달려 붙는 사람을 이르는 말).

куда Макар телят не гонял (послать, упрятать…) (разг. фам.) 멀고 먼 곳에.

куда ни кинь 어디를 보나. Куда ни кинь, везде народ. 어디를 보나 사람 천지다.

куда ни кинь, всюду клин. (속담) 안되는 놈의 일은 자빠져도 코가 깨진다. (실패하였을 때에 하는 말, 또는 실패만 거듭하는 사람에 대해서 하는 말).

куда ни сунься (разг.) 어디를 가나. Куда ни сунься: все отказывают. 어디를 가나 다들 거절한다.

куда ни шло (разг.) 어찌 되든. Пойду уж, куда ни шло. 어찌 되든 갑니다.

куй железо, пока горячо. (속담) 쇠는 달았을 때에 두드려라 (모든 일은 적당한 시기를 놓치지 말고 신속히 처리해야 한다는 뜻.)

кукиш в кармане (держать, показывать) (простореч.) 종로에서 뺨 맞고 한강에서 눈 흘긴다, 호주머니 속에서 주먹을 쥔다 (비겁한 위협을 이르는 말). Он сердится, но ничего не может поделать; остаётся лишь кукиш в кармане показывать. 그는 화가 나지만 돌아 서서 눈을 흘기는 수밖에 별 도리가 없다.

кукиш с маслом 어떤 일, 청탁이 아무런 결과도 못 가져 왔을 때에 하는 말.

кукольная комедия (разг. презпит.) 연극 (허위적인 행동). Её слёзы и жалобы – одна лишь кукольная комедия. 그 여자의 눈물과 하소연은 순전한 연극에 불과하다.

курам на смех (разг.) 어리석기 짝이 없다, 소가 웃을 일이다. Работать по такому плану курам на смех. 이런 계획을 가지고 일을 하다니, 소가 웃을 일이다.

Л

лежачего не бьют.

лакомый кусок 또는 **кусочек** (разг.) 극히 매혹적인 것. Ведь если, положим, этой девушке придать тысчонок двести приданого, из неё бы мог выйти очень лакомый кусочек. (Гоголь) 만일 이 처녀에게 20만 루블의 지참금이 붙는다면 모두 다 이 신부 감에 혹할 것이요.

лапти плести (разг. фам.) 말이 서투르다. Ну и рассказываешь ты, словно лапти претёшь! 자네가 하는 말은 잘 알아들을 수 없다.

ласковый телёнок двух маток сосёт. (속담) 아양 부리는 송아지 두 어미 젖을 빤다 (아첨에 의해서 좋은 생활을 하는 자를 가리키는 말).

лёгкая рука у кого (разг.) 누구는 복 받은 사람이다. (행복과 성공을 가져다 준다).

лёгок на подъём (разг.) 우물쭈물하지 않는다, 시원시원하다. Он согласится, ведь он лёгок на подъём. 그는 동의할 것이다, 성미가 시원시원하니까.

лёгок (легка) на помине (разг.) 호랑이도 제 말 하면 온다, 시골놈 제 말 하면 온다 (화재에 오른 사람이 그 자리에 나타났을 때에 하는 말). А, легка на помине! Где это вы пропадали? (Тургенев) 아, 호랑이도 제 말 하면 온다더니! 대체 어디에 갔었소?

лежать в основе чего 기본을 이루다, 주되는 구성 요소이다.

лежать (лечь) пластом 또는 **как пласт** (разг.) 늘어지다 (몸을

펴고 꼼짝 안 하고 누워 있다.) 넘어지다. Ног под собой не слышу, головонька кружится, слов не понимаю, того и гляди, пластом лягу. (М. Горький) 어떻게 기쁜지 남의 말도 귀에 들어오지 않고 머리가 어지러워 금방이라도 넘어질 것 같다.

лежачего не бьют. (속담) 쓰러진 자를 때리지 말라. (불행한 사람에게는 가혹하게 대해서 못 쓴다는 뜻).

лезть (идти) на рожон (разг.) 결판을 내 보다.

ленивому всегда праздник. (속담) 게으른 놈이 핑계가 없어서 못 놀까?, 게으른 놈은 이 핑계 저 핑계로 언제나 논다는 뜻.

лес рубят – щепки летят. (속담) 큰일에는 작은 허물을 돌보지 않는다는 뜻.

летний день, что зимняя неделя. (속담) 여름에 하루 놀면 겨울에 열흘 굶는다 (농사에서 하루하는 일이 겨울에 한 주일 일과 대등하다는 뜻.)

лето собирает, а зима подъедает. (속담) 여름에 농사 지어 겨울에 먹는다. (농업에 대한 말).

лечь на совесть 양심에 가책을 받다. Это ляжет на мою совесть. 이것이 너에게 양심에 가책을 받게 할 것이다.

лирический беспорядок ① 문학 작품 구성에서의 규칙 위반 (лит. истор.) ② 무질서. (разг. шутл.) В комнате у них лирический беспорядок: всё разбросано, не убрано. 그들의 방은 지저분하기 짝이 없다; 모든 것이 널려져서 뒤죽박죽이다.

лить воду на чью-нибудь мельницу 누구의 물방아에 물을 대주다, 누구의 논에 물을 대주다 (누구의 견해, 입장을 강화시켜 주는 논거, 사실들을 이르는 말). 주의자들의 논에 물을 대주는 것 밖에 되지 않는다.

лиха беда начало начать (простореч.) 시작이 어렵다, 시작이 반.

лица нет на ком 얼굴색 변하다 (격동해서). На нём лица нет

от страха. 그는 너무나 겁이 나서 얼굴색이 변하였다.

лицо вытянулось у кого (разг.) ① 뜻밖의 불쾌한 일에 불쾌감, 경악, 비애를 표시하였다. С ней был лёгкий обморок. Изумление было всеобщее ; лица вытянулись, бокалы замерли в руках. (Н. Г. Помяловский) 그 여자는 잠깐 의식을 잃었다. 놀라지 않은 사람이 없었다. 모두들 얼굴을 찡그렸고 손에 든 잔도 움직이지 않았다. ② 얼굴이 홀쭉해졌다. [Бэла] заметно начинала сохнуть, личико её вытянулось, большие глаза потускнели. (Лермонтов) [벨라]는 눈에 띠게 여위기 시작하였다, 그의 작은 얼굴이 홀쭉해졌고 커다란 눈은 광채를 잃었다.

лицом к кому-чему (повернуться) (книжн.) 어떤 당면한 사회 정치적 과업의 해결에 주되는 관심을 집중시키다.

лицом к лицу с кем-чем 마주치다. Мы столкнулись лицом к лицу. 우리는 서로 마주쳤다 Лицом к лицу с опасностью. 위험성에 부딪혔다.

ловить ка слове кого (разг.) 누가 뭐라고 말하였을 때 그 말을 받아서 그렇게 하도록 약속을 시키다. Я поймал его на слове и взял с него обещание приехать к нам. 나는 그가 한 말을 받아서 우리를 방문하도록 약속을 시켰다.

ловить себя на чём (разг.) 자기가 무엇을 생각하며 무엇을 원하고 있는가를 갑자기 깨닫다. Ей захотелось сказать ему что-нибудь обидное, но тотчас же она поймала себя на неприязненном чувстве, испугалась и пошла из спальни. (Чехов) 그 여자는 그를 모욕주고 싶었으나 자기가 악감을 품고 있다는 것을 곧 깨닫자 자기도 놀라서 침실 밖으로 나갔다.

ломать голову над чем (разг.) 머리를 짜다, 어떤 어려운 문제를 해결하려고 애쓰다. Надо было как-то облегчить поход. Но как? Сам Повалихин, сколько ни ломал голову, не мог прид умать ничего дельного. (Михаил Бубеннов) 어떤 방법으로나 행군 조건을 쉽게 할 필요가 있었다, 그러나 어떻게 쉽게 할 것인가? 빠발리힌 자신도 아무리 생각해도 신통한 것이 머리에 떠오르지 않았다.

ломать шапку перед кем (разг.) 굽실거리면서 인사를 하다 (비굴하게 아첨적인 인사를 하다.)

ломиться в открытую дверь (разг.) 누구에게나 명백한 것, 아무도 반대하지 않는 그것을 집요하게 논증하다. В наш век доказывать пользу и необходимость электричества ломиться в открытую дверь. 20세기에 와서 전기의 유익성과 필요성을 논증하는 것은 만인주지의 사실을 증명하려 드는 것이다.

лопни глаза мои (вульг.) 틀림없다. А я что говорил? … Видишь, крас

ный бант. Партизаны. Лопни мои глаза—партизаны… (Н. Островский) 내가 뭐라고 하던? 저 빨간 헌 겁을 보려무나. 빨치산이야. 내 손톱에 장이라도 지질라– 저건 갈데없는 빨치산들이다.

лучше голодай, а добрым семенем засевай. (속담) 굶는 한이 있더라도 종자만은 좋은 것을 심으라는 뜻 ("농사꾼이 굶어 죽어도 종자는 베고 죽는 다" 와 같은 정신의 속담이다.)

лучше недосказать, чем пересказать. (속담) 쓸데없는 말까지 늘어놓기보다는 말을 다 못 하는 편이 낫다는 뜻.

лучше поздно, чем никогда. (속담) 전혀 안 하기보다는 늦어도 하는 편이 낫다.

лучше слава богу, нежели дай бог. (속담) 바라는 것보다는 실제로 잘 되는 것이 낫다.

лучше умереть стоя, чем жить на коленах. (속담) 무릎 꿇고 살기보다 서서 싸우라.

лыка не вязать (разг. фам.) 술에 취해서 혀가 안 돌아 가다.

львиная доля 큰 몫, 대부분.

любишь кататься, люби и саночки возить. (속담) 만족을 얻으려면 깨닫는 수고도 감수해야 한다는 뜻.

любовь зла, полюбишь и козла. 좋아하는 사람 미운데 없다. 제 눈의 안경이다. (사랑은 그 선택에 있어서 맹목적이라는 뜻.)

люди пахать, а он руками махать. (속담) 사람들은 일하는데 건달 짓만 한다는 뜻).

люди с базара, а Назар базар. (속담) 장 파 할 때 장 보러 간다.

людских пересудов не переслушаешь. (속담) 사람들의 험담에는 끝이 없다. (사람들이 하는 말에 일일이 신경을 쓸 필요는 없다는 뜻).

М

мало победы желать;

надо победу взять.

маковой росинки во рту не было (разг. фам.) 아무것도 안 먹었다. 아무것도 안 마셨다.

мал золотник, да дорог. (속담) 작아도 고추, 작은 고추가 더 맵다, (보기에는 변변치 않아도 실지는 훌륭한 사람, 물건에 대해서 하는 말.)

малая толика ① 약간, 조금. Завелась у него малая толика денег. 그에게는 돈이 조금 생겼다. ② 적지 않은, 상당한. (ирон.) У него никак и деток малая толика. (Ъоборыкин) 그에게는 아이들도 결코 적지 않다.

маленькое дело лучше безделья. (속담) 노는 입에 염불하기 (아무것도 안 하기보다는 조그마한 일이라도 하는 것이 낫다는 뜻). мало + кто, что, какой, где, когда 많지 않은 사람들, 많지 않은 것들, 많지 않은 곳들, 많지 않은 시기들… Мало кто знает об этом. 많지 않은 사람들이 이것을 안다, 이것을 아는 사람은 적다. Он ещё мало что видел на белом свете. 그는 아직도 이 세상에서 본 것이 적다. То, что делалось в мастерской, мало чем напоминало рабочую обстановку. 수리소에서 하고 있은 그것은 여기가 일하는 장소라는 느낌을 별로 주지 않았다. Я мало где бывал. 나는 가본 데가 별로 없다.

мало ли 과연 적은가. Мало ли у нас людей! 우리에게 사람이 적단 말이오!

мало ли + кто, что, как, какой, где, когда (разг.) 여러 사람, 여러 것, 여러 곳, 여러 시기, 자주… Мало ли что бывает на свете! 세상에야 별별 일이 다 있지! Мало ли где я мог его встретить! 나는 그 사람을 여러 곳에서 볼 수 있었다, 내가 그 사람을 만난 곳은 한두 군데가 아니였다! —Это обязательно что-нибудь означает… что мы опять встретились. Судьба, значит! Ты как думаешь? —Мало ли с кем встречаешь, …ничего тут такого нет. (Вера Панова) — 우리가 또다시 만난 데에는 반드시 무슨 뜻이 있을 겁니다. 말하자면 운명이지요. 당신은 어떻게 생각 합니까? — 만나는 거야 별 사람하고도 다 만나지요. 거기에 무슨 이상한 것이 있습니까?

мало-мальски (разг.) 조금이라도, 다소나마. Это понятно всякому мало-мальски грамотному человеку. 조금이라도 지식이 있는 사람이라면 누구에게나 이것은 명백하다.

мало победы желать; надо победу взять. (속담) 승리를 바라지만 말고 쟁취하라.

мало-помалу 조금씩, 차츰 차츰.

мало-помалу птичка гнездо свивает. (속담) 천 리 길도 한걸음으로 시작된다 (큰일은 꾸준한 노력에 의하여 점차로 이루어진다는 뜻).

мало того 뿐만 아니라 (삽입어로서, 또한 접속사 что와 함께 사용됨). Он отдохнул на курорте и, мало того, совершил ряд интересных поездок в горы. 그는 요양소에서 휴양하였고 그 뿐만 아니라 재미있는 산중 여행을 여러 번 하였다.

малое пожалеешь, большое потеряешь. (속담) 소탐대실, 기와 한 장 아껴서 대들보 썩는다.

маменькин сынок (разг. ирон.) 응석 부려 자란 아이, 청년. Но есть, оказывается, такая категория молодых людей— сюда входят главным образом маменькины сынки и дочки, – кот орая требует привилегий. (Сем. Нариньяни) 그러나 알고 보니 특권을 요구하는 청년들이 있는데 이런 부류에 속하는 것은 주로 응석부리며 자란 젊은 사람들이다.

мастер (мастерица) на все руки 못 하는 일이 없다. 무슨 일이든지 잘한다.

медвежья услуга 도움을 줄 대신에 손실을 주는 서비스 (어떤 은사가 곰과 친하였는데 하루는 자고 있는 은사의 이마에 앉은 파리를 몰아준다고 곰이 돌로 파리를 때렸기 때문에 은사까지 죽어 버렸다는 Крылов의 우화 "Пустынник и медведь"가 나온 후에 쓰이게 된 말)

медовые речи (шутл. устар.) 달콤한 말.

медовый месяц (шутл.) 결혼한 첫 달.

между глаз (простореч. устар.) 모르게. Теперь только у чертей [у пограничных сторожей] между глаз проплыть, а там – получай денежки. (М. Горький) 이제는 악마 같은 놈들의 [국경 경비원들의]곁을 살짝 빠져나가기만 하면 저쪽에 가서 돈이 생긴단 말이야.

между двух огней 진퇴양난 (위험성이나 불쾌한 일이 좌우에서 닥쳐와 빠져나갈 수 없는 상태에 있음을 말함).

между делом (разг.) 일이 짬날 때 (일을 하는 도중 잠깐 시간 여유가 있을 때) Между делом он осматривал свой цех. 일이 짬날 때 그는 자기 공장을 돌아다보았다.

между жизнью и смертью 사선을 헤매다, 생명이 위급하다. Больной находится между жизнью и смертью. 환자는 생명이 위급하다.

между нами (разг.) 다른 사람들에게는 알려져서는 안 될 말에 대하여 하는 말. Между нами говоря. (삽입 어) 우리들 끼리 하는 말인데… Пусть это останется между нами. 이것은 우

리들만 알고 있어야 합니다.

между небом и землёй (жить, быть, находиться) (разг.) 거처할 곳이 없다. Так и жил я в течение нескольких месяцев между небом и землёй. 나는 몇 달 동안 거처할 곳이 없어 여기저기 떠돌아 다녔다.

между прочим (разг.) ① (부사) 특별한 관심을 돌리지 않고, 특별한 의의를 부여하지 않고. ②(삽입 어) 부언할 때에 쓰는 말. А, между прочим, деньги-то вы вчера получили? 그런데 어제 당신은 돈을 받았습니까?

между строк читать 필자가 다 말하지 않은 것, 필자가 숨기려고 한 그것을 포착하다. Читая эти строки, читаешь и между строками. (Белинский) 이 구절을 읽게 되면 그 뒤에 숨은 필자의 의도도 분명하다.

между тем (книжн.) ① 그러는 사이에, 한편. Между тем чай был выпит. (Лермонтов) 그러는 사이에 차는 다 마셨다. ② 그러나 사실은. Он кажется здоровым, между тем он неизлечимо болен. 그는 보기엔 건강하지만 사실은 고칠 수 없는 병에 걸려 있다.

между тем (,) как (книжн.) ① 그 때에, 그 사이에 (주절과 종속절의 동작이 동시적으로 진행됨을 표시). Между тем, как вожак стоит настороже, остальные обезьяны опустошаюь кукурузное поле. 또는 Обезьяны опустошают кукурузное поле, между тем как вожак стоит настороже. 우두머리 원숭이가 망을 보고 있는 동안에 다른 원숭이들은 옥수수 밭을 파낸다. ② 그러나 실제로는.

мелкая сошка (разг. устар.) 천한 사람.

мелким бесом (рассыпаться) перед кем (разг.) 알랑거리다, 굽실거리다. Перед ней все они рассыпаются мелким бесом. 그들은 모두 그 여자의 비위를 맞추려고 굽실거린다.

мелко плавать (разг.) 어떤 일에 대한 능력, 지식이 부족하다. Мелко плаваешь, чтобы рассуждать о таком важном вопросе. 이러한 중요 문제를 토의하기엔 자네의 능력이 좀 부족하네.

мернить вёрсты (шутл. простореч.) 먼 길을 걷다. Мы с отцом привыкли мерить вёрсты, и отправиться в город пешком нас не пугало. 나와 아버지는 먼 길을 걷는데 이력이 나서 거리까지 걸어가는 것도 겁내지 않았다.

мерить на свой аршин. 자신의 척도로 남을 재다. (자기의 주관적 견지에서 일면적인 해석, 평가를 하다.)

месить грязь по грязи (разг. шутл.) 진창 속을 걷다. Боярин оставлял коня у ворот и месил по грязи пеший. (П. Н. Толстой) 그 어른은 대문 곁에 말을 세워 두고 진창 속을 걸었다.

метать бисер перед свиньями (ирон.) 쇠귀에 경 읽기.

метил в ворону, а попал в корову. (속담) 까마귀를 노렸는데 소에 맞았다. (큰 실수를 하거나 틀린 추측을 한 사람에게 하는 말).

милости просим (разг.) 정중하게 초청할 때 하는 말 Милости просим к столу. 식탁에 앉으십시오.

мимо рта (прошло, пролетело) (шутл.) 바라던 것을 못 먹다, 놓치다.

мимо ушей пропустить (пропускать) что (разг.) 귀담아 듣지 않다. А тебе советую не пропустить мимо ушей этих слов. (Гоголь) 이 말을 귀담아 듣는 것이 좋을 것 같소.

мирская молва, что морская волна. (속담) 발 없는 말이 천리 간다.

много－много (разг.) 기껏 해서, Закладывались они [лошади] － много－много － раз в месяц. (Тургенев) 그들은 [말들은] 기껏 해야 한달에 한번씩 수레에 매였다.

моё (твоё, его…) дело сторона (разг.) 이것은 나에게 (네게, 그에

게…) 아무런 관계도 없다.

может быть 아마 (그럴는지는 모른다, 그럴 수도 있다, 그렇게도 생각할 수 있다.) Я вас люблю любовью брата, а, может быть, ещё сильней. (Пушкин) 나는 당신을 동생과 같이 사랑합니다, 아니 그보다 더 강한 사랑일는지 모릅니다.

может статься (разг.) может быть 와 같음. 아마.

можешь (можете) себе представить (разг.) 상상해 보십시오 (이야기에서 상대방의 주의를 환기시키기 위하여 사용하는 삽입어).

можно сказать 말하자면 (말의 뜻을 강조하거나 부드럽게 하려고 할 때, 표현의 정확성에 대해서 확신을 못 가질 때에 쓰이는 삽입 어) (так сказать와 같음).

мозолить глаза кому (разг. фам.) 성가시게 눈앞에 나타나서 싫증나게 하다.

мокрая курица (разг.) 비 맞은 장 닭 같다. (초라하고 지저분한 사람, 또는 의지가 박약한 사람을 이르는 말).

молодец против овец, а против молодца – сам овца. (속담) 건달에 비하면 신사요 신사에 비하면 건달이라 (보잘것없는 사람과 비교하면 훌륭하나, 참으로 훌륭한 사람과 비교하면 아무것도 아니라는 뜻).

молоко на губах не обсохло (разг.) 구상유취.

морду воротить от кого-чего (вульг. простореч.) 쳐다보지도 않다, 침을 뱉다, 멸시하다. (нос воротить от кого-чего와 같음.)

море по колени 또는 **по колено кому** (разг.) 하늘이 돈짝만 하다, (세상에 아무것도 무서울 것이 없다는 뜻). Пьяному море по колено. 술 취한 놈에겐 하늘이 돈 짝 만하다.

мошенники пера (публиц. презрит.) 펜을 든 협잡꾼들 (부패한 관리들).

муж и жена – одна сатана. (속담) 부부는 한통속 (부부간의 이해 관계의 공통성을 이르는 말).

мужественный пеняет на себя, малодушный на товарища. (속담) 일이 실패하였을 때 용감한 사람은 자기를 책망하고 비겁한 자는 남을 나무 란 다는 뜻.

муравей невелик, а горы копает. (속담) 개미가 작아도 산을 파헤 친다. (노력의 힘을 가르치는 말).

мухи не обидит (разг.) 마음이 좋고 온순하다. Он мухи не обиди т. 그는 부처님 가운데 토막 같다.

муху зашибить (простореч.) 술을 마시다. Любили они муху заш ибить. (Чехов) 그들은 한잔하기를 좋아하였다.

мягко стелет, да жёстко спать. (속담) 푹신하게 깔았다는 잠자리 에 누워 보니 배겨서 못 자겠다는 뜻으로 말로만 친절한 사람 에 대해서 하는 말.

Н

на кривой не объедешь кого

на авось (делать что-нибудь) 요행을 바라고.

на барскую ногу 풍족하게, 부유하게 (на широкую ногу 와 같음.)

на бедного Макара все шишки валятся. (속담) 설상가상. (불행이 거듭되는 사람을 두고 하는 말).

на беду 또는 **на беду чью** (разг.) 불행히도, 누구에게 불행하게도. На беду нашу, опять дождь пошёл. 운없이 또 비가 왔다.

на безрыбье и рак – рыба. (속담) 생선이 없으면 새우라도 쓴다 (더 좋은 것이 없을 때에는 아무거나 있는 것으로써 대신한다는 뜻.)

на бис (спеть, сыграть, исполнить…) 재청에 응해서 다시 (부르다, 연주하다…).

на бок 옆으로. Соломенная шляпка была у ней совсем на боку. (А. Ф. Писемский) 그 여자의 밀짚모자는 옆에 걸려 있었다. На полном бегу На бок салазки – И Саша в снегу! (Некрасов) 나는 듯이 달리던 썰매는 뒤집히고 싸샤는 눈 속에 파묻혔다!

на большую ногу 유복하게, 부유하게 (на широкую ногу 와 같음.)

на борту (мор.) 배에는 (배 안에는) **На борту корабля находились также и военные грузы.** 배에는 군수 물자도 있었다.

на брата (простореч.) 각자에게, 한 사람에게. Пришлост по целковому на брата. 각자에게 1 루블 씩 돌아갔다.

на век (또는 **навек**), **на веки** (또는 **навеки**), **на века, на веки веков, на веки вечные** (разн.) 영원히. С нынешнего дня мы соединены на век! (Тургенев) 오늘부터 우리는 영원히 한 몸 한뜻이 되었습니다.

на вес золота 희귀한 것, 귀중한 것에 대해서 하는 말. Эти книги теперь очень редки… Иные можно купить разве на вес золо та, а пожалуй и дороже. (А. Печерский) 이 책들은 지금 구하기 매우 어렵습니다… 어떤 것은 금을 주면 살 수 있을는지, 아마 그보다 더 할는지도 모릅니다.

на весь мир не угодишь. (속담) 세상사람 비위를 다 맞추지는 못한다.

на взводе 또는 **на втором взводе** 상당히 취했다. **на первом взводе** 약간 취했다. (разг. шутл.) [Поручик] был пьян, но не как стелька, а так, чуть－чуть, на гервом взводе (Чехов) [중위]는 술에 취하였는데 곤드레 가 된 것은 아니고 약간 얼큰했었다.

на взгляд (разг.) 외관에 의하면. На взгляд он был человек видны й… (Гоголь) 그는 훌륭한 인물 같이 보였다…

на взгляд чей 누구의 견해에 의하면. На мой взгляд, он изменилс я к лучшему. 내가 보기엔 그는 나아진 것 같다.

на вид 얼핏 보기에 (외관에 의하면). Дед Корней был на вид мрачный, неразговорчивый. (Семен Ъабаевский) 꼬르네이 할아버지는 침울해 보였고 말이 적었다.

на вкус и на цвет товарища мет. 사람마다 취미가 다르다.

на воздухе 또는 **на открытом воздухе** 밖에. Он, видимо, любил бывать на воздухе с непокрытой головой. (Александр Бек) 그는 모자를 안 쓰고 밖에 나가기를 좋아하는 모양이었다.

на возрасте (разг.) 어른으로 되어 가고 있는 시절. Девушка на возрасте. 처녀는 시집 갈 나이가 되었다.

на волоске (висеть, держаться) 간신히 걸려 있다.

на волосок 또는 **на волоске от** (какого-нибудь несчастья) 어떤 불행이 목전에 다다랐음을 말함, 풍전등화. Ваше имение на волоске от погибели. (Пушкин) 당신의 장원은 파멸에 처해 있습니다.

на вольном воздухе 교외에서, 정원에서. На вольном воздухе у всех закружились головы… (Тургенев) 정원에 나서니 모두 다 머리가 도는 것 같았다…

на волю (простореч.) 밖으로. Открыть дверь на волю. (М. Горький) 문을 밖으로 열다. Выйти на волю. 밖으로 나가다.

на воре шапка горит. (속담) 도적놈이 제 발 저리다, 불난 집에서 불이야 한다 (죄 지은 놈은 보통 스스로 자기를 폭로한다는 뜻.).

на время 얼마동안, 잠시. И в молчаливом кабинете, Забыв на время все на свете, Осталась наконец одна, и долго плакала она. (Пушкин) 그리고 말없는 서재에서 잠시 이 세상의 모든 것을 잊고 드디어 외로이 남아 오랫동안 울었다.

на все корки (бранить, ругать…) (простореч.) 지독하게. Ругали его на все корки. 그는 지독하게 욕을 먹었다.

на все сто (нов. простореч. фам.) 만점으로, 아주 훌륭히. Сделано на все сто. 만점으로 수행되었다.

на все сто процентов (разг. нов.) 100%로, 완전히. План выполнен на все сто процентов. 계획은 100%로 실행되었다.

на все четыре стороны (отпустить, прогнать…) 제 갈 데로, 아무 데로나 마음대로. Получи расчёт и на все четырестороны – марш! (М. Горький) 계산을 해 줄 테니 네 갈 데로 가라!

на всём готовом 의식주에 대한 걱정 없이. Приходи, живи на всём готовом, Вдоволь хлеба, хватит молока. (А. А. Прокафьев) 이리로 와서 편안히 살아라, 빵도 많고 우유도 풍부하

다.

на всех парах ① 전속력으로 (기차 기선에 대해서 하는 말).

на всякий случай 만일의 경우를 생각해서. Взять с собой зонтик на всякий случай. 만약을 대비하여 우산을 가지고 가다.

на всякое хотение есть терпение. (속담) 욕속부달 (너무 조급하게 하면 일을 그르친다는 말).

на всякое чиханье не наздравствуешься. (속담) 남이 재채기할 때마다 일일이 건강을 축원할 수는 없다, 모든 사람을 다 만족 시킬 수는 없다.

на всякую беду не упасёшься. (속담) 만 가지 재앙을 다 피하지는 못한다.

на вы (быть с кем, говорить кому 또는 с кем, обращаться к кому…) 서로 "너, 나" 하지 않고 "당신" 이라고 부르는 사이.

на выбор 마음대로 골라서. На ярмарке любой арбуз на выбор стоил пятачёк. 장에서는 어떤 수박이건 골라잡아 5 꼬뻬이까였다.

на вылет 또는 **навылет** (ранить, прострелить) 관통상을 입히다. Его ранило на плечо на вылет. 그는 어깨에 관통상을 입었다.

на глаз (разг.) ① 눈짐작으로, 대략적으로. ② **чей** 누구의 눈에는, 누구의 견해에 의하면.

на глаза (показываться, попадаться, являться, пускать…) (разг.) 눈앞에. Вы не мешайтесь ни во что и не покзывайтесь даже на глаза невесте – я всё сделаю без вас. (Гоголь) 당신은 아무 일에도 참견하지 말고 그 여자의 눈앞에도 나타나지 마라 – 모든 것은 내가 혼자서 하겠습니다.

на глаза кого 누구의 눈에는, 누구의 견해에 의하면. На глаза Наташи все бывшие на бале были одинаково добрые, милые, прекрасные люди… (Л. Толстой) 나따샤의 눈에는 무도회에

왔던 사람들이 다같이 착하고 정답고 훌륭한 사람들 같이 생각되었다.

на глазах чьих 또는 **у кого** (разг.) 보고 있는데서. Они хорошо знали Васю, ибо жил он в одном доме с ними, рос у них на глазах. 그들은 바싸를 잘 알고 있었다, 그것은 바싸가 그들과 한 집에서 살았고 그들이 보는데서 자랐기 때문이다.

на голову выше 머리 하나만치 더 크다. (키), 훨씬 우월하다. (재력, 지식 등에 있어서). Видимо, он действительно на голову выше других: он разбирается не только в грунтах, но и в литературе. (И. Г. Эренбург) 확실히 그는 다른 사람들보다는 수준이 높은 것 같다, 그는 토양뿐만 아니라 문학도 잘 알고 있는 것이다.

на-гора 지상으로

на два фронта 두 방면에서.

на дворе (разг.) 어떤 날씨, 하루의 어떤 시간, 어떤 계절 등의 도래, 존재를 말함. В тот год осенняя погода стояла долго на дворе. (Пушкин) 그해에 가을 날씨가 오래 계속되었다. Уж зима на дворе. 벌써 겨울이 닥쳐왔다. Ночь на дворе. 밤은 깊었다.

на деле (разг.) 실제로, 실제에 있어서는, 사실은. Я обществу служу не на словах, а на деле. (Г. И. Успенский) 나는 말이 아니라 실제로 사회에 이바지한다.

на диво (разг.) 놀라리 만치, 아주 훌륭히. Сделано на диво. 아주 훌륭히 수행되었다. На диво красиво. 무척 예쁘다.

на-днях ① 며칠 안으로. На-днях околеешь. Карета ждёт тебя! (Владимир Билль-Белоцерковский) 며칠 안 남았네, 상여가 자네를 기다리고 있네! ② 일전에, 며칠 전에. Он заезжал к нам на-днях. 그는 일전에 우리에게 들렀었다.

на дом 자기 집으로. Книги давать на дом запрещено. (Н. М.

Карамзин)책을 집으로 가져가는 것은 금지되었다.

на дому 자기 집에서. Врач принимает на дому. 의사는 자기 집에서 환자를 받는다.

на дорогу ① 길을 떠나기 전에 ② 여행도중에 사용하기 위해서. А, может, на дорогу взял бы хлеба? (М. Горький) 도중에서 먹을 빵을 가지고 가려무나.

на досуге 여가에, 한가할 때에. Мы ещё с тобой, дружок, потолкуем на досуге (В. Г. Короленко) 시간이 있을 때에 자네하고 좀 더 이야기 해 보세.

на дружеской ноге, на дружескую ногу с кем (разг.) 가깝다, 친하다. (на короткой ноге, на короткую ногу 와 같음).

на дыбы ① 앞발을 쳐들고 뒷발로 서다 (주로 말에 대해서 하는 말). ② 펄쩍 뛰다 (극도의 불찬성, 고집, 반대를 표시하다).

на живую нитку ① 임시로 (깁다). ② 대강, 되는 대로, 바삐. (разг.) Бараки были построены на живую нитку. 바라크는 대강 세워 놓은 것이었다.

на задних лапках стоять 또는 **ходить перед кем** (разг. презрит.) 아첨하다, 꼬리를 흔들다. Как счастье многие находят Лишь тем, что хорошо на задних лапках ходят. (Крылов) 얼마나 많은 사람들이 다만 꼬리를 잘 흔드는 것으로써 행복을 얻고 있는가.

на заказ (разг.) 맞추어서, 주문에 의해서. Туфли эти сделаны на заказ, готовых я не нашёл. 이 신은 특별히 맞추어서 지었습니다, 기성품이 없어서.

на закуску (разг. фам. шутл.) 끝으로, 마지막으로. На закуску расскажу вам новый анекдот. 마지막으로 당신들에게 새로운 일화를 하나 이야기 하겠습니다.

на здоровье (разг. фам.) 어서 (пожалуйста). Кушайте на здоровье. 어서 드십시오.

на зубок выучить (разг. фам.) 완전히 암기하다. **Я выучил на зубок это стихотворение.** 나는 이 시를 완전히 암기하였다.

на казённый счёт (разг. шутл.) 공짜로, 무료로.

на какой (또는 **кой**) **рожон** (простореч. вульг.) 왜, 뭣 때문에. На какой рожон ты звал меня с собой? 뭣 때문에 자네는 나를 불렀나.

на кой чорт. (разг. фам. вульг.) 왜, 뭣 하러. Да и на кой чорт мне туда таскаться. (Тургегев) 내가 뭣 하러 그리로 가겠나.

на короткой ноге, на короткую ногу с кем (разг.) 가깝다, 친하다. В несколько минут сошёлся на такую короткую ногу, что начал уже говорить "ты".(Гоголь) 몇 분 동안에 친해져서 벌써 너나하는 사이가 되었다.

на кривой не объедешь кого (разг.) 어떤 수단으로도 속이지 못한다.

на лад (**идти. пойти**) (разг.) 순조롭게. На лад их дело не пойдёт. (Крылов) 그들의 일은 잘되지 않을 것이다.

на ладан дышать (разг.) 죽을 날이 가깝다. **Я уж на ладан дышу.** (М. Н. Загоскин) 나는 벌써 죽을 날이 가깝다.

на лету ① 날면서, 날 때에. Искры гаснут на лету. (Полонский) 불꽃은 날면서 사라진다. ② 황급하게. На лету отдать приказание. 황급하게 명령을 내리다.

на лице написан, -а, -о 얼굴에 써 있다, 금방 알 수 있다. На лице его написана доброта. 그가 호인이라는 것은 곧 알 수 있다.

на людях (разг.) 여러 사람이 보는데서, 여러 사람이 있는데서, 여러 사람 속에서. Ссоры происходили ежедневно открыто, на людях. 싸움은 공공연히, 여러 사람이 있는데서 날마다 일어났다.

на мази (разг. фам.) 순조롭다, 잘되어 간다. (술어로서 사용됨.)

У него дело на мази. 그 사람은 일이 잘되어 간다.

на Маланьину свадьбу (напечь, нажарить, настряпать…) (просторечь.) 다 먹을 수 없을 만큼 많이. К празднику у нас напекли и настряпали на Маланьину свадьбу. 명절이 되어 우리는 지지고 볶고 해서 많은 음식을 만들었다.

на манер какой (простореч.) 어떤 식으로. Одет он был на самый лучший английский манер. (Тургенев) 그는 가장 훌륭한 영국식 옷차림 이었다.

на манер кого－чего (простореч.) 어떤 모양으로, 비슷하게. Завязал ленту на манер галстука. 리본을 넥타이 식으로 맸다.

на месте 제 자리에 있다. Книга не на месте. 책은 제 자리에 있지 않다.

на месте кого 누구와 같은 처지에 놓이면. Что бы ты сделал на его месте? 자네라면 어떻게 하였겠나? (자네가 그 사람이라면 어떻게 하였겠는가?)

на месте (стоять, сидеть, оставаться) 한 자리에, 같은 자리에.

на месте преступления (поймать, застать) (разг. шутл.) 무엇을 하고 있을 때에, 하고 있는 자리에서. Он уверял меня, что он не пьёт, но вчера я поймал его на месте преступления. 그는 술을 안 마신다고 나에게 말하였지만 어제 나는 그가 술을 마시는 것을 목격했다.

на место 제 자리로. Положи книгу на место. 책을 제 자리에 놓게.

на миру и смерть красна. (속담) 여럿이면 죽음도 겁나지 않는다. (외롭지 않고 여러 사람과 함께라면 모든 것을 이겨내기 쉽다는 뜻).

на (моё, твоё…) **несчастье** 불행하게도 (삽입어) (к несчастью와 같음).

на ногах ① 서 있다. Я весь день на ногах. 나는 하루 종일 서서 돌아간다. ② 자리에 눕지 않고. Он перенёс болезнь на нога х. 그는 자리에 눕지 않고 병을 이겨 냈다. 3. 잠자리에서 일어나다. Чуть забрезжил рассвет, в полевом стане – все на ногах. 야간 동트기 시작하자 벌써 야외 숙박소에서는 모두 다 자리에서 일어났다.

на носу (разг.) 눈앞에 닥쳐왔다. Зима на носу, надо запастись дровами. 겨울이 눈앞에 닥쳐왔으니 장작을 장만해야지. Смерть видя на носу, чуть бродят полумёртвы. (Крылов) 눈앞에 닥쳐 온 죽음을 보고 죽는 것처럼 간신이 헤맨다.

на огонёк (зайти) к кому (разг. фам.) 우연히, 지나가던 길에 창문에 비친 불을 보고 주인이 있다는 것을 알고 (들르다).

на одно лицо (разг.) 꼭 같다. Все дети у них на одно лицо. 그 집 아이들은 모두가 신통하게 꼭 같이 생겼다.

на одно солнце глядим, да не одно едим. (속담) 보는 해는 같아도 먹는 것은 다르다 (인간 사회의 불평들을 이르는 말).

на острую косу много покосу. (속담) 낫이 좋으면 베는 풀이 많다. (유능한 사람에게서는 사업상 큰 성과를 기대할 수 있다는 뜻).

на ощупь 더듬어 보면서, 암중모색으로. Мы сделали первые шаги на ощупь. 우리는 암중모색하면서 첫 걸음을 내디뎠다.

на память (рассказывать, говорить, привести…) 기억에 의해서, 암기하여 가지고. Он читал все стихи Пушкина на память. 그는 뿌쉬낀의 시를 전부 암송하였다.

на печи заседать – трудодней не видать. (속담) 방안에서 한담만 하고 지내면 품 삯을 못 번다.

на печи не храбрись, а в поле не трусь. (속담) 집에 앉아서 큰 소리 치지 말고 들에 나가서 게으름 피지마라.

на плечах противника (воен.) 퇴각하는 적을 추격하면서, 직접 그 뒤를 따라.

на поводу у кого (быть) (разг.) 하자는 대로 하다.

на подбор 또는 **как на подбор** 골라낸 것처럼 모두 꼭 같은 (질, 크기가 골라낸 것 같이 같음), 모두 훌륭한. Яблоки, как на подбор. 골라낸 것 같은 좋은 사과.

на поди (разг.) 놀랐을 때에 하는 말 Ночью пьяный приехал: разв оевался так, что на поди. (А. Островский) 술에 취해서 밤중에 와서 한바탕 주정을 해 대는 데는 어이가 없었다. (놀랐다)

на полдороге 중도에서 (на полпути 와 같음).

на полпути (бросить что-нибудь, остановиться) 중도에서.

на полслова (разг.) 잠깐 이야기하기 위해서. Поди сюда на полсл ова. 잠깐 할 말이 있는데 이리로 오게.

на полслове 또는 **полуслове** (оборвать, закончить речь) (разг.) 말을 중도에서 (중단시키다, 끊다).

на попа (ставить, поставить) (простореч. и спец.) 세워서. Поста вить кирпичи на попа. 벽돌을 세워 놓다.

на попятный 또는 **на попятную** (редко, обл.) 또는 **на попятный двор** (неодобрит.) 뒤로 물러서다, 그 전의 의견이나 결정을 포기하다. Сам первый затейщиком был, да сам же и на попя тный двор, как до дела дошло. (Салтыков-Щедрин) 자기가 먼저 주장해 놓고 막상 하자고하니까 뒤로 물러선다.

на порог не пускать кого (разг.) 들여 놓지 않다. После его дебо ширства его целый месяц не пускали на порог клуба. 그가 싸움을 한 후에는 한 동안 그를 클럽에 들여놓지 않았다.

на посту 의무를 성실하게 실행하다가… Он умер на посту. 그는 자기의 초소에서 죽었다.

на правду цены нет. (속담) 진리엔 값을 매길 수 없다. (진리는 무엇보다도 귀중하다는 뜻).

на примете (иметь, быть) 마음에 드는, 마음에 있는, 항상 관심을 가지고 있는. У парня, видишь, на примете девушка была, а старик никак не соглашался. (Павел Бажов) 글쎄 총각에게는 마음에 있는 처녀가 있었는데 노인이 전혀 말을 듣지 않았다.

на произвол судьбы 운명의 장난에 맡겨 버리다, 될 대로 되라고 내버려 두다. Он бросил свою семью на произвол судьбы. 그는 자기 가족을 버리고 돌보지 않았다.

на пушку (простореч.) 공짜로, 또는 기만적 방법으로. Меня на пушку не возьмёшь! 나를 속이지는 못하네!

на радостях (разг.) 기쁜 일이나 성공을 축하하여. Хотелось попировать на радостях победы. (Герцен) 승리를 축하하여 주연을 베풀고 싶었다.

на редкость (разг.) 보기 드문. На редкость сильный ветер. 보기 드문 모진 바람.

на рельсы чего (перейти, перевести, поставить… что-нибудь) 어떤 길로, 어떤 방향으로.

на рельсы поставить что 궤도에 올려 세우다 (바로잡다, 움직이게 하다). Завод поставили на рельсы в самый кратчайший срок. 극히 짧은 기간에 공장을 궤도에 올려 세웠다.

на роду написано (разг. устар.) 팔자이다, 운명이다. Вам на роду написано Блюсти крестьянство глупое… (Некрасов) 그대들은 무지 몽매한 농민들을 그대로 유지할 팔자를 타고 났고…

на руках быть чьих 또는 **у кого-чего** 누구의 배려, 관심의 대상으로 되고 있다. У него на руках большая семья. 그는 많은 식구를 부양해야 한다. У меня на руках громадное дело. 나는 많은 사업을 부둥켜안고 있다.

на руку кому (разг.) 누구에게 유리하다. Это мне на руку. 나에게는 마침 잘 되었다.

на руку нечист (разг. фам.) 손버릇이 나쁘다. Он оказался на

руку нечист. 그는 알고 보니 손버릇이 나빴다.

на самом деле 실제로.

на свежую воду выводить кого (разг.) 폭로하다. (на чистую воду выводить와 같음).

на свет 광선이 오는 쪽에 대고 보면. Жидкость, прозрачная на свет. 광선이 오는 쪽에 대고 보면 투명한 액체.

на свету (разг.) 광선을 받으면. На свету эта материя принимает другой оттенок. 광선을 받으면 이 천은 다른 뉘앙스를 갖게 된다.

на свободе (разг.) 일이 없을 때에. Займитест этим на свободе. 일이 없을 때에 이것을 하십시오.

на своих двоих 또는 на своих на двоих (шутл.) 두 발로, 제 발로 걸어서.

на свой страх и риск 또는 на свой риск (действовать) 자기 책임으로 (일이 잘못 될 때에는 자기가 손해 볼 셈치고).

на свой счёт принять что 자기에 대한 것이라고 인정하다. Он принял упрёк на свой счёт. 그는 자기를 책망하는 것이라고 생각하였다.

на свою голову (сказать, сделать что-нибудь) (разг.) 자기에게 불행한 결과를 가져오게끔 -Подписывай вот тут свою фамилию. - Да как же можно подписывать, коли не знаешь суть. может, мы на свою голову подписываем. (Ф. М. Решетников) -여기에 다 설명을 하시오. -잘 알지도 못하고 어떻게 서명합니까, 서명했다가 우리들이 화를 입을 수 있습니다.

на свою шею (разг. фам.) 자기에게 불행한 결과를 가져오게끔 (на свою голову와 같음)

на седьмом небе (разг.) 더 없는 행복을 느끼다. Он спокоен в её присутствин, когда другой бы чувствовал себя на седьмом небе. (Боборыкин) 다른 사람 같으면 더 없는 행복을 느꼈

을 텐데 그 사람은 그 여자가 옆에 있어도 태연하다.

на склоне лет (또는 жизни, дней) 노년에 가까워. Перебирая на склоне дней мои воспеминания… я со вздохом восклицаю : сколь многого я не вспомнил. (Салтыков-Щедрин) 노년에 가까워 자기의 지난날을 회상 하면서… 나는 한숨 지어 외친다: 그 얼마나 많은 것을 내가 잊었는가.

на скорую руку (сделать что-нибудь) 되는 데로 빨리.

на славу (разг.) 극히 훌륭하게. Погода в тот вечер удалась на славу. (А. Волошин) 그날 저녁은 날씨가 무척 좋았다.

на случай чего 어떤 일이 있을 경우를 예상하여. Взял с собой зонт на случай дождя. 비가 올 경우를 생각해서 우산을 가지고 갔다.

на смелого собака лает, а трусливого кусает. (속담) 개는 용감한 사람을 보고는 짖기만 하지만 비겁한 사람을 보면 문다. (사람은 용감해야 한다는 뜻으로 씀임).

на смену кому-чему (прийти, появиться…) ① 교대하기 위하여. ② 뒤를 이어, 대신하여.

на смерть (또는 насмерть) ① 죽도록. Разбиться на смерть. 치명상을 입다. ② 몹시, 지독하게. Боль головушку всю разломила на смерть. (А. Кольцов) 머리가 빠개질 것 같이 아팠다.

на смех (또는 насмех) 웃음거리로. Ты это на смех сделал, что ли? 자넨 이것을 웃음거리로 했나 어쨌나?

на собственной спине (испытать, узнать что-нибудь) 직접 (어떤 곤란과 불행을 직접 체험하다). Все невзгоды войны она испытала на собственной спине. 전쟁의 온갖 재난을 그 여자는 직접 체험하였다.

на совести у кого 또는 **на чьей** (лежит, имеется…) 누구에게 책임이 있다, 누구의 잘못이다. На моей совести нет ни единой пакости. (Салтыков-Щедрин) 남을 해치려는 단 하나의 추

악한 행위도 나는 한 일이 없다.

на совесть 양심적으로 (자발적으로, 성의껏, 훌륭히, 열성적으로). (разг.) Портной сшил пальто на совесть. 재봉사는 성의 있게 외투를 지었다.

на сон грядущий (разг.) 자기 전에. Он всегда выкуривал папиросу на сон грядущий. 그는 언제나 자기 전에 담배를 한대 피웠다.

на спех (또는 наспех) 바쁘게 서둘러. Отчёт составлен на спех. 보고는 급하게 작성되었다.

на стену лезть (разг.) 미친 사람 같이 되다. За свои взгляды он готов был на стену лезть. 그는 자기의 의견을 미친 사람처럼 옹호하려고 하였다.

на стороне (разг.) 다른 곳에서 (자기가 있는 곳에서가 아니라). Ищет развлечений на стороне. 다른 곳에서 쾌락을 찾는다. Работу делают на стороне. 다른 곳에서 일을 한다.

на сторону 다른 곳으로. Отдавать роботу на сторону. 일을 외부에 주다.

на сторону (сбиться, съехать…) 옆으로. Шляпа у неё сбилась на сторону. 그 여자의 모자는 옆으로 기울어졌다.

на страже (стоять, быть) (книжн. ритор.) 초소에 서다, 수호하다.

на (**моё, твоё**…) **счастье** 다행히도, 행복하게도 (삽입 어) (к счастью와 같음).

на счёт кого－чего 또는 **чей** 누구의 부담으로. Жить на чужой счёт. 남의 덕으로 살다. Принять расходы на свой счёт. 경비를 자기가 부담하다.

на счёт кого－чего 또는 **чей** (говорить, думать…) 누구, 무엇에 관하여. Ты хочешь, чтоб никто не смел даже подумать что－нибудь нехорошее на твой счёт? (Тургенев) 자네는 누구

듣지 자네에 대해서 어떤 좋지 못한 것을 생각조차 하지 말 것을 바라나?

на счету 계산되다, 고려되다. Даже ночью они бомбили и обстрел ивали наши колонны, а у нас был на счету каждый патрон. (Борис Полевой) 밤에도 그들은 우리 대열에 폭격과 기총 소사를 가하였으나 우리는 탄환 한 알 한 알을 아껴 써야 할 판이었다.

на счету каком 어떻게 인정되다. В нашей школе он на плохом счету. 우리 학교에서 그는 평이 나쁘다.

на ту беду (разг.) 이번에는 불행하게도. На ту беду лиса близёхо нько бежала; вдруг сырный дух лису остановил… (Крылов) 이번에는 불행하게도 여우가 근처를 달리다가 치즈 냄새에 갑자기 걸음을 멈추었다.

на убыль (идти, пойти) 적어지다, 사라지다. Вода идёт на убыль. 물은 줄어 간다.

на удивление кому-чему (разг.) 대단히 훌륭하다. Картина прямо на удивление. 그야말로 감탄할 만한 그림이다.

на ум наставить кого (разг.) 옳게 행동하도록 가르치다. Ну, брат, спасибо, что на ум наставил, а то было свихнулся совсем. (А. Островский) 옳은 길을 가르쳐 주어서 고맙네, 그렇지 않았다면 아주 잘못된 길에 빠질 뻔했네.

на уме у кого (разг.) 머리 속에. Скромна, а ничего кроме проказ и ветру на уме. (Грибоедов) 보기엔 얌전해도 머리 속엔 장난할 생각밖에 없다.

на ус мотать (намотать) (разг.) 머리에 넣어 두다, 고려하다. Народ, конечно, слушал, смекал и на ус себе мотал. (Чехов) 사람들은 물론 귀로 듣고 짐작하고 머리에 넣어 두었다.

на устах у всех что 누구나 다 말하다. Новость у всех на устах. 새 소식은 모든 사람들의 이야기 거리로 되고 있다.

на утро (разг.) 다음 날 아침에. На усро он проснулся и ничего не помнит, что было с ним вчера. 이튿날에 잠이 깬 그는 어제 일이 하나도 생각나지 않았다.

на ходу ① 움직이고 있을 때에. Он вскочил в трамвай на ходу. 그는 달리고 있는 전차에 뛰어 올랐다. ② 앉아 있지 않고 움직이면서. (разг.) Закусили на ходу. 가면서 먹었다. Мальчики, на ходу снимая рубашки, бежали к воде… (Семен Бабаевский) 아이들은 루바쉬까를 벗으면서 물 있는 곳으로 달렸다. 3. 정체 상태에 있지 않고 활동 중에 있다. (разг.) Завод на ходу. Завод готов к работе на полный размах (Гладков) 공장은 돌고 있다. 공장은 전 속력으로 사업할 태세를 갖추고 있다.

на худой конец (разг.) 최악의 경우래야.

на цыпочках 또는 **на цыпочки** 발끝으로 (살랑살랑 걷다, 일어서다).

на чай (давать, брать) 담배 값으로, 점심 값으로 (사소한 서비스에 대한 보수를 말함). Вот тебе пара целковиков на чай. (Гоголь) 자, 이 2루블은 담배 값이네.

на чём свет стоит (разг. фам.) 몹시, 지독하게, 사정없이. А Иван Семёныч ругается на чём свет стоит. (Неверов) 이반 쎄묘늬치는 욕설을 퍼붓는다.

на чистую воду выводить кого (разг.) 죄상을 드러내다, 폭로하다.

на что кому (разг.) 왜, 무슨 필요가 있는가. На что мне эта книга? 내게 이 책이 무슨 소용이 있나?

на что и клад, коли в семье лад. (속담) 가정이 화목하면 금 은 보배도 부럽지 않다.

на что (уж) ① 비록 아무리. (разг.) Уж на что бывал я в нужде и скорби, а этакой нужды и я не видывал. (Салтыков-Щед рин) 나는 비록 많은 곤궁과 비애를 겪었지만 이러한 곤궁을 나도 처음이다. ② 그 얼마나 (простореч.) Других таких луг ов по всей Расеи нету… уж на что красиво! (Тургенев) 러시아의 어디를 가도 이러한 초원은 없다… 그 얼마나 아름다운가! 3. 비교급과 결합하여 최상급을 표시. На что лучше. 가장 좋은, 가장 좋다.

на чужой каравай рта не разевай, а пораньше вставай да свой затовай. (속담) 남의 재물을 부러워 말고 일찍 일어나 제 일은 하라.

на чужой стороне и весна не красна. (속담) 타향살이 하면 봄도 봄 같지 않다. (조국에 대한 사랑을 표시하는 말).

на шею сидеть (быть) у кого 또는 **на шею кому посадить** 또는 **сость** (разг.) 누구에게 의지하는 생활을 말함. И то хорошо, что он не сел мне на шею. (Гончоров) 그가 나에게 매 달리지 않은 것도 좋다.

на широкую ногу 유족하게, 부유하게, 호화롭게. Сыну хотелось жить, как прежде: под родительским крылышком да на широкую ногу. Но отец был против. (Сем. Нарньяни) 아들은 전과 같이 부모의 사랑 속에 호화로운 생활을 하고 싶었다. 그러나 아버지는 이것을 반대 하였다.

на языке мёд, а под языком лёд. (속담) 웃음 속에 칼이 있다, 구밀복검.

на ять (простореч. фам.) 매우 훌륭히, 제대로. Я вам это сделаю на ять. 나는 이것을 제대로 해드리겠습니다. −Паровоз… сильный? −Паровоз на ять… (Владимир Бахметьев) − 기관차는… 좋은 건가? −썩 좋은 것이다…

набить корман 또는 **мошну** (простореч.) 돈을 모으다.

набить руку на чём (разг.) 익숙해지다.

набить цену на что 물가를 올리다. Спекулянты начали набивать

цену на рис. 투기업자들은 쌀값을 올리기 시작하였다.

навести справку о чём 알아 보다. Я отправился на почту навести справку о пропавшей посылке. 나는 없어진 소포에 대해서 알아보려고 우편국으로 갔다.

наводить тень (разг.) 사태를 모호하게 하다.

навострить лыжи (разг. фам.) 도망칠 준비를 하다, 신을 벗어 들다.

нагреть руки (разг.) 사복을 채우다, 탐욕스럽다. Нагрел свои гнусные руки, у солдат убавлял поёк. (Пекрасов) 병사들에게 줄 식량을 줄여서 사복을 채웠다.

надо быть (обл.) 아마 (삽입 어) Надо быть, завтра дождик будет. 아마 내일은 비가 좀 올 거요.

надо быть чему (обл.) 아마 무엇이 닥쳐 올 것이다. Надо быть дождю, －сказал старик, посматривая на небо. 비가 올 것 같다. － 노인은 하늘을 쳐다보면서 이렇게 말하였다.

надо полагать (разг.) 아마도 (삽입 어).

надо (должно) сознаться 시인하지 않을 수 없다, 시인해야 할 것이다. Надо сознаться, я этого никак не ожидал. 사실 말이지 나는 이러리라고는 전혀 생각지 않았습니다.

надо честь знать (разг. фам.) 그만 하면 충분하다, 이젠 그만 둘 때다. Погоревали－и будет, надо и честь знать! (Чехов) 서러워하는 것도 정도가 있지, 이젠 그만 하시오!

надорвать животики (простореч.) 허리가 부러지게 웃다. Животики надорвали, смеясь. 허리가 부러지게 웃었다.

надорвать кишки (со смеху) (разг. фам.) 허리가 부러지게 웃다.

надорвать силы 알아 누울 정도로 과로하다.

надрать уши кому (разг.) 귀를 잡아당기다 (처벌로써).

надуть губы (разг.) 삐쭉대다, 부루퉁하다. Надула презрительно губки. (Некрасов) 멸시하듯이 삐쭉거렸다.

наконец-то! 오래 기다리던 것이 나타나거나 실현되었을 때에 기쁨과 만족을 표시하는 말. Наконец-то! а я уж думал, что ты совсем не придёшь. 드디어 왔구나! 나는 자네가 전혀 안 오는 줄로 알았지.

наложить на себя руки (устар.) 자살하다. Как бы она с тоски-то на себя руки не наложила. (А. Островский) 그 여자가 번민한 나머지 자살이나 하지 않을까 두렵다.

намылить голову кому (разг. фам.) 크게 책망하다, 욕하다. Я ему намылю голову как следует. (Н. Островский) 그에게 단단히 욕을 해 줄 작정이오.

насильно мил не будешь. (속담) 억지로 사랑은 하지 못한다. (사랑과 존경을 강요할 수는 없다는 뜻).

насупить на любимую мозоль кому (разг. шутл.) 아픈 곳을 건드리다. Не наступайте на любимую мозоль, осержусь. (Н. Островский) 아픈 티눈은 건드리지 않는 것이 좋을거야, 괜히 덧 날 테니.

натощак и песня не поётся. (속담) 배가 고프면 노래도 안나온다. (일을 시키려면 물질적 생활을 보장해 주어야 한다, 노력에는 보상이 있어야 한다는 뜻).

нахвататься верхов (разг.) 겉만 핥다, 피상적인 지식을 얻다. Так нельзя, господа, готовиться в высшее учебное заведение… верхов нахватаетесь и думаете, что вы можете быть студен тами; нет, господа, надо основательно изучать предмет. (Л. Толстой) 여러분, 대학에 들어갈 준비를 그렇게 해서는 안 됩니다… 겉만 핥고도 대학생이 될 수 있다고 생각하고 있는데, 아닙니다. 여러분, 학과를 철저히 연구할 필요가 있습니다.

находиться в фарватере кого-чего 또는 **чьей политики** (книжн.) 누구에게, 누구의 정책에 추종하다. (плыть в фарватере кого

–чего 또는 чьей политики 과 같음).

находиться под ружьём ① 전투태세에 있다. ② 군대에 복무하다. (быть под ружьём과 같음).

наш брат (фам.) 나 같은 사람들. – …Лещинский к себе в дом не пускает, в кухне беседует с нашим братом. (Н. Островский) – …레씬쓰끼는 우리 같은 사람은 제 집으로 들이지 아니하고 부엌에서 이야기를 하는데요.

наша (моя, твоя, ваша) взяла, наша (моя, твоя, ваша) возьмёт (разг. фам.) 우리가 (내가, 네가, 당신들이) 이겼다. 우리가 (내가, 네가, 당신들이) 이길 것이다. Уррра–а! Наша взяла! (А. С. Серафимович.) 우라–! 우리가 이겼소!

наша сестра (разг. фам. устар.) 나 같은 여자들. Теперь нашей сестре стало легче с хозяйством управляться. 지금 나와 같은 여자들에게는 집 일을 꾸려 나가기가 쉬워졌습니다.

нашего поля ягода (разг. фам.) 같은 들의 딸기, 한통 속. Он и по своему положению и по своему настроению был нашего поля ягода. (М. Горький) 그는 자기 처지에 있어서나 자기 기분에 있어서 완전히 우리 편 사람이었다.

нашла коса на камень. (속담) 낫과 돌이 맞선 격 (고집쟁이 두 사람이 충돌하였을 경우에 하는 말).

не ахти как, не ахти какой (разг.) 대단하지 않다, 썩 훌륭하지는 않다. Не ахти (как) хорошо. 썩 훌륭하지는 않다. Не ахти великие доходы получал. (Некрасов) 수입은 그리 많지 못하였다. К тому же и делец я был всегда не ахти какой. (М. Горький) 게다가 나는 언제나 대단치 않은 사업가였습니다.

не без чего 다소간의 …을 가지고, 다소간의 …과 함께. Не без интереса.다소간의 흥미를 가지고. Это произошло не без вас. 여기에는 당신도 관계가 없는 것은 아닙니다.

не без того (рзан.) 대개 그럴 것이다 (정면으로 대답하기를 피할 때에 하는 말). —Были прогулы? — Не без того. —결근이 있었습니까? — 아마 그럴 테지요 (없을 수가 있겠습니까).

не ближний свет (простореч.) 가깝지 않다. До города не ближний свет, пожалуй, часа два, три ходьбы. 도시까지는 가깝지 않습니다, 아마 두세 시간은 걸어야 할걸요.

не бойся суда, а бойся судьи. (속담) 법정이 무서운게 아니라 법관이 무섭다 (재판관의 불공정을 이르는 말).

не более и не менее, как (книжн.) 바로.

не брать в рот чего 입에 대지 않다. Ничего ты и в рот не брал. (А. К. Толстой) 너는 아무것도 입에 대지 않았구나.

не будь лапотника, не было бы бархатника. (속담) 농사꾼이 없으면 부귀를 누리는 지주도 없다.

не было печали, так черти накачели. (속담) 눈썹에서 떨어진 액, 생각지 못한 재앙 (우연히, 뜻밖에 화나는 일, 달갑지 않은 일이 생겼을 때 하는 말).

не в бровь, а (прямо) в глаз 바로 맞췄다 (추측, 표현이 적중하였을 때에 하는 말). Ваше замечание ему не в бровь, а прямо в глаз. 당신은 그 사람에 대해서 옳게 지적하였습니다.

не в духе, в духе (разг.) 기분이 좋지 않다, 기분이 좋다. Он не в духе. 그는 기분이 좋지 않다. Я не в духе рассказывать. (Лермонтов) 나는 말하고 싶지 않습니다.

не в первой 처음이 아니다, 첫 번이 아니다. Мне не в первой бродить по лесам, не боюсь заблудиться. 나는 숲 속을 돌아다니는 것이 이번이 처음이 아니니까 길을 잃을 염려는 없습니다.

не в пример ① **кому-чему** 다른 사람들과는 달리. Он, видишь, не в пример прочим всё-таки мастерство имел. (Павел Бажов) 보다시피 그는 다른 사람들과는 달라서 어쨌든 기술을

가지고 있었습니다. ② (비교급과 함께) 비교도 안되리 만치. Он говорит по-русски не в пример лучше меня. 그는 나보다는 훨씬 러시아어를 잘 합니다.

не в своей тарелке (быть) 기분이 좋지 않다. (не가 없으면 기분이 좋다) Любезнейший! ты не в своей тарелке, с дороги нужен сон. Дай пульс – ты нездоров.(Грибоедов) 넌 기분이 좋지 않구나, 먼 길에서 돌아 왔으면 한잠 자야지 어디 맥을 좀 보자 – 탈이 났어. Шутовской надев наряд, ты был в своей тарелке. (Лермонтов) 광대 옷을 입은 너는 매우 흥겨웠다.

не в свои сани не садись. (속담) 오르지 못할 나무는 쳐다보지도 말라 (감당하지 못할 것은 손을 대지 말고, 가망이 없는 것은 바라지 말라는 뜻).

не вдруг Москва строилась. (속담) 모스크바는 하루에 된 것이 아니다. (모든 일에는 시간이 요구된다는 뜻).

не верить себе 또는 **своим ушам, своим глазам** 자기를, 제 귀, 제 눈을 의심하다 (어떤 놀라운 일, 뜻밖의 일에 대해서 하는 말).

не взвидеть света 또는 **дня, земли** 눈앞이 캄캄해지다 (타격, 고통, 경악, 의외의 일로 인해서). Он не взвидел дня: Нет ни жены, ни лучшего коня! (Лермонтов) 그는 눈앞이 캄캄해졌다, 아내도, 좋은 말도 온데 간데 없는 것이다!

не взирая на кого-что (книжн.) …에도 불구하고, …을 무릅쓰고. Не взирая на старость и болезнь, он всё ещё занимался государственными делами. (Н. М. Карамзин) 많은 나이와 병환을 무릅쓰고 그는 여전히 나라 일을 보았다. Не взирая ни на что. 어떤 일이 있더라도, 만난을 무릅쓰고. **не взирая на лица** (книжн.) 상대방의 사회적 지위. 세력 등을 생각 하지 않고. Критиковать не взирая на лица. 인물여하에는 관계없

이 비판을 하다.

не видеть дальше своего носа (разг.) 한 치앞을 못 본다 (눈앞에서 일어나는 일밖에 보지 못한다.

не вкусивши горького, не познаешь сладкого. (속담) 쓴맛을 모르면 단 맛도 모른다 (고생을 해 보지 않은 사람은 행복의 진가를 알 수 없다는 뜻).

не все дома у кого (разг. фам.) 머리가 돌았다. Всегда был чудак… А теперь, кажется, не все дома. (В. Г. Короленко) 언제나 하는 일이 괴상하였는데… 지금은 좀 머리가 돈 모양이오.

не всё то золото, что блестит. (속담) 빛나는 것이 다 금은 아니다 (외관이 좋다고 해서 다 좋은 것은 아니라는 뜻)

не всякое лыко в строку. (속담) 침대봉소 (본래는 나무 내피면 다 신을 삼을 수 있는 것은 아니라는 말인데 사소한 것을 가지고 시비하지 말라는 뜻으로 쓰임).

не выдерживает критики (разг.) 비판을 감당하지 못한다, 아무데도 쓸모가 없다. Этот проект не выдерживает критики. 이 설계는 너무나 결함이 많다.

не выдумай (что-нибудь делать) (разг. фам.) 엄격한 금지를 표시. Смотри, не выдумай пить воду из пруда. 주의해라, 늪의 물은 절대로 마시지 말아야 한다.

не выдумывай (다음에 주로 동사 명령법이 옴) (разг. фам.) 다른 생각은 하지 말고, 반대를 하지 말고. -Спать будете у меня, Букреев … на моей кровати. -Зачем же вас стеснять? Я устроюсь где-нибудь. - Не выдумывайте и разоблачайтесь.) (А. А. Первенцев) -우리 집에서 주무시지요, 부크레예보… 내 침대에서 - 당신을 왜 괴롭히겠습니까? 아무데나 자리를 잡지요 - 그러지 말고 옷이나 벗읍시다.

не выходить из головы, из ума (разг.) 머리에서 사라지지 않다. У меня не выходит из головы этот ужасный случай. 소름이

끼치는 이 사건은 내 머리에서 사라지지 않는다.

не вышел чем (разг.) 부족 된다. Он не вышел ростом. 그는 키가 좀 모자란다. Одна твоя беда, умом ты у нас не вышел. (А. Островский) 자네의 불행은 우리들 속에서 자네의 머리가 좀 모자라는 걸세. Чином не вышел. 벼슬이 대단치 않다.

не глядел бы на свет (божий) (разг.) 살 마음이 없다 (번민과 비애로 해서). Нет, господин, невесело нам. Верьте слову: иной раз бывает, –просто, кажется, на свет не клядел бы. (В. Г. Короленко) 아닙니다, 선생님, 우리들은 흥겹지 못합니다, 참말이지 어떤 때에는 그저 죽어 버렸으면 합니다.

не говори "гоп", пока не перескочишь. (속담) 일이 되기도 전에 장담 말라.

не говаря уже о ком–чём 논의로 하더라도.

не говоря худого слова (разг. фам.) 아무 말 없이 (불쾌한 이야기, 논쟁에 들어가지 않고 곧, 또는 아무런 예고도 없이 갑자기). И не говоря худого слова, сейчас за дело принялся. (Салтыков–Щедрин) 그리고 그는 말 한마디 안하고 곧 일에 착수하였다. Не говоря худого слова, влепил ему пощёчину. 아무 말도 안하고 그의 뺨을 후려갈겼다.

не годится, с инф. (разг.) 어떻게 해서는 못 쓴다. –Всё по французски, вслух, читает, запершись. –Скажи–ка, что глаза ей портить не годится. (Грибоедов) –틀어 박혀서 프랑스 책을 그냥 소리 내어 읽고 있어요. –그렇게 해서 눈을 못 쓰게 만들어선 안 된다고 그래라.

не годы старя, а горе. (속담) 나이에 늙지 않고 설음에 늙는다.

не гони коня кнутом, а гони овсом. (속담) 말은 채찍으로 몰지 말고 당근으로 몰라.

не грех, с инф. кому (разг.) 무방하다. Теперь не грех нам отдохнуть и пообедать. 이제는 휴식하고 점심을 먹어도 괜찮을

때다.

не давать спуска (또는 **спуску**) **кому** (разг. фам.) 묵과하지 않다, 용서하지 않다.

не давая себе отчёта 결과를 생각지도 않고, 순간적인 충동에서, 무의식적으로.

не дай бог 매우 좋지 못하다, 위험하다. Не дай бог с дураком связаться! Услужливый дурак опаснее врага. (Крылов) 바보와 제발 사귀지 말라! 친절한 바보는 적보다 위험하다.

не делай другому того, чего сам не желаешь. (속담) 제가 원하지 않는 일을 남에게 하지 말라.

не детей крестить кому с кем (разг. устар.) 아무 관계도 없다. Всё равно, кто бы он ни был, мне с ним детей не крестить. 그가 어떤 사람이건 마찬가지네, 나하고 무슨 깊은 관계가 있는 것은 아니니까.

не для чего, не для чего (обл.) 할 필요가 없다, 무의미하다. Признаюсь вам откровенно, —теперь не для чего скрываться… (Тургенев) 당신에게 솔직하게 고백 합니다 —지금은 숨길 필요가 없으니까요… Мне не для чего богатеть теперь. (А. Кольцов) 내가 지금 부자가 되어서 뭘 하겠소.

не до кого—чего кому (разг.) 관심을 돌릴 여유가 없다 — Вы прочимали эту книгу?… —Нет; мне теперь не до книг… (Тургенев) —당신은 이 책을 읽으셨습니까?… — 아닙니다, 저는 지금 책이 문제가 아니고…

не до смеху (**смеха**) **кому** 웃고 있을 때가 아니다, 웃고 떠들고 할 심리 상태가 아니다. Теперь мне не до смеху. 지금 나는 웃고 있을 형편이 못 됩니다.

не дурак (сделать что—нибудь) (шутл.) 잘 할 수 있다. [разуваев] и выпить не дурак, и пошутить охоч, и сплясать может. (Салтыков—Щедрин) [라주바예브]는 술도 잘하고 농담도

즐기고 춤도 출줄 안다.

не за горами (разг.) 멀지 않다. Весна не за горами. 봄은 멀지 않다.

не за страх, а за совесть 양심적으로. К общей благости работай не за страх, а за совесть. (Маяковский) 공동의 복지를 위해 양심껏 일하라.

не знать сносу 해지지 않다, 튼튼하다. Сапоги не знают сносу. 장화는 튼튼하다.

не из той оперы (разг. шутл. ирон.) 그것은 딴 이야기다 (하고 있는 이야기, 논의되고 있는 문제와는 아무런 관계도 없다) (из другой оперы와 같음).

не имей сто рублей, а имей сто друзей. (속담) 백량의 돈은 없어도 백 사람의 벗은 있어야 한다.

не идти в сравнение с кем-чем 비교가 되지 않는다, 문제가 되지 않는다.

не к добру (разг.) 징조가 나쁘다, 좋지 못한 결과를 가져 올 것이다.

не клади плохо, не вводи вора в грех. (속담) 도둑은 견물생심이다.

не кланяться с кем 교제를 그만두다. Я с ним не кланяюсь. 나는 지금 그 사람과 사귀지 않는다.

не ко двору (прийтись, быть) (разг.) 가풍에 맞지 않다, 마땅치 않다, 마음에 안 맞는다. Не ко двору ты нам, парень! Скандалы нам не надобны. (М. Горький) 자넨 우리 가풍에 맞질 않네, 젊은 사람아! 난장판을 벌려 놓는 건 질색이야.

не красна изба углами, а красна пирогами. (속담) 돈 있는 집이 좋은 집이 아니고, 대접 잘 하는 집이 좋은 집니다.

не лезть за словом в кармаи (разг. фам) 말이 막히지 않는다, 구변이 좋다 (담화에서 자유자재로 응대함을 말함).

не лыком шит 함부로 볼 사람이 아니다 (무능 무식한 사람이 아니다). Я понял, что он не лыком шит, и может справиться с этим делом. 그는 함부로 볼 사람이 아니라는 것과 그가 능히 이 일을 감당할 수 있다는 것을 나는 깨달았다.

не место (здесь. там) ① кому 누구는 있을 자리가 없다. ② чему, с инф. 적당치 않다. Здесь не место разговорам а делах. 또는 Здесь не место говорить о делах. 여기는 사업상 이야기를 할 장소가 아니다.

не мешает 또는 **не мешало бы кому с инф.** (разг.) 해야 한다, 필요하다, 해야 할 것이다, 필요할 것이다. Вам не мешало бы обратиться к врачу. 당신은 의사에게 보이는 것이 좋을 텐데.

не мил и свет, когда друга нет. (속담) 이 세상에 벗 없이 무슨 살 재미가 있으랴.

не моего (твоего, его, нашего…) **ума дело** (разг. фам.) 나 (너, 그, 우리…)는 이에 대해서 전혀 이해하지 못한다. Не моего ума это дело. Ещё напорчу, пожалуй. (Мельников－ Печерский) 이것은 내 머리로서는 어림도 없는 일입니다, 망쳐 놓지나 않으면 다행이지요.

не может быть! 그럴 수가 있나!

не мудрено, что 당연하다. Не мудрено, что он рассердился. 그 사람이 화를 낸 것은 당연하다.

не мытьём, так катаньем 이래서 안 되면 저래서, 이 수단 저 수단으로, 온갖 수단으로. Не мытьём, так катаньем, а добьёмся свсего! 어떻게 해서든지 소기의 목적을 달성합시다!

не на жизнь, а на смерть 목숨을 내걸고. Война не на жизнь, а на смерть. 결사전.

не на пожар (разг. фам.) 덤빌 일은 없다.

не на шутку 참말로, 몹시, 진지하게. Он рассердился не на шутк

у. 그는 참말로 화를 내었다. Ты, я вижу, работаешь не на шутку. (Тургенев) 자네는 참말로 일에 열중하고 있네그려. Солнце не на шутку начало уже припекать. (Григорович) 해는 벌써 지독히 내려 쪼이기 시작하였다. Пошутили вы не на шутку с ним : он шёл и вас бранил. (Лермонтов) 당신은 그 사람하고 농담이 좀 지나쳤습니다. 그 사람은 가면서 당신을 욕하더군요.

не надышусь (−ышишься…) 또는 **не могу надышаться на коко−что** 지극한 사랑, 총애를 표시하는 말. Дочка, видишь, выросла. Глядит на неё и не надышится. (Чехов) 딸이 컸는데 보면 볼수록 더 귀여워집니다.

не ныиче−завтра (разг.) 곧 (не сегодня−завтра 와 같음).

не оглянешься (разг. редко) 어느 사이에 벌써 (не успею, не успел оглянуться, как 와 같음.)

не первой молодости 젊지 않은, 중년에 가까운. Он − человек не первой молодости. 그는 벌써 젊은 나이가 아니다, 중년에 가까운 사람이다.

не первой свежести. (разг.) ① 신선치 않은 Рыба не первой свежести. 낡은 물고기 ② 젊지 않은 (шутл. ирон.) Она не первой свежести. 그 여자는 벌써 젊은 나이가 아니다.

не пито не едено (простореч.) 전혀 수지가 안 맞는다 (지출된 돈이 그로써 얻은 것보다 엄청나게 많을 때 하는 말).

не плюй в колодец, пригодится воды напиться. (속담) 다시 먹지 않는다고 이 우물에 침 뱉을까? 후에 필요할 때가 있을 것이니 사람을 괄시하거나 어떤 물건을 경시하지 말라는 뜻).

не по адресу 올바른 자리로 돌아가다. Ваше замечание сделано не по адресу. 당신의 지적은 올바르지 못했다.

не по дням, а по часам (разг.) 급속히.

не по плечу кому (разг.) 힘에 겹다, 감당할 수 없다.

не поглядев в святцы, да бух в колокол. (속담) 달력도 안 보고 종을 친다 (덤벼서 하는 행동을 말함).

не поддаваться описанию (книжн.) 형용할 수가 없다. Красота природы, не поддающаяся аписанию. 형용하기 어려운 자연미.

не поднимается рука у кого на что (разг.) 도저히 그렇게 할 수가 없다. Хотел застрелить фазана, да рука не поднялась на такого красавца. 꿩을 쏘려고 하였는데 너무 아름다워서 도저히 쏠 수가 없었다.

не показывать глаз 또는 **носа куда** (разг.) 오지 않다, 오랫동안 나타나지 않다. Он не показывает глаз к нам. 그는 오랫동안 나타나지 않는다 (우리에게로 오지 않는다).

не покладая рук 열심히, 부지런히. Мы все должны работать не покладая рук на фронте нашего великого мирного строител ьства… 우리들은 모두 우리의 위대한 평화적 건설의 전선에서 열심히 일하여야한다…

не правда ли? 그렇지 않습니까? (긍정적인 대답을 의심치 않으면서 하는 말, 삽입 어) Вы ошиблись, не правда ли? 당신은 실수하였습니다, 그렇지 않습니까?

не при ком писан (разг. устар.) не про кого писан 과 같음.

не при чём остаться 아무런 결과도 못 얻다, 아무것도 못 얻다. Так и остались добродетели не при чём… (Салтыков-Щедрин) 이리하여 착한 행동은 아무런 결과도 못 가져 왔다…

не приступишься к кому-чему (разг.) приступу нет 와 같음

не про кого писан (разг.) ① 누구에게는 이해될 수 없다. Его лекции уз ко специальны, и не про тебя писаны. 그의 강의는 극히 전문적이어서 자네는 이해할 수 없네. ② 누구를 위한 것이 아니다, 누구든 손이 미치지 못한다. Такие вещи не про нас с тобой писаны. 이러한 물건은 우리로서는 바랄

수 없는 것이다.

не продохнуть 또는 **не продохнёшь** (разг.) ① 숨이 막힌다 (공기가 탁탁하고, 냄새가 고약해서). Табаком накурили, сударыня, – не продохнёщь просто. (А. Островский) 담배 연기가 어떻게 자욱한지 – 숨을 못 쉬겠습니다 ② 어디로 몸을 피해야 할는지 모를 만큼, 메스꺼울 만치 무엇이 많다. Народу собралось – не продохнуть. 사람들이 어떻게 모여 들었는지 숨이 막힐 지경이다.

не промах (разг.) 약삭 빠른, 영리한. Анютка девшка не промах. (Чехов) 그런데 아뉴뜨까는 영리한 처녀다.

не прочь 반대 없다. (~할 용의가 있다). Жениться – я ничуть не прочь. (Грибоедов) 결혼하는 것은 나는 조금도 반대하지 않습니다. (결혼할 용의가 있다).

не разбери-поймёшь 또는 **не разбери-бери** (простореч. фам.) 무슨 판인지 알 수가 없다, 무슨 일인지 알 수가 없다 (뒤얽히고 복잡해서). Что это такое у вас творится – не разбери-поймёшь. 당신들은 무엇을 하고 있는지 도무지 알 수가 없소.

не робкого десятка. (разг.) 대담한, 겁쟁이가 아닌. Девушка не робкого десятка. 처녀는 겁쟁이가 아니었다.

не ровён час неровён час를 보라.

не рой другому яму, сам в неё попадёшь. (속담) 자승자박 (남을 함정에 빠뜨리려고 하면 제가 먼저 빠진다).

не рублём, так дубьём 돈으로 안 되면 주먹으로 해낸다 (설복, 매수 등으로 불가능할 경우에 적용하는 강제 수단을 이르는 말).

не рука кому (простореч.) 적당치 않다. Возить казну крестьянину просёлком не рука. (некрасов) 농사꾼이 돈을 가지고 촌길을 다니는 것은 좋지 않다.

не сегодня-завтра (разг.) 곧.

не сиди сложа руки, так не будет и скуки. (속담) 심심한데는 일하는 것이 제일가는 약이라는 뜻.

не скажу, не сказал бы, что… 그렇게는 말하지 않는다 (하는 말의 정당성에 확신을 못 가질 때, 정확히 규정짓기 어려울 때, 부드럽게 부정하려고 할 때에 쓰임). Не сказал бы, что он очень поправился. 그 사람이 상당히 회복되었다고는 말하지 않습니다.

не след 그러지 말아야 한다. Нашему брату жениться не след. (А. Островский) 우리 같은 사람은 결혼하지 말아야 합니다.

не смей(те) 엄격한 금지를 표시. Не смейте прекословить. 말대답을 하지 마시오.

не солоно хлебавши 맨손으로 (기대하였던 것을 얻지 못하고) Вернулись **не солоно хлебавши.** 맨손으로 돌아 왔다.

не спеши языком, торопись делом. (속담) 말보다 일이 앞서야 한다.

не спросясь броду, не суйся в воду. (속담) 깊이를 모르고 물에 들어가지 말라 (어떤 일이든지 미리 사정을 알아보고 시작하라는 뜻).

не стоит выеденного яйца. 하찮다, 보잘 것 없다.

не стоять (постоять) за чем (простореч.) 돈, 경비 등을 아끼지 않다, 또는 많은 보수 등을 바라지 않다. Вы только сделайте хорошо, а за ценой мы не стоим. 잘만 만드십시오, 우리는 값을 깍지는 않을 것입니다.

не сули журавля в небе, а дай синицу в руки. (속담) 손 안에든 참새는 하늘의 학보다 낫다. (허황된 큰 기대보다는 알찬 작은 것이 도움이 된다는 뜻).

(не) так ли? 그렇지 않습니까, 그렇지요? (긍정적인 대답을 기대하면서 묻는 말). Не так ли? говори. (Пушкин) 그렇지 않니? 말해봐.

не так страшен чёрт, как его малюют. (속담) 서울이 무섭다 해서 남태령부터 길까.

не так−то (разг.) 그렇게 …하지는 않다, 전혀 …하지 않다. Борис не так−то робок! (Пушкин) 보리스는 그렇게 겁쟁이는 아니다!

не твая печаль чужих детей качать. (속담) 남의 제사상에 감 놔라 대추 놔라 한다. (남의 일에 쓸데없는 참견을 하지 말라는 뜻).

не то 또는 **а не то** ① 그렇지 않으면 (반대의 경우에는). Смотрите ж, не болтайте, а не то поколочу. (Пушкин) 주의들 해라, 지껄이기만 하면 너희들은 없다 ② 그렇지 않으면 (혹은 달리 어떻게 할 수도 있다.). Вернуться из городу я могу пешком − а не то к обратному мужичку на телегу подсяду. (Тургенев) 거리에서 걸어서 돌아와도 좋고 − 그렇지 않으면 돌아오는 농민의 마차를 얻어 타겠습니다.

не то…, не то… 열거하는 것 중에서 어느 것이 사실인지 확언할 수 없을 때에 쓰임. Он… смотрел на Павку неотрывающимся взглядом − не то насмешливо, не то презрительно. (Н. Островский) 그는 …비웃는 듯도 하고 경멸하는 듯도 한 눈으로 그냥 빠브까를 바라보았다.

не то, что (бы) (разг.) ① 가능한 예측을 부정하거나 한 말을 시정할 때 쓰임. Не то, чтоб очень пьян, но весел бесконечно. (Курочкин) 그렇게 취하지는 않았는데 유쾌하기 짝이 없다. −Ужли с ума сошёл? −Не то, чтобы совсем… (Грибоедов) −참말로 미쳤나? −완전히 미친건 아닌데… ② 커녕. Петру не то, что отвечать, −читать эти письма было недосуг. (А. Н. Толстой) 뾰뜨르는 이 편지에 회답하기는 커녕 그것을 읽어 볼 겨를조차 없었다.

не только…, но и… 뿐만 아니라 …도. В процессе труда изменялас

ь не только природа, но и сам человек. 노동 과정에서 자연 뿐만 아니라 인간 자신도 변하였다.

не тут-то было (разг.) 그렇게는 안 되었다, 예상과는 달랐다.

не у дел (офиц. и разг.) 근무하지 않는다. Он не у дел. 그는 직장에 나가지 않는다.

не угодно ли с инф , кому. ① 정중하게 제의할 때 쓰임 Господа! не угодно ли закусить? (Салтыков-Щедрин) 여러분! 식사를 하는 것이 어떻습니까. ② 아이러니가 섞인 정중한 명령. Не угодно ли вам выйти вон. 여기서 나가는 게 좋지 않습니까. 3. 화가 날 때 하는 말. Опоздал на поезд, теперь, не угодно ли, целый час ждать. 기차를 놓쳤으니 제길 이젠 한 시간이나 기다려야 할 판일세.

не ударить лицом в грязь (разг.) 수치를 당하지 않다. Мы послали его, зная, что он не ударит лицом в грязь. 우리는 그가 수치를 당하지는 않으리라는 것을 알고 그를 파견하였다.

не успею (ешь…), не успел (а, о) оглянуться, как (разг.) 어느 사이에 벌써 (무엇이 눈에 띄지 않게 급속히 도래함을 말함). Не успел оглянуться, как зима прошла. 어느 사이에 벌써 겨울이 다 지나갔다.

не учи безделью, а учи рукоделью. (속담) 자식은 부지런히 키워야 한다.

не хвались началом, хвались концом. (속담) 끝이 좋으면 다 좋은 것이다.

не хватает пороха кому (разг.) 정력, 역량이 부족하다. На очень-то большое дело у ней вряд ли хватит пороха. (Боборыкин) 그 여자는 큰일은 도저히 못 해낼 것입니다. 명령형 + не хочу (простореч.) 마음껏, 기껏, 얼마든지. Теперь наша воля… Гуляй не хочу. (А. Островский) 이제는 우리들 마음대로네… 마음껏 노세. Яблок там – бери не хочу. 저기에

사과가 있으니 얼마든지 갖게.

не чета кому-чему (разг.) 어림도 없다, 비교도 안 되다, 전혀 다르다. Видала людей-то, не тебе чета. (А. Островский) 많은 사람을 보아 온 여잔데 자네는 어림도 없네.

не чудо с инф. (разг.) 이상할 것이 없다. 놀랄 것이 없다. Когда перенимать с умом, тогда не чудо и пользу от того сыскать: а без ума перенимать, и боже сохрани, как худо. (Крылов) 남을 모방해도 잘 생각해서 하면 좋은 결과를 가져오는 것도 이상할 것은 없지만 덮어 놓고 흉내 내는 날에는 큰 실수를 한다.

небо коптить (разг. пренебр.) 허송세월 하다. Живу я теперь - небо копчу, то есть почти ничего не делаю. (Герцен) 지금 나는 허송세월 합니다, 다시 말하면 거의 아무것도 하는 일이 없습니다.

некоторая толика ① 약간, 조금 ② 적지 않은, 상당한 (малая толика 와 같음).

неладно скроен, да крепка сшит. (속담) 외모는 그저 그래도 튼튼하게 생긴 사람을 보고 하는 말.

нелёгкая несёт (принесла, занесла, дёрнула…) (фам. неодобрит. укор.) 도깨비에게 홀렸다 (괜히 무엇을 한다는 뜻). А чорт его знает, где он! Сорвался чуть свет, носит его нелёгкая. (Н. Островский) -그 녀석이 어디 갔는지 누가 아니! 도깨비에게 홀렸는지 동이 트기가 무섭게 뛰어 나갔단다. Наконец, выздоровела, стала на ноги; да вдруг нелёгкая её дёрни сходить в баню. (Тургенев) 드디어 병이 나아서 일어서게 되었는데 갑자기 도깨비에게 홀렸는지 목욕하러 가지 않았겠소.

нельзя не сознаться 시인하지 않을 수 없다 (надо сознаться 와 같음).

нельзя носу высунуть (из дому) (разг. щутл.) 밖으로, 거리로, 사람들이 있는 곳으로 나갈 수 없다. Морозы стояли такие, что нельзя было носу высунуть. 어떻게 추위가 심했던지 밖으로 나갈 수가 없었다.

нельзя отказать в чём кому-чему 부인할 수 없다 (상당히 가지고 있다). Ему нельзя отказать в остроумии. 그에게 기지가 없다고 말할 수 없다. (상당한 기지를 가지고 있다).

нельзя приступиться к кому-чему приступу нет 와 같음.

неправду не проживёшь. (속담) 거짓말은 이틀이 못가서 탄로 난다.

не ровён час 또는 **не ровён час** (простореч.) 뜻밖의 일을 경계하는 말. Замечая кучки вооружённых, шедших по шоссе, обыватель закрывал окна и прятался. Не ровён час… (Н. Островский) 한길로 지나가는 무장한 무리들을 보자 주민들은 창문을 닫고 숨어 버렸다, 두려웠던 것이다… Всё, знаете, лучше расписку. Не ровён час… Всё может случится. (Гоголь) 역시 영수증을 주는 것이 좋겠습니다, 그렇지 않다간… 어떤 일이 있을는지 모르니까요.

несмотря ни на что 어떠한 일이 있더라도, 만난을 극복하고.

нет дыма без огня. (속담) 불 안 땐 굴뚝에 연기 날까.

нет ещё 아직 그렇지 않다. -Ты купил сапоги? - Нет ещё - 넌 장화를 샀니? -아직 안 샀어.

нет за душой у кого (разг.) 전혀 없다. Бедняга болен, и у него ни цента за душой. (Владимир Билль-Белоцерковский) 불쌍한 몸이 병에 걸렸는데 그의 주머니엔 돈 한 푼 없다.

нет на свете кого (книжн.) 죽었다. Его давно уж нет на свете. 그는 죽은 지 오래다.

нет, нет да и (разг.) 가끔 가다가. Нет, нет да и напишет письмо. 가끔 가다가 편지를 쓴다.

нет удержу кому 또는 **на кого** (разг.) 억제하지 못한다. И когда он запьёт – нет ему тут никакого удержу. (М. Горький) 그가 술을 마시기 시작하면 벌써 어떠한 힘으로도 그를 제지할 수 없다.

нет худа без добра. (속담) 어떠한 불행에도 좋은 점 한 가지는 있다 (어떠한 불행도 이러저러한 이익, 경험, 교훈을 주는 긍정적인 면이 있다는 뜻).

нечего говорить (разг.) 말할 것도 없다, 물론이다, 당연하다.

нечего делать (разг.) 하는 수 없지 (делать нечего와 같음).

нечего на зеркало пенять, коли рожа крива. (속담) 못 생긴 주제에 거울 나무란다, 소경이 개천 나무란다.

нечего сказать (разг.) 풍자적, 조소적 태도를 표시하는 삽입 어. Хорош, нечего сказать. 굉장히 좋은데 (풍자적인 의미에서).

нечего терять кому-чему (разг.) 더 잃을 것이 없다 (이 이상 더 나쁘게 될래야 될 것이 없으니 어떤 일이고 감행할 수 있다는 뜻). Ему уж нечего терять, так он на всё согласен. 그는 이제는 될 대로 되라는 판이므로 어떤 일이고 사양치 않는다.

нечем хвалиться, когда всё из рук валится. (속담) 일할 줄 모르는 주제에 무슨 자랑인가.

ни аза (не знать, не понимать, не смыслить) 전혀, 아무것도 (모른다).

ни бэ, ни мэ (не знать) (щутл. фам.) 전혀 모른다. Он ни бэ, ни мэ в математике. 그는 수학에 대해서는 전혀 모른다.

ни в грош не ставить кого-что 무시하다, 멸시하다.

ни в какую (простореч.) 절대로. Ни в какую не согласен. 절대 반대이다.

ни в мать, ни в отца, а в проезжего молодца. (속담) 지나가는 나그네를 닮았다 (아이가 부모를 닮지 않았을 때에 하는 말).

ни в одном глазе (глозу) (разг. фам.) 조금도 취하지 않았다 (хоть бы в одном глазе, глазу와 같음).

ни дать ни взять (разн. фам.) 꼭 같다. Охотник Владимир говорил, ни дать ни взять как провинциальный молодой актёр, занимающий роли первых любовников. (Тургенев) 사냥꾼 블라지미르의 말투는 첫 애인의 역을 하는 시골의 젊은 배우와 꼭 같았다.

ни два, ни полтора (разг.) 이것도 아니고 저것도 아니다, 죽도 아니고 밥도 아니다. Надо довести эту работу до конца, а то будет ни два, ни полтора. 이 일은 끝까지 해야 합니다, 그렇지 않으면 죽도 안 되고 밥도 안 될 것입니다.

ни души 또는 **ни одной души** 사람의 그림자도 없다. Мы объехали всю деревушку－нигде ни души. (П. П. Вершигора) 우리는 온 동네를 돌아보았는데 사람이라고는 그림자도 볼 수 없었다.

ни жив ни мёртв (разг.) 얼굴이 창백해지다 (무서워서, 놀라서). Марья Кириловна была ни жива ни мертва. (Пушкин) 마이야 낄리로브나는 얼굴이 창백해 졌다.

ни за какие блага (в мире) 어떤 일이 있더라도 결코. Лучинин знал только одно, что ни за какие блага в мире не обратится за советом, поддержкой или помощью к кому－нибудь из своих бывших друзей. (Д. Н. Мамин－Сибиряк) 루치닌은 단 한가지 밖에 몰랐다, 그것은 어떤 일이 있더라도 이전의 자기 벗들에게 충고나 지원이나 또는 원조를 요청하지 않겠다는 것이었다.

ни за что (разг.) ① 괜히, 공연히 (ни за что, ни про что 와 같음). Ни за что человека оборвёт. (А. Островский) 공연히 사람의 말을 꺾어 버립니다. ② 결코, 어떤 경우일지라도. Ни за что не поеду. 어떤 일이 있더라도 결코 안 가겠습니다.

ни за что, ни про что 또는 **ни за что, и про что** (разг.) 괜히, 공연히. Сгибнет ни за что, ни про что детина. (Некрасов) 공연히 청년은 죽고 말 것이다.

ни звука 아무 말도, 아무 대답도 없다. Зову его, а он ни звука. 그를 불렀는데 아무 대답도 없다.

ни зги не видно (видать) 어두워서 지척을 가릴 수가 없다. Нам надо было зайти в тыл к врагу, а погодка чортова; буран, мороз, ни зги не видать. (Анна Караваева) 우리는 적의 배후로 들어가야 하였는데 날씨가 고약하였다: 눈보라에 추위가 심하고 한 치를 내다 볼 수가 없었다.

ни к селу, ни к городу (разг.) 자다가 봉창 두드린다. Он сообщил мне названия и свойства разных трав и цветов, и вдруг, как говорится, — ни к селу ни к городу, воскликнул; а я, дурак, думал, что она кокетка! (Тургенев) 그는 여러 가지 화초의 이름과 성질을 나에게 이야기하여 주었는데 갑자기 자다가 봉창 두드리는 격으로 소리를 질렀다 : 내가 바보야 난 그 여자가 지조 없는 계집인 줄 알았어.

ни к чему (простореч.) 아무런 소용도 없다, 전혀 불필요하다. Мне эта вещь ни к чему. 나에게 이 물건은 아무 소용도 없다. Всё ей стало ни к чему, когда убили отца. (Вера Панова) 아버지가 살해당한 이후 어머니에게는 세상만사가 다 귀찮아졌다.

ни кожи, ни рожи (простореч. вульг.) 얼굴이 추한 사람을 이르는 말.

ни кола, ни двора у кого (разг.) 그는 빈 털털이다.

ни можи, ни краю колхозному урожаю. (속담) 꼴호즈의 수확고에는 한계가 없다, 높은 수확을 거둘 가능성은 무한하다는 뜻.

ни много ни мало 바로 (그보다 많지도 않고 적지도 않다). (ни)

на волос (нет) (разг.) 털끝만치도. Ни на волос любви! (Грибоедов) 사랑은 털끝만치도 없다! Всё про очки лишь мне налгали; а проку на волос нет в них. (Крылов) 안경에는 털끝만한 좋은 점도 없는 걸 가지고 나에게 거짓말만 하였다.

ни на йоту (разг.) 조금도, 추호도. Не уступать никому ни на йоту в споре. 논쟁에서 누구에게든지 조금도 양보하지 않다.

ни на шаг (не отходить, не отрускать…) 한 걸음도 (ни шагу와 같음).

ни－ни 또는 **ни－ни－ни** ① 결코 그렇지 않습니다, 절대로 그래서는 안 됩니다. ② 전혀 안 한다, 전혀 하려고 하지 않는다, 전혀 할 줄 모른다.

ни ногой к кому 또는 **куда** (разг.) 전혀 가지 않다. И с той поры к соседу ни ногой. (Крылов) 그 후부터는 이웃집에 다시는 가지 않았다.

ни ответа, ни привета 전혀 무소식이다. Я ему много раз писал, а от него ни ответа, ни привета. 나는 그에게 여러번 편지를 썼는데 그에게서는 아무런 소식도 없다.

ни отдыху, ни сроку не давать (разг.) 숨을 돌릴 겨를도 주지 않다, 그냥 재촉 하다.

ни под каким видом (разг.) 결코, 어떤 경우에도.

ни при чём 아무 관계도 없다, 아무 죄도 없다.

ни прохода, ни проезда (разг.) 지나 갈 수가 없다. (걸어서도, 타고서도). По этому мосту нет ни прохода, ни проезда. 이 다리는 건널 수 없다.

ни пяди (земли не отдать, не уступить…) 한 치의 (땅도 내주지 않다, 양보하지 않다…)

ни рыба, ни мясо (разг. пренебр.) 개성적인 것이 뚜렷하지 않은 사람에 대해서 하는 말. Ларисин избранник оказался так себе — ни рыба ни мясо, сразу не отгадать, что за человек.

(Вера Панова) 라리씬의 애인은 평범하고 남다른 뚜렷한데가 없어서 어떤 사람인지 곧 짐작이 가지 않았다.

ни с места! 정지! 움직이지 마라!

ни с того, ни с сего (разг.) 웬일인지, 괜히. Ни с того, ни с сего рассердился и ушёл. 괜히 화를 내고 가 버렸다.

ни сват, ни брат кому (простореч.) 남이다, 아무 관계도 없다. Он мне ни сват, ни брат и отвечать за него я не буду. 그 사람은 내 형도 아니고 사촌도 아닌데 그 사람 대신에 책임을 지지는 않겠습니다.

ни свет ни заря (разг.) 날이 밝기도 전에. Вышел из дому ни свет ни заря. 날이 밝기도 전에 집을 나섰다.

ни синь пороха (нет, не останется) (разг.) 아무것도. Ну, помру, и — ни синь порохо после меня не останется! (М. Горький) 죽을 거요, 그리고 내 뒤에는 아무것도 안 남을 거요!

ни складу, ни ладу в чём 엉망진창

ни слуху ни духу о ком-чём (разг.) 아무 소식도 없다.

ни сном, ни духом (не виноват) (разг.) 조금도, 털끝만치도 (죄가 없다). Я тому ни сном, ни духом не виновата. (Лесков) 나는 거기에 대해서 조금도 죄가 없습니다.

ни то, ни сё (разг. гренебр.) 확연치 않다. Ни то, ни сё — ни житель света, ни призрак мёртвых. (Пушкин) 이것도 아니고 저것도 아니다 -이 세상에 사는 사람도 아니요 저승에서 온 귀신도 아니다. Хорошо, что пришла настоящая зима. А больше месяца было ни то ни сё слякость, мокрый снег вперемежку с приморозками··· (С. Журахович) 본격적인 겨울이 닥쳐 온 것은 좋은 일이다. 그런데 한달 남짓한 동안은 겨울인지 무언지 알 수가 없었다. -진눈깨비, 물기 있는 눈과 뒤바뀌는 추위···

ни то ни сё, ни богу свечка, ни чорту кочсрга. (속담) 무용지물.

ни тпру, ни ну (простореч. шутл.) 전혀 말을 안 듣는다, 아무런 결과도 거둘 수 없다. Упёрся, как лошадь – ни тпру, ни ну. (А. Островский) 쇠고집 닭고집을 부리면서 전혀 말을 안 들었다.

ни туда, ни сюда (разг.) 어느 쪽으로도 움직이지 않는다. Завяз воз в грязи и ни туда, ни сюда. 짐을 실은 마차는 진창에 빠져서 움직이지 않는다.

ни шагу (не отходить, не отпускать…) 한 걸음도.

ни шатко, ни валко (ни на сторону) 크게 좋아지지도 나빠지지도 않고 (생활이나 사업에 대해서 하는 말). Отец крестьянствовал ни шатко, ни валко, жил – беспечно, как трава растёт. (А. Н. Толстой) 아버지는 별로 늘지도 않고 줄어들지도 않는 농사를 지었고 풀이 자라듯이 무사태평으로 세월을 보냈다.

ниже всякой критики 비판할 여지조차 없다. Он ведёт себя ниже всякой критики. 그의 행동은 비판할 여지조차 없다.

ниже достоинства чьего (книжн.) 누가 할 일이 못 된다, 누구의 낯을 깎는 행동이다. Сплетни я всегда считал ниже своего достоинства. 남을 비방하는 것은 나로서는 할 짓이 못 된다고 나는 항상 인정하였다.

никто на свою ногу топора не опустят. (속담) 제 발을 도끼로 찍는 놈은 없다 (고의로 자기를 해치는 사람은 없다는 뜻).

никто не ведает, как бедный обедает. (속담) 내 배 부르면 남의 배고픈 줄 모른다.

ничего не иметь (다음에 연설, 발언을 의미하는 완료 체 동사 부정법이 옴) (книжн.) 무엇을 위한 자료, 근거가 없다. Ничего не имею возразить. 나에게는 반대할 아무런 이유도 없다, 나는 반대 하지 않는다.

ничего не стоит кому с инф. 아무것도 아니다, 아주 쉬운 일이다.

Ему ичего не стоит обидеть человека. 그에게는 사람을 모욕하는 것쯤은 아무것도 아니다.

ничего подобного (разг. фам.) 단호한 거부, 부인을 표시 – Вы согласны с ним? – Ничего подобного, в этом вопросе он неправ. – 당신은 그 사람에게 동의합니까? – 천만에, 이 문제에 있어서는 그 사람이 잘못입니다.

ничего себе 괜찮게 (себе 가없을 때와 같음). Живёт ничего себе. 괜찮게 산다.

новая метла чисто метёт. (속담) 새로 들어 온 일꾼이 열성적으로 일할 때에 하는 말.

ног под собой не слышать (от радости, удовольствия…) (разг.) 기뻐 날뛰다.

ноги не будет чьей где (разг.) 다시는 안 가겠다, 어디도 못 간다 (위협으로서 하는 말). Не сам ли ты говорил, что твоей ноги у него в дому не будет, а теперь вдруг ехать туда. (Мельников–Печерский) 그 집으로 다시는 안 간다고 바로 자네 입으로 말하지 않았는가, 그런데 지금 갑자기 그리로 가다니.

ноги подломились (подламываются) (простореч.) 몹시 피로하다.

ноги унести (разг.) 도망치다. Счастлив ты, что унёс ноги. (Загоскин) 도망칠 수 있는 건 자네에게 다행일세.

нож острый кому (разг.) 사람을 몹시 불쾌하게 하는 것. Что ни слово – то нож острый. (Чехов) 말 한마디 한마디가 비수 같다.

нос воротить от кого–чего (вульг. простореч.) 쳐다보지도 않다, 침을 뱉다, 멸시하다. Никакой профессии и никаких знаний у него нет, тем не менее от чёрной работы он нос воротит. 그는 아무런 직업, 아무런 지식도 없는 주제에 잡일은 잡일이

라 해서 침 뱉고 돌아선다.

нос к носу (разг. фам.) 마주치다 (носом к носу와 같음).

носить на руках кого 애지중지 하다. Жену свою он очень любит, прямо на руках носит. 그는 자기 처를 얼마나 사랑하는지 두 손으로 안고 다닐 지경이다.

носом к носу (разг. фам.) 마주치다. (лицом к лицу와 같음). Повстречали вдруг медведя носом к носу. (Крылов) 갑자기 곰과 마주쳤다.

ныне гуляшки, завтра гуляшки — находишься без рубашки. (속담) 신선 놀음에 정신이 팔리면 빈털터리 밖에 될 것이 없다.

О

объясниться в любови кому

о двух головах (разг.) 대담한 (목숨을 아끼지 않고 무모한 행동을 하는 사람을 이르는 말).

обвертеть вокруг пальца (разг.) 마음대로 주무르다. (обернуть вокруг пальца와 같음).

обвести вокруг пальца кого (разг.) 감쪽같이 속이다. Он обвёл нас вокруг пальца. 그는 우리를 감쪽같이 속였다.

обеими руками (что-нибудь сделать) (разг.) 쌍수로, 쌍수를 들어. Обеими руками я подписался бы под этими словами. 나는 이 말에 전적으로 찬동하고 싶습니다.

обернуть вокруг пальца кого (разг.) 마음대로 주무르다.

обжёгшись на молоке, будешь дуть и на воду. (속담) 자라보고 놀란 놈이 솥뚜껑 보고 놀란다.

обжечь себе пальцы 또는 **руки в чём** (разг. фам.) 손을 데다, 대실패를 하다, 단호한 반격을 받다.

обивать пороги у кого (разг.) 문턱이 닳도록 자주 다니다 (무엇을 간청하기 위하여). **Я обивал пороги редакций, боролся нуждой.** (Чехов) 나는 생활난을 해결하려고 여러 편집부를 분주히 찾아 다녔다.

обломать рога кому (разг.) 기를 꺾다 (불손하고 오만한 행동을 못하게 하다). **Ничего, этому нахалу мы здесь быстро обломаем рога.** 괜찮습니다. 우리는 여기서 이 철면피한 자식에게 곧 버릇을 가르쳐 줄 것입니다.

облупить, как липку кого (простореч. фам.) **ободрать, как липку** 와 같음.

ободрать, как липку кого (простореч. фам.) 홀딱 벗겨 가다, 모조리 긁어 가다, 철저히 약탈하다.

оборотная сторона медали 이면, 부정적인 면.

общий язык с кем-чем 상호 이해. У нас с вами общий язык. 나와 당신은 서로 의사가 통한다.

объясниться в любови кому 사랑을 고백하다.

овчинка выделки не стоит. 애써서 할만한 일이 못된다, 돈을 드릴만한 것이 못된다. Прежде чем покупать эту вещь, подумайте, стоит ли овчинка выделки. 이 물건을 사기 전에 돈을 드릴만한 것인지 잘 생각해 보십시오.

огород городить (разг.) 번잡하기만 하고 아무런 성과도 없는 짓을 하다. Не стоит огород городить. 쓸데없는 짓을 해서 뭘 하나.

один в поле не воин. (속담) 독불장군은 없다.

один горюет, а артель воюет. (속담) 백지장도 맞들면 가볍다.

один, другой и обчёлся (разг.) 극히 적다. Кавалеров-то у нас один, другой – обчёлся, гулять-то не с кем. (А. Островский) 우리에게는 남자들이 적어서 같이 놀 사람이 없다.

один за другим 연이어, 연달아. Один за другим мчатся автомобили. 연달아 자동차가 달린다.

один махлюет, артель горюет. (속담) 한쪽 기둥이 기울면 집이 기울어진다.

один на один 직접 (제 3자, 중개자, 방조자 없이). Он… говорил со мной один на один серьёзно, а уже не как с ребёнком. (Л. Толстой) 그는… 나를 벌써 어린아이처럼 여기지 않고 나와 마주 앉아서 진지하게 이야기 하였다. Выходи один на один! 1대1로 싸우자! (도전할 때 하는 말).

один-одинёшенек, одна-одинёшенька (разг. фам.), **один-одинёхонек, одна-одинёхонька** (обл.) 외롭다. Нас много, мы играем, нам весело, а он один-одинёшенек, и никто его не приласкает. (Л. Толстой) 우리는 여럿이고, 우리는 장난하고, 우리는 즐겁다, 그러나 그는 외롭고 아무도 그를 귀여워해 주는 사람이 없다.

один с сошкой, а семеро с ложкой. (속담) 밭 가는 놈 하나에 숟가락 드는 놈이 일곱이라. (흥부 식구)

одним выстрелом двух зайцев убить. (속담) 일석이조, 일거양득.

одним махом, одним духом 단숨에, 대번에 (единым махом, единым духом 와 같음).

одним росчерком пера (сделать, уничтожить что-нибудь) 아무런 주저도 없이 어떤 명령, 지시에 서명함으로써 간단히… Директор одним росчерком пера покончил со всеми нашими спорами. 지배인은 서명하나로써 우리들의 모든 논쟁을 간단히 해결해 버렸다.

одно время (разг.) 얼마 동안. Одно время мы были с ним друзьями. 얼마 동안 우리는 친구로 있었다.

одно дело…, другое дело… 이것과 저것은 전혀 딴판이다, 문제가 다르다.

одно к одному (разг.) 함께. Поехали в город за книгами, одно к одному, купите и тетради для ребят. 시내로 책을 사러 가면 아이들의 노트도 함께 사오십시오.

одного поля ягода (разг. фам.) 같은 들의 딸기, 한통속. (нашего поля ягода를 보라).

одного порядка 같은 성질의. Все эти дела – одного порядка. 이 일은 모두 같은 성질의 것이다.

одному аллаху известно (шутл.) 누가 안담, 귀신이나 알 노릇이다.

одну минуту! (разг.) 조금만 기다려 주십시오.

оказаться в выигрыше 도박에서 이기다, 이득을 보다 (быть в выи

грыше와 같음).

оказаться на высоте чего 또는 **на высоте положения** …의 수준에 있다, 능히 감당할 수 있다. (быть на высоте чего 와 같음).

окинуть взглидом 또는 **взором** 또는 **глазами кого-что** (книжн.) 둘러 보다. Оставаясь у ворот, он окинул взглядом двар. (М. Горький) 대문 옆에 서서 그는 마당을 둘러보았다.

око видит, да зуб неймёт. (속담) 보고도 못 먹는 떡.

око за око, зуб за зуб. (속담) 눈에는 눈, 이에는 이.

опускаются (опустились) руки у кого (разг.) 일할 생각이 안난다 (기운이 없어서, 성과를 기대할 수가 없어서, 설은 일이 있어서…). Все в слезах: и утешать-то надо, и распорядитс я ;там у всех руки опустились, - я один. (Гончаров) 모두 다 울고 있지요, 위로도 해주고 지시도 해야겠습니다, 누구나 일이 손에 잡히질 않는데 - 그렇지 않은 건 나 혼잡니다.

особь статья (разг.) 특별한 것, 전혀 다른 것, 나머지 것과 혼동해서 안 될 것. Дело о лесе, сказал секретарь на ушко покупате лю, особь статья. (Даль) 목재에 대한건 특별합니다 - 비서는 손님의 귀에 대고 말했다.

ставляет желать многого 또는 **лучшего** 개선할 여지가 많다, 부족함이 많다. Проект оставляет желать лучшего. 설계도는 개선할 여지가 많다.

осталось одно воспоминание (разг.) 흔적조차 남지 않았다. От его былого здоровья осталось одно воспоминание. 그 건강하던 몸이 지금은 형편없이 되었다, 그 건강하던 몸은 하나의 추억으로 되고 말았다.

остаться в долгу перед кем-чем ① 신세를 지다. Выручай благод етель. В долгу не останемся. Когда вам придётся туго, пом ожем. 사람을 잘 도와주는 당신이 아니오, 나를 살려 주시오.

신세만 지고는 있지 않을 것입니다. 당신이 곤란하게 되면 도와 드리지요. ② 가만있다, 반박하지 않다, 복수하지 않다. Ему нельзя делать замечаний, он в долгу не останется. 그 사람에게 말을 (비난을) 마시오. 가만히 있지 않을 테니깐.

остаться за кем ① 누구의 것으로 되다. Гервенство осталось за ним. 선수권은 그에게로 돌아갔다. ② 빚이 있다. За ним оста лось пять рублей. 그에게는 5루블의 빚이 남아있다.

остаться на бобах (разг.) 허탕 치다, 아무런 소득이 없다. Наши планы провалились, и мы остались на бобах. 우리들은 계획이 파탄되어 허탕을 치고 말았다.

острый меч не игрушка. (속담) 날이 선 검으로 장난하지 말라 (함부로 건드려서는 안 될 물건이 있다는 뜻).

от большого ума (разг. ирон.) 어리석어서. А он от большого ума возьми да и ляпни. 그는 어리석게도 뚱딴지같은 소리를 했다.

от века, от века веков (книжн.) 옛적부터, 태고로부터. От века поёт море свою собственную песню. (Короленко) 태고로부터 바다는 자기 노래를 부른다.

от волка бежал, да на медведя напал. (속담) 늑대를 피하니 곰이 나온다, (자그마한 재난을 피하니 더 큰 재난이 닥쳐온다는 뜻).

от времени до времени 때때로, 간혹, 가끔 (время от времени와 같음).

от головы до пят 또는 **от головы до пяток** (разг.) 모든 점에서, 전적으로 (с головы до пят 와 같음).

от доски до доски (прочесть) (разг.) 처음부터 끝까지 독파하다. Прочесть газету от доски до доски. 신문을 처음에서 끝까지 읽다.

от (всей) души (разг.) 충심으로. От души желаю вам успеха.

당신들의 성과를 바라마지 않는다.

от зари до зари 밤새도록 (해가 질 때부터 다시 올라 올 때까지).
Они гуляли от зари до зари. 그들은 밤새도록 놀았다.

от злого языка не убережёшься. (속담) 말이 많은 세상에 남의 비방을 전혀 안 듣고 지내기는 어렵다는 뜻.

от имени кого (офиц.) 누구의 이름으로, 누구의 위임에 의하여. Позвольте мне от имени Совнаркома приветствовать ваше совещание. 나는 대 위원 회의를 대표하여 당신들의 회의에 축하를 드립니다.

от искры сыр-бор загорается. (속담) 자그마한 불꽃에 온 숲이 탄다 (사소한 것 때문에 큰 일이 벌어진다는 뜻).

от корки до корки (прочесть) (простореч.) 처음부터 마지막까지 (от доски до доски 와 같음).

от лица кого (книжн.) 누구를 대표하여.

от мала до велика (разг.) 아이들로부터 노인에 이르기까지. От мала до велика – все жители собрались на площади. 아이들로부터 노인에 이르기까지 모든 주민들이 광장에 모이였다.

от нечего делать (разг.) 할 일이 없어서. От нечего делать, Юрий стал рассматривать развешенные по стенам портреты. (М. Н. Загоскин) 할 일이 없는 유리는 벽에 걸린 초상화들을 바라보기 시작하였다.

от полноты души 또는 **от полноты сердца** 또는 **от полноты чувств** 감개 무량하여. Мы оба молчали от полноты сердца. (Пушкин) 우리 두 사람은 너무나 감개무량하여 잠자코 있었다.

от природы 태어났을 때부터, 천성이. Слепой от природы. 태어났을 때부터 눈이 먼 사람. Он от природы не глуп. 그는 본래 어리석은 사람이 아니다.

от радости кудри вьются, от печали – секутся. (속담) 마음이 편하면 머리털이 윤나고 마음이 불편하면 머리가 센다.

от роду отроду (разг.) 생후. Мне ещё и от роду нет году. (Крылов) 나는 아직 제 돌 이 못 되었다.

от рук отбиться (разг.) 말을 안 듣게 되다. Дети совсем от рук отбились. 아이들은 전혀 말을 안 듣게 되었다.

от руки 손으로 (기계로 하지 않고). Написать что-нибудь от руки. 손으로 쓰다.

от силы (простореч.) 기껏해야. Ему от силы 20 лет. 그는 기껏해야 20살 밖에 안 된다. Здесь от силы два кило. 여기는 기껏해야 2키로밖에 안된다.

от умного научишься, от глупого разучишься. (속담) 타산지석 (남의 선악을 보고 자기를 바로잡는다는 뜻).

отбою нет от кого-чего (разг.) 대단히 많다. Покупщиков отбою нет ; у лавки доходит иногда до давки. (Крылов) 손님이 많아서 가게는 때때로 혼란을 일으킬 정도이다. От свах и сватов отбою нет. (А. Островский) 중매 서는 사람들이 쉴 새 없이 드나든다.

отвести глаза кому (разг.) 누구의 주의를 다른 곳으로 돌리다, 속이다. Ему удалось отвести глаза судьям и остаться не наказанным. 그는 재판관을 속여서 처벌을 면할 수 있었다.

отвести душу (разг.) 가슴에 쌓이고 쌓인 것, 오랫동안 말 안하고 있던 것을 다 이야기하다. Пусть расскажет, дайте ему душу отвести. 이야기하게 합시다, 속 시원하게 품었던 것을 다 털어 놓게 합시다.

отдать должное кому-чему 응당한 평가를 하다.

отдать последний долг кому (книжн.) 조문하다, 장례식에 참가하다.

отдать себе отчёт в чём 이해하다. Человек должен чувствовать уважение к самому себе, должен отдавать себе отчёт во всех своих поступках. (Тургенев) 인간은 자신에 대한 존경

을 느껴야 하며 자기의 일체 행동을 똑똑히 알고 있어야 한다.

отдать справедливость кому-чему (книжн.) 공정하게 누구의 무엇을 인정하다. Хоть и дрянной человечишко но гостеприимен, надо отдать спроведливость. (Чехов) 비록 쓸모없는 인간이기는 하지만 손님은 몹시 환대 합니다, 좋은 점은 좋다고 말해야지요.

отказать себе в чём 포기하다. Я не мог отказать себе в удовольствии ещё раз повидать вас. 나는 당신과 다시 한번 만나게 될 그 기쁨을 포기할 수는 없었습니다.

отказаться служить (разг.) 못 쓰게 되다. Часы отказались служить. 시계는 못 쓰게 되었다.

откладывать в долгий ящик (разг.) 오랫동안 미루다. [Чичикову] хотелось поскорее кончить всё, не откладывая в долгий ящик. (Гоголь) [치치꼬보]는 오랫동안 미루지 말고 될 수록 빨리 모든 것을 끝내고 싶었다.

открыть Америку (разг. ирон.) 이미 오래 전에 알려진 것을 새로운 것이라고 주장하는 사람에 대한 야유.

открыть, открывать глаза кому на что 깨우쳐 주다.

откуда ни возьмись (разг.) 난데없이 (무엇이 갑자기 나타났을 때에 하는 말). Откуда ни возьмись, навстречу моська им. (Крылов) 난데없이 작은 개가 그들 앞에 나타났다.

откуда сыр-бор загорелся (разг.) 어찌 된 일이오, 왜 이 야단이오 (어떻게 되어서 일어난 일인가).

отнимаются руки у кого (разг.) 일할 생각이 안 난다. (опускаются руки у кого 와 같음).

отойти в вечность (книжн.) 죽어 버리다, 영원히 사라지다. Отошли в вечность купеческие типы Островского. 오쓰또롭쓰끼가 그린 상인 타입 들은 영원히 자취를 감추었다.

отольются кошке мышкины слёзки. (속담) 고양이도 쥐 눈물 흘릴 날이 있다 (약한 사람을 모욕하는 자는 이에 대한 벌을 받을 날이 있으리라는 말).

отправиться на боковую (разг.) 자리에 눕다. Пообедал да и на боковую. 점심을 먹고 자리에 누웠다.

отпустить душу на покаяние (разг. шутл.) 성가시게 굴지 않다. Все ваши рассказы всё равно не переслушаешь, отпустите мою душу на покаяние. 아무래도 당신의 이야기를 다 들을 수는 없습니다, 나를 편안케 해주십시오.

оттого что 때문에. Не ели, оттого что не хотели. 생각이 없어서 먹지들 않았다.

охи да вздохи (разг. ирон.) 그냥 하는 죽는 소리, 앓는 소리.

охота тебе! (вам, мне, ему… что-нибудь делать) (разг.) 무엇이 좋아서, 무엇 때문에. Охота тебе по дождю ходить! 자네는 무엇이 좋아서 비 오는데 싸다니는가!

очертя голову (разг.) 앞뒤를 생각지 않고, 무모하게. Он знал, что он бросается очертя голову в омут, куда и заглядывать не следовало. (Тургенев) 그는 들여다보지도 말아야 할 깊은 소용돌이에 그가 정신없이 뛰어 들어 간다는 것을 알았다.

очная ставка (офиц.) 대질심문 (사법 기관에서 두 사람 또는 몇 사람을 동시에 심문함으로써 그들의 진술간의 모순을 밝히고 진상을 구명하는 것).

П

передние колёса лошадь везёт,

а задние сами катятся.

палец о палец не ударить (разг.) 손가락 하나 까딱 안 하다, 아무것도 안 하다.

палка о двух концах ① 한편으로는 이익이 되고 한편으로는 손해가 되는 것. Наркотические средства против бессонницы – палка о двух концах. 수면제는 좋은 점도 있고 나쁜 점도 있다. ② 양쪽에 타격을 주는 것.

пальца в рот не клади кому (разг.) 누구에게 주의하시오, 경계하시오 (기회만 있으면 남의 약점을 이용하려고 하는 사람에 대하여 하는 말). Все они там опытные – в рот пальца не клади. 거기 있는 사람들은 모두 노련하다. – 조심해야 합니다.

пальцем тронуть кого (разг.) 다치다, 사소한 해를 끼치다. Никого из вас не тронет он ни пальцем. (А. К. Толстой) 그 사람은 당신들 중에서 어느 누구도 해를 끼치지 않을 것입니다.

пальчики оближешь (разг.) 맛이 좋다, 매력이 있다.

пар костей не ломит. (속담) 아무리 더운들 뼈까지 익을까 (더울 때에 웃으며 하는 말).

пара пустяков! (простореч. фам.) 식은 죽 먹기, 호박에 침주기. Вещи внести – это пара пустяков. 물건을 가지고 오는 것쯤이야 식은 죽 먹기지.

пасть духом (книжн.) 낙담하다. Не падай духом, Алексей. Будь мужественным, дорогой мой. (Ажаев) 낙심하지 말게, 알렉세이. 용감해야지, 사랑하는 친구.

пасть жертвой чего (книжн.) 무엇 때문에 몸을 희생하다. Человек этот пал жертвой своей неосторожности. 이 사람은 너무 부주의해서 목숨을 잃었다.

пахать, так не дремать. (속담) 밭을 갈 때는 졸지 말라 (일을 할 때는 열성적으로 해야 한다는 뜻).

паче чаяния (книжн. устар.) 뜻밖에. Если, паче чаяния, наскачет курьерили фельдъегерь и не найдёт лошадей, то что тогда будет? (Пушкин) 뜻밖에도 파발꾼이나 통신원이 달려 왔을 때에 말이 없으면 어떤 변을 당할는지 모른다.

пачкать (запачкать) **репутацию чью-нибудь** 또는 **доброе имя чьё-нибудь** 명예를 손상시키다.

первая скрипка (разг.) 영도적 인물. Он у нас в учреждении первая скрипка. 그는 우리 기관에서 영도적 인물이다.

перво-на-перво (простореч.) 우선, 먼저. И перво-на перво ты должен, говорю, составить акт. (Чехов) 그리고 우선 자네는 문서를 만들어야 하네.

первое время (разг.) 처음에는. Первое время будет трудно, потом привыкнете. 처음에는 힘들지만 후에는 아무렇지도 않을 것입니다.

первое дело (простореч.) ① 우선 (первым делом 와 같음). ② 제일이다, 제일 좋다. На войне табак – первое дело, знаю! (Михаил Бубеннов) 전쟁에서는 담배가 제일이지요, 나도 압니다!

первой руки (разг. устар.) 제 1급의. Слесарь первой руки. 최우수 철공. Мука первой руки. 일등품 밀가루

первый блин комом. 첫 번째 시도가 실패하였을 때에 하는 말. Жаль, если первый блин его будет комом. (Пушкин) 그

사람의 첫 번째 일이 실패로 돌아간다면 유감스러운 일입니다.

первый встречный (разг.) 첫 번 마주친 사람, 우연한 사람, 모르는 사람. На пристани я спросил первого встречного : как отсюда ездят в Глазов? (М. Павлов) 선창에서 나는 첫 번째 마주친 사람에게 글라조브로 가려면 어떻게 하느냐고 물었다.

первый попавшийся 먼저 마주친 사람, 우연히 만난사람, 모르는 사람 (первый встречный 와 같음).

первый шаг (сделать) 먼저 나서다, 먼저 제창하다. Я первого шага не сделаю. (Л. Толстой) 내가 먼저 나서지는 않겠습니다.

первым делом (разг.) 제일 먼저, 우선. И как случится ремесло менять, первым делом о том заботился, чтоб было у кого поучиться. (Павел Бажов) 직업을 바꾸게 될 경우에는 우선 누구에게서 배울 것인가를 생각하였다.

перебежать дорогу кому (разг.) 남이 하려고 작정하고 있는 일을 가로채다 (перебить дорогу кому 와 같음).

перебиваться с хлеба на квас (разг. фам.) 간신히 입에 풀칠하다.

перебить дорогу кому (разг.) 남이 사려고 하는 물건을 가로채다. Перебиванья друг у друга дороги. (Гончаров) 서로 남이 하려는 것을 가로채는 짓들.

перед лицом кого-чего (книжн.) 앞에, 앞에서. В этот день впервые он предстал перед лицом суда. 이날 처음으로 그는 법정에 나섰다. Перед лицом неопровержимых фактов. 반박할 수 없는 사실 앞에서.

передние колёса лошадь везёт, а задние сами катятся. (속담) 시작이 절반 (앞바퀴만 움직이면 뒷바퀴는 절로 따라 간다, 일은 시작이 힘들다는뜻).

переливать из пустого в порожнее (разг.) 쓸데없는 짓을 하다,

빈 말을 늘어놓다. Оратор всё время переливал из пустого в порожнее. 연설자는 그냥 빈 말을 늘어놓았다.

перемелется – мука будет. (속담) 옥도 갈지 않으면 빛이 없다.

пересев хуже недосева. (속담) 지나치게 심으면 덜 심는 것보다 못하다 (지나치면 오히려 부정적인 결과를 초래할 때에 하는 말).

перестать кланяться с кем 교제를 그만 두다 (не кланяться с кем 과 같음).

песенка 또는 **песня спета чья** 득세하던 때, 생활, 행복은 끝났다, 끝나 가고 있다. О муза! наша песня спета. Приди, закрой глаза поэта на вечный сон небытия. (Некрасов) 오, 무자여! 우리의 시절은 끝났나니 오라 무의 세계의 영원한 꿈을 위해 시인의 눈을 감기라.

пеший конному не товарищ. (속담) 걷는 자는 말 탄 자의 친구가 될 수 없다. (사회적 지위, 재산 정도, 문화 수준이 다른 사람들 간에는 평등한 관계가 성립될 수 없다는 속담).

пива не сваришь с кем 손발이 맞지 않는다, 의가 맞지 않는다, 함께 일하기 곤란하다.

пир горой (разг.) 큰 잔치. Гремит на Волге музыка, Поют и пляшут девицы, – Ну, словом, пир горой! (Некрасов) 볼가 강에는 음악 소리가 울리고 처녀들이 춤추며 노래한다 – 큰 잔치가 벌어진 것이다.

писать бисером 잘고 고른 글씨로 쓰다.

пить до дна – не видать добра. (속담) 바닥까지 마신 술에 좋은 일이 없다.

пиши пропало (разг.) 일을 다 망치다. Учись и чарки не знай, а хлебнёшь раз с горя…, пиши пропало, всё к бесу пойдёт (Достоевский) 공부 잘 하고 술잔을 입에 대지 마라, 한번 홧김에 마시기 시작하면… 십년 공부 아미타불이고 모든 것

을 망치고 말테니까.

плакали денежки чьи (разг. фам.) 날아가 버린 돈이다 (잘못 지출해서 없어진 돈, 빚을 주어 찾지 못하게 된 돈을 말함). Плакали, сударь, ваши денежки, плакали! (А. Печерский) 그 돈은 날아갔습니다, 선생님 돈은 도루 찾기는 아예 틀렸습니다.

плакаться в жилетку кому (разг. шутл. пренебр.) 하소연하다.

платить (отплатить) **той же монетой** (разг.) 동일한 행동으로 복수하다.

плевать в потолок (разгю фам.) 아무것도 안 하다. Он лежит себе, да в потолок плюёт. 그는 마냥 누워서 아무것도 안 한다.

плевать хотел кто на кого-что (вульг.) 아무것도 아니다 (무시, 경멸을 표시). Плевать я хотел на его утрозы! 그 따위 자식의 위협은 아무것도 아니다.

плетью обуха не перешибёшь. (속담) 계란으로 바위치기, 당랑거철.

плечами пожимать (пожать) 어깨를 으쓱하다 (의혹을 표시하는 동작).

плечом к плечу 나란히, 어깨를 걸고.

плоть от плоти, кровь от крови чьей (книжн. ритор.) 혈육 관계에 있다.

плохо лежит (разг.) 훔치기 쉽게 놓여 있다.

плохо-плохо (простореч.) 적어도. Он плохо-плохо тысячу рублей в месяц зарабатывает. 그는 한 달에 적어도 천 루블은 번다.

плохому танцору и сапоги мешают. (속담) 장님 개천 나무란다, 잘 되면 제 탓 못 되면 조상 탓 (자기의 무능력, 자기의 결함은 덮어 두고 책임을 다른 사람이나 주변 상황에 전가하는 사람을 이르는 말).

плыть в руки (разг. шутл. ирон.) 공짜로 생기다, 손쉽게 얻다.

Ты человек умный, и не любишь пропускать того, что плывёт в руки. (Гоголь) 자네는 영리해서 공짜라면 하나도 놓치려고 하지 않네.

плыть (находиться, быть…) в фарватере кого-чего **또는 чьей политики** (книжн.) 누구에게, 누구의 정책에 추종하다.

плыть по течению (книжн.) 시류 세속에 따라가다 (독자적인 길을 선택하지 못하고 수동적으로 시류에 따라 가다). Разницы путём не зная меж добром и злом, я по теченью плыл сначала. (Некрасов) 선과 악의 차이를 똑똑히 모르고 처음에 나는 시류에 따라 갔다.

плюнуть некуда (разг. шутл. фам.) 침 뱉을 곳이 없다 (아주 깨끗하다는 뜻).

плясать под дудку чью (разг.) 누구의 장단에 춤을 추다 (하라는 대로 하다).

по адресу кого 누구에 대하여.

по блату (простореч. неодобр.) 불법적 방법으로, 안면관계를 이용해서. Не сумев получить больничный листок на законном основании, Грузинов решил добыть его по блату. (Сем. Нарикньяни) 정당한 방법으로 진단서를 얻지 못한 그루지노브는 불법적인 수단으로 그것을 얻으려고 작정하였다.

по боку (разг.) 가라, 꺼져. По боку тех, кто мешает нашей работе! 우리 일을 방해하는 자들은 꺼져라!

по большей части 대부분, 주로 (большею частью 와 같음).

по-вашему 당신의 의견, 의사에 의하면. Как по-вашему? 당신 생각에는 어떻습니까?

по возможности 가능한 대로, 가능한 정도로.

по временам 때때로, 간혹, 가끔 (время от времени 와 같음).

по всей вероятности 아마, 모든 점으로 미루어 보아, 틀림없이.

по всем правилам искусства (разг.) 모든 규칙을 준수해서. Работ

у свою он выполнил по всем правилам искусства. 그는 자기 일을 빈틈없이 수행하였다.

по всем статьям (разг.) 모든 점에서. Он по всем статьям никуда не годится. 그는 어느 모로 보나 쓸데가 없다.

по всему (разг.) 모든 점에서. По всему видно, что он прав. 그가 정당하다는 것은 어느 점에서나 명백하다.

по горло ① 물깊이가 목에까지 온다. Здесь в речке по горло, а там по колена. 여기에서는 강물이 목에까지 오고 저기에서는 무릎까지 온다. ② 대단히 많다. (разг.) Хлопот по горло. 눈코 뜰 사이 없다. Сыт по горло. 배가 터질 지경이다.

по горячим следам (охот.) ① 새로 난 발자국을 따라. Охотники преследовали тигра по горячим следам. 사냥꾼들은 새 로 난 발자국을 따라 범의 뒤를 쫓았다. ② 지체 없이, 곧, 때를 놓치지 않고 (어떤 사건, 범죄 행위를 조사할 때). Они разыс кивали преступника по горячим следам. 그들은 곧 범죄자를 수색하였다.

по добру, по здорову (разг.) 훌륭히, 무사히. −Здравствуй Екимо вна, каково поживаешь?… По добру, по здорову… (Пушки н) − 안녕하시오, 예끼모브나 …사는 재미가 어떻소?… − 무사히 지냅니다. ② 제때에 (어떤 불쾌한 일이 일어나기 전에). Уоирайтесь по добру, по здорову. 어서 물러가시오.

по долгу чего (книжн.) 어떤 의무로 해서. По долгу службы. 직무상 관계로.

по дороге ① 도중에. По дороге к процессии присоединялись нов ые группы демонстрантов. 도중에 시위자들의 새 그룹들이 행진하는 대열에 참가하였다. ② с кем−чем 같은 길로, 같은 방향으로. Нам с ним было не по дороге 우리가 갈 길은 그와는 달랐다. 3. с кем−чем 이해관계, 견해, 목적, 활동 방향이 같다. Нам с меньшевиками не по дороге. 우리는 멘

쉐비크들과 함께 갈 수 없다. 우리와 멘쉐비크들은 갈 길이 다르다.

по душам с кем (говорить, беседовать…) (разг.) 다정하게, 털어 놓고. Хотелось в последний раз побеседовать с ним по душам. (А. С. Новиков-Прибой) 마지막으로 한 번 더 그 사람과 털어 놓고 이야기해 보고 싶었다.

по душе (разг.) ① кому-чему 마음에 든다. Этот человек мне по душе. 이 사람은 내 마음에 든다. ② 진심으로, 솔직하게. Скажи мне по душе, не ты ли заварил эту кашу? 솔직하게 나에게 말해 주게, 이 일을 저질러 놓은 것은 자네가 아닌가?

по заслугам ① 공로에 의해서, 공로에 따라. Работника наградили по заслугам. 공로에 의해서 일꾼을 표창하였다. ② 죄과에 알맞게. (разг. ирон.) Воришку наказали по заслугам. 도적에게 응당한 처벌을 주었다.

по инерции (разг.) 타성으로, 그저 습관에 의해서. По инерции он продолжал свою работу, которая потеряла для него смысл. 그는 과거의 타성으로 자기 사업을 계속 하였으나 이 사업은 벌써 그에게 있어서 아무런 의의도 없는 것이었다.

по крайней мере 적어도.

по линии наименьшего сопротивления 최저 저항선을 따라 (가장 장애가 적은 방향으로).

по маленькой (разг.) 조금씩. Играть по маленькой. 돈을 조금씩 걸고 트럼프를 하다. Выпить по маленькой. 술을 조금씩 마시다.

по мере чего …에 따라. По мере возможности. 가능한 대로, 가능한 정도로. По мере сил. 힘자라는 대로.

по милости кого (разг. ирон.) 누구 때문에, 누구의 덕택으로 (비꼬는 말). Много я претерпел по милости этого смиренника. (Чехов) 이 온순한 사람의 덕분으로 나는 많은 고통을 겪었

다.

по молодости лет (разг.) 나이가 젊은 탓으로, 미숙해서. Совершил ошибку по молодости лет. 젊은 탓으로 과오를 범하였다.

по-настоящему (разг.) 본격적으로, 진지한 태도로. Взяться за работу по-настоящему. 본격적으로 일에 착수하다.

по-нашему (разг.) 우리들의 희망, 견해, 관습에 의하면. По-нашему, так не поступают. 우리라면 그렇게 하지 않는다.

по нутру кому (разг.) 좋아하다, 마음에 들다. По нутру ему здоровым воздухом дышать. (А. К. Толстой) 그는 신선한 공기를 마시기를 좋아한다.

по одиночке (또는 поодиночке) (разг.) 따로 따로, 한 사람씩. Вызвать всех по одиночке. 모든 사람들을 한 사람씩 불러내다.

по отношению к кому-чему 누구, 무엇에 대하여. Я был по отношению к вам немножко нелюбезен. (Чехов) 나는 당신에게 좀 불친절하였습니다.

по памяти (рассказывать, говорить, привести…) 기억에 의해서, 암기하여 가지고 (на память와 같음).

по первому абцугу (устар.) 처음부터, 시초부터. (с первого абцуга 와 같음).

по платью встречают, по уму провожают. (속담) 의복보고 만나고 학식보고 보낸다, 사람은 겉보기와는 다른 법이다.

по плечу 감당할 수 있다 (큰 힘을 가진 사람만이 감당할 수 있는 어려운 일에 대해서 하는 말). По плечу молодцу всё тяжёлое. (И. Никитин) 몸이 튼튼한 젊은 사람은 모든 어려운 것을 감당할 수 있다.

по поводу чего …에 관하여. Они выразнли сожаление по поводу моего поведения. 그들은 나의 행동에 대해서 유감의 뜻을 표하였다.

по правде говоря 또는 **по правде сказать** 바른 대로 말하면 (삽입어) Моей судьбой, сказать по правде, очень никто не озабочен. (Лермонтов) 바른 대로 말하면 나의 운명에 대해서 아무도 크게 우려하는 사람이 없다.

по природе 천성이. По природе он добрый человек. 그는 원래가 호인이다.

по простоте сердечной (разг.) 순진하게도. По простоте сердечной я думал, что он правду говорит. 순진하게도 나는 그가 진실을 이야기 한다고 생각하였다.

по пунктам (разг.) 차례차례. Рассказывайте по пунктам, не спеша, чтобы всё ясно было. 덤비지 말고 똑똑히 알 수 있도록 차례차례 이야기 하시오.

по пути (по дороге 와 같음) ① 도중에. ② с кем-чем 같은 길로, 같은 방향으로. 3. с кем-чем 이해관계, 견해, 목적, 활동방향이 같다.

по пьяной лавочке (вульг.) 술에 취해서. Поссорились по пьяной лавочке. 술에 취해서 싸움을 하였다.

по пятам (ходить) за кем-чем 뒤를 바싹 따르다. За счастьем, кажется, ты по пятам несёшься… (Крылов) 보아하니 자네는 행복의 꽁무니를 따라 다니는 모양인데…

по росе ① 이슬이 있을 때에, 아직 이슬이 사라지지 않았을 때에. Хорошо косить по росе. 이슬이 있을 때에 풀베기는 좋다. ② 이슬이 있는 풀밭으로. Не ходи босиком по росе. 맨발로 이슬이 있는 풀밭을 다니지 말라.

по рукам бить (ударять, ударить) 협약을 맺다, 합의되다. У нас дело-то сделано, по рукам у нас ударено. (А. Островский) 우리 일은 잘 되었다. 우리는 합의를 보았다. Ну, по рукам, что ли? 그래 동의하는가?

по рукам ходить (пойти, разойтись…) 여러 사람이 돌려 보다.

Книга пошла по рукам. 여러 사람이 책을 돌려 보았다.

по руке 적당한, 손에 알맞은. Выбрать себе топор по руке. 적당한 도끼를 골라잡다.

по себе ① 자기 힘, 자기 취미에 맞게. Выбрал работу не по себе. 자기에게 맞지 않는 일을 선택하였다. ② 죽은 후에. Оставить по себе добрую помять. 사후에 훌륭한 추억을 남기다.

по Сеньке — шапка, по Ерёмке — колпак. (속담) 잘 되고 못 되는 것은 제 탓이라는 뜻.

по силам 또는 **по силе** 힘에 맞다. Это мне не по силам. 이것은 나에게는 힘에 겨운 일이다.

по силе возможности (простореч.) 가능한 대로 (по мере возможности와 같음).

по словам чьим (삽입 어) ① 누구의 말에 의하면. По словам старожилов, на воднения в городе бывали не часто. 노인들의 말에 의하면 시내의 홍수는 자주 있지는 않았다고 한다. ② 누구의 표현을 빈다면. По словам Тургенева, любовь сильнее смерти. 뚜르게녜브의 표현을 빈다면 사랑은 죽음보다 더 강하다.

по случаю ① чего 어떤 원인으로 해서 (разг.) Не поехали по случаю дождя. 비가 와서 떠나지 않았다. ② без доп. 우연히 (일반적인 절차에 의해서나 상점에서가 아니라 우연히 물건을 매매하는 경우를 말함) (разг.) Купил недорого шкаф по случаю. 우연히 헐값으로 장롱을 샀다.

по старине 옛 풍습대로. Свадьбу справляли по старине. 결혼식은 구식으로 하였다.

по старинке (преимущ. неодобрит.) 예전처럼, 관례대로. …Сотни лет жили люди по-старинке, …오랫동안 사람들은 예전처럼 살아 왔으며…

по старой памяти (разг.) 전에 하던 식으로, 옛정을 생각해서. Дав

ай выпьем по старой памяти. 지난날에 하던 대로 한잔 마시세. Похлопочи по старой памяти и обо мне. 지난날을 생각해서 내 일도 주선해 주게.

по-старому 전과 같이.

по струнке ходить у кого 또는 **перед кем** (разг.) 고양이 앞에 쥐걸음, 쩔쩔 매다, 벌벌 떨다. Чтобы всё… по струнке у меня! (Тургенев) 모두 내 앞에서 쩔쩔매게 해야지!

по сути дела 실지에 있어, 본질에 있어.

по существу (говорить) 정곡을 찌르다, 본질적인 것을 말하다. Говорить не по существу 본질적인 것을 말하지 못하다.

по существу по существу говоря 실제에 있어서 (삽입 어)

по счастью 다행히. По счастью, близко тут журавль случился. (Крылов) 다행히 가까운 곳에 두루미가 있었다.

по уши (влюбиться, увязнуть…)(разг.) 몹시, 완전히, 전적으로. Он по уши погряз в долгах. (Салтыков-Щедрин) 그는 빚을 잔뜩 질머졌다. Он влюблён в неё по уши. 그는 그 여자에게 홀딱 반하였다.

по чистой (разг.) 완전히, 최종적으로. Отпустить со службы по чистой. 완전히 해임시키다.

побить рекорд 기록을 돌파하다 (새 기록을 수립하다).

побывать в переделке (разг.) 혼나다, 욕보다 (많은 곤란, 시끄러운 일, 격동을 겪다) (попасть в переделку 와 같음).

повадился кувшин по воду ходить, там ему и голову сломить. (속담) 술 기타 어떤 좋지 못한 일에 정신이 팔리게 되면 그것 때문에 파멸에 처하게 된다는 뜻.

повернуть оглобли (разг. шутл. ирон.) 맨손으로 돌아가다 (거부당하고, 목적을 달성하지 못하고).

повесить нос (на квинту) (разг.) 머리를 숙이고 슬픔에 잠기다. Да что ты это нос на квинту повесил? (Тургенев) 왜 그렇

게 자네는 풀이 죽었나?

повинную голову меч не сечёт. (속담) 숙인 머리는 베지 않는다 (자기 죄를 뉘우친 사람에게는 관대하게 대한다는 뜻).

повысить голос 또는 **тон** 언성을 높이다 (화가 나서).

погладить по головке 칭찬하다 (не погладят по головке를 참조하라).

под башмаком (у жены) (разг.) 공처가 (모든 점에서 아내에게 복종하는 남편을 두고 하는 말).

под боком (разг.) 바로 옆에 있다, 가깝다. Лавка под боком. 가게는 바로 옆에 있다.

под видом чего (разг.) 구실 하에, 빙자하여. Известно, что сочинители иногда, под видом требования советов, ищут благосклонного слушателя. (Пушкин) 다 아는 바와 같이 때때로 작가들은 조언을 들으려고 하는 체 하면서 실은 호의적으로 자기 작품을 들어 주는 사람을 찾는다.

под (большим) **вопросом** (быть, стоять, находиться, оставаться) 의문이다. Это ещё под вопросом. 이것은 아직도 의문이다.

под гору 내리막으로. Его дела пошли под гору. 그의 사업은 내리막을 걸었다.

под горячую руку (попасть, подвернуться) кому (разг.) 화를 내고 있을 때에. Я первым попал ему под горячую руку и он разнёс меня в пух и прах. 그가 잔뜩 화를 내고 있을 때에 그의 눈에 제일 먼저 띈 것이 나여서 나는 심하게 욕을 먹었다.

под ногами 발밑에, 땅위에. Увидел под ногами монету. 발밑에 돈이 떨어져 있는 것을 보았다.

под носом (разг.) 눈앞에, 눈앞에서. Под носом глаза кротовы зорки, да вдаль не видят ничего. (Крылов) 두더지 눈은 코밑의 것은 잘 보아도 먼데 것은 전혀 못 본다.

под открытым небом 야외에서 (들판에서, 숲에서.) Охотники провели ночь под открытым небом. 사냥꾼들은 야외에서 하룻밤을 새웠다.

под покровом чего (поэт.) 무엇에 가리 워. Под покровом ночи. 어둠을 타서.

под рукой (разг.) у кого 바로 옆에 (언제나 쉽게 이용할 수 있는 곳에).

Инструменты должны находиться под рукой работающего. 도구는 일하는 사람의 바로 옆에 있어야 한다.

под руку ① кому (разг.) 누가 무엇을 할 때에 그것을 방해하면서. Не говори мне под руку. 일하는데 나에게 말을 걸지 말게. ② с кем 팔을 끼고, 팔을 잡고. 3. какую (разг.) 어떤 기분, 상태에서. Под весёлую руку расплясались. 유쾌하게 춤을 췄다. Под пьяную руку поссорились. 술에 취해서 서로 다투었다.

под сенью (книжн.) ① 보호 하에. Под сенью закона. 법률의 보호 하에. ② 비호 하에. Под сенью ночи. 어두운 밤의 그늘 속에서. ③ 옆에. (ритор.) Под сенью древних кремлёвских стен. 옛 성벽 아래에.

под силу 감당할 수 있다.

под спудом ① 남이 모르는 곳에. Хранить деньги под спудом. 남모르는 곳에 돈을 간수하다. ② 이용하지 않고 (내버려 두다, 숨겨 두다).

под стать 또는 **подстать кому-чему** (разг.) 어울린다, 어울리게. И дом как следует вела подстать большому свету. (Некрасов) 집도 귀족 사회에 어울리게 훌륭히 관리하였다.

под стражу взять 또는 **заключить** (офиц.) 체포하다. Взяли его под стражу. 그는 체포되었다.

под сукно положить (дело, просьбу) 내버려 두다. Он положил

дело под сукно. 그는 그 사건을 처리하지 않고 내버려 두고 있다.

под сукном лежать 처리되지 않고 있다. Уже вторую неделю дело лежит под сукном. 벌써 두 주일째 사건은 방임되고 있다.

под сурдинку (сделать, сказать) (разг.) 슬며시, 남모르게.

под ударом ① 공격당할 수 있는 상태에 있다. Фланги под ударм. 양측은 공격당할 위험이 있다. ② 위기에 처해 있다, 위험한 상태에 있다. Ълагосостояние нашей семьи находится под ударом. 우리 가정의 행복은 극히 위험한 상태에 있다.

под утро 동트기 전. Под утро, как убитые, заснули мужики. (Некрасов) 동트기 전에 농민들은 죽은 사람 같이 깊이 잠들었다.

подавать надежды 기대를 갖게 하다, 유망하다. Молодой музыкант подаёт надежды. 젊은 음악가는 장래가 기대된다.

подать вид …척 하다, 기색을 보이다. Он тоже огорчён, но вида не подаёт. 그 역시 마음이 슬펐으나 그런 기색을 보이지 않는다.

подать руку (помощи) кому 원조의 손길을 뻗치다. Он первый подал мне руку в несчастии. 내가 불행하였을 때에 그는 누구보다도 먼저 나를 도와주었다.

податься некуда (разг.) 빠져나갈 구멍이 없다. Все дороги были заняты нами и им податься было некуда. 길이란 길은 모두 우리들에게 점령 되어 빠져나갈 구멍이 없었다.

подбитый ветром (разг.шутл.) ① 경박한. Подбитый ветром человек. 경박한 사람. ② 얇은 덥지 않은 (웃옷에 대해서 하는 말). Подбитая ветром шубейка. 얇은 슈바.

подвернуться под руку кому (разг.) 우연히 누구 곁에 가다 (попасть(ся) под руку кому와 같음).

поддержать компанию (разг.) 한몫 끼다 (여럿이 하려는 일에 참

가하다). Мы собираемся в театр, не хотите ли поддержать компанию. 우리는 극장에 가려는데 함께 가지 않겠습니까.

поджилки трясутся 또는 **затряслись** (разг.) 몸이 떨리다 (공포, 분노, 경악, 격동 때문에). От злости все поджилки трясутся и дух захватило. (Чехов) 악이 북받쳐 몸이 떨리고 숨이 막히었다.

подлить масла в огонь (разг.) 불에 기름을 치다 (더 강화하다). Не раздражайте его. Своими возражениями вы только подл иваете масла в огонь. 그 사람이 화를 내지 않게 하시오, 당신이 반박하는 것은 불에 기름을 치는 거나 다름없습니다.

поднять меч (ритор.) 검을 들다, 전쟁을 선포하다. Не совестно, Рожнов, что на меня ты поднял меч? (Пушкин) 라즈노브, 자네가 내게 도전한 것이 부끄럽지 않나?

поднять на высоту что 제고시키다.

поднять на смех кого-что 웃음거리로 만들다, 조롱하다. Вы тепе рь при всех меня на смех подняли. (Тургенев) 지금 당신은 여러 사람이 있는 자리에서 나를 웃음거리로 만들었습니다.

поднять нос (разг.) 우쭐거리다, 코가 우뚝하다.

поднять руку на кого-что. ① 침해하다, 침범하다. ② 투쟁을 개시하다.

подставить ножку кому (разг.) 자기 발을 들여대어 남이 걸려서 넘어지게 하다, 비열한 방법으로 방해를 놓다. Неделю тому назад Павлюк подставил пану полковнику ножку самым сви нским образом. (Н. Островский) 한 주일 전에 빠블류크는 가장 비열한 방법으로 대좌에게 방해를 했다.

поёт соловьём, а рыщет волком. (속담) 웃음 속에 칼이 있다, 구밀복검.

поехал в Ригу (эвф. разг. фам. ирон.) 토하다, 토하였다 (도시이름 Рига가 рыгать "토하다"와 비슷한데서 온 완곡한 표현).

Выпил лишнего и поехал в Ригу. 술을 너무 마시고 토하였다.

пожалеешь лычка, не увяжешь и ремешком. (속담) 호미로 막을 것을 가래로 막는다, 기와 한 장 아껴서 대들보 썩인다, 소탐대실, (조그마한 것을 아끼면 후에 가서 큰 것을 잃는다는 뜻).

пожалеть алтына, потерять полтину. (속담) 기와 한 장 아껴서 대들보 썩인다. 소탐대실.

позволить себе 감행하다. Никогда не позволит себе невежества. (Чехов) 결코 무례한 짓을 하지 않을 것이다.

пойдёт 또는 **пошла потеха** (разг.) 어떤 저지 할 수 없는 것에 대해서 하는 말. Выпили, и пошла потеха. 한잔씩 들어가고 나니 판은 터진 봇물이었다.

пойти по шерсть, а вернуться стриженым. (속담) 혹 떼러 갔다가 혹 붙였다.

пока что (разг.) 지금은, 아직은 (앞으로 가능한 변화가 있을 때까지는). Я, пока что, здоров. 나는 아직은 건강하다.

показать вид …척하다, 기색을 보이다. (подать вид 와 같음).

показать на дверь 방에서 나갈 것을 요구하다 (указать двери 와 같음)

показать нос куда 또는 **где** (разг.) 어디로 가다, 어디에 나타나다. Не могу никуда нос показать. 아무데도 갈 수가 없다.

покатиться со смеху (разг.) 허리가 부러지게 웃다. Я смешлив ведь больно, не вытерпел, так и покатился со смеху. (А. Островский) 나는 본래 잘 웃는 편이어서 드디어 참지 못하고 허리가 부러지게 웃었다.

покончить счёты с кем－чем ① 청산하다 (피차간의 채권, 채무 관계를 완전히 계산하다). ② 관계를 끊다, 내왕하지 않다. С этой семьёй я давно покончил все счёты. 나는 오래 전부

터 그 집과 관계를 끊었다.

покрыто мраком неизвестности 비밀의 장막에 가리어 잇다. Всё это **покрыто мраком неизвестности.** 이 모든 것은 비밀의 장막에 가리어 있다 (아무도 모른다, 알기 어렵다는 뜻).

полнота власти (книжн.) 모든 권력.

полным－полон (полна, полно) (разг.) 가득 찼다. На лестнице полным－полно дыму. 층계에는 연기가 자욱하다.

положа руку на сердце 진심으로, 정직하게. Скажите, положа руку на сердце, кто в этом виноват. 정직하게 말씀하십시오, 여기에서 잘못은 누구에게 있습니까.

положить жизнь за кого－что (ритор.) 목숨을 바치다. Он положил жизнь свою за родину. 그는 조국을 위해서 목숨을 바쳤다.

положить за правило 자기의 규칙으로 삼다, 철칙을 세우다. Я положил себе за правило вставать утром рано и заниматься гимнастикой. 나는 아침 일찍이 일어나서 체조를 하는 규칙을 세웠다.

положить (класть) **зубы на полку** (разг.) 굶기 시작하다.

положить (класть) **на лопатки.** 뒤로 넘어뜨리다. Он положил меня на обе лопатки. 그는 나를 뒤로 넘어뜨렸다.

полтора человека. (разг. шутл.) 한 두 사람 (사람이 거의 없을 때 하는 말). Собралось полтора человека. 한 두 사람밖에 모이지 않았다.

помереть со смеху 허리가 부러지게 웃다. (주로는 помирать со смеху가 사용됨). Они прямо померли со смеху. 그들은 허리가 부러지게 웃어댔다.

поминай, как звали 어떤 사람, 어떤 물건이 자취도 없이 사라진 경우에 하는 말. Надо получить с него долг, а то уедет － поминай, как звали. 그 사람에게서 돈을 받아 두어야 합니다.

그렇지 않다가 떠나가게 되면 다시는 돌아오지 않을 것입니다.

поминать добром (разг.) 후에 좋게 말하다, 감사의 정으로 회상하다. Добром должен вспомнить я моё – правда, кратковременное – пребывание в этой школе. (Ю. М. Юрьев) 비록 그 기간은 짧았지만 나는 이 학교에 다니던 때가 좋았다고 말해야 할 것이다.

поминать лихом кого (разг.) 악감을 가지고 회상하다. Прости! Не поминай нас лихом! (Крылов) 안녕히! 후에 욕을 하지 말게!

помирать со смеху (разг.) 허리가 부러지게 웃다. Мальчишки помирали со смеху. (Пушкин) 아이들은 배꼽이 나오도록 웃어댔다.

понимать толк в чём (разг.) 조예가 깊다, 잘 안다, 맛을 알다. Она понимала толк в песнях (М. Горький) 그 여자는 노래에 대해서 상당한 감상력을 가지고 있었다. 조예가 깊었다.

понятная вещь (разг.) 물론이다. (삽입 어, понятное дело 와 같음).

понятное дело (разг.) 물론이다 (삽입 어). Я, понятное дело, согласился. 나는 물론 동의하였다.

попал пальцем в небо 잘못 맞췄다 (추측이 틀렸다는 뜻).

попался, как кур во щи 뜻밖에 불행을 겪었을 때에 하는 말.

попасть в переделку (разг.) 혼나다, 욕보다 (많은 곤란, 시끄러운 일, 격동을 겪다).

попасть(ся) в просак (또는 впросак) (разг.) 자기의 잘못으로 해서 불유쾌한, 곤란한 처지에 빠지다. Иногда и сам в просак он попадался, как простак. (Пушкин) 때때로 그 자신이 바보처럼 곤란한 처지에 빠지곤 하였다.

попасть на зубок кому (разг. фам.) 조롱, 비판의 대상으로 되다.

попасть(ся) под руку кому (разг.) 우연히 누구 곁에 가다. Если он не в духе, лучше не попадаться ему под руку. 그 사람이 기분이 상했을 때에는 그 곁에 가지 않는 것이 좋다.

попасться на глаза (또는 в глаза) **кому** 우연히 눈에 띄다.

поперёк горла (стать) **кому** (разг.) 방해가 되다, 화나게 하다, 싫증나다.

попытка не пытка, а спрос не беда. (속담) 시험 삼아 해보고, 남에게 묻는 것을 조금도 두려워할 것은 없다는 뜻.

пора и честь знать (разг. фам.) 그만 하면 충분하다, 이젠 그만둘 때다. (надо честь знать 와 같음).

порожний колос выше стоит. (속담) 빈 수레가 더 요란하다.

пороть горнчку (разг.) 몹시 덤비다.

пороть чущь (또는 вздор, дичь) (разг.) 거짓말을 하다, 허튼 수작을 하다, 쓸데없는 말을 하다. Не стоит его слушать, он порет чушь. 그 사람 말을 듣지 마시오, 허튼 수작입니다.

порох даром тратить (разг.) 헛수고를 하다 (아무런 성과도 없는 행동 또는 말을 하다). Не трать даром пороху, всё равно не могу с тобой согласиться. 더 말해도 쓸데없네, 아무래도 자네에게 동의할 수는 없으니까.

пороха не выдумает (разг.) 재치가 없다. Конечно, пороха он не выдумает, но и дураком его никто не назовёт. 물론 그는 재치 있는 사람은 아니지만 그를 바보라고 부를 사람은 아무도 없을 것이다.

порохом пахнет 화약 냄새가 나다, 전쟁, 무력 투쟁의 위험성이 감촉 되다.

портить кровь кому (разг.) 기분을 상하게 하다. Своими глупыми выходками он испортил мне не мало крови. 자기의 어리석은 행동으로 그는 적잖게 내 기분을 상하게 하였다.

порыться в памяти (разг.) 상기하려고 애쓰다. Вспомите, поройт

есь в памяти. (Гончаров) 기억을 더듬어 가면서 잘 생각해 보시오.

посади свинью за стол, она и ноги на стол. (속담) 차청입실 (돼지를 식탁에 앉히면 앞발을 상 위에 올려놓는다는 뜻, 좋게 해 주는 사람을 이용하여 제 욕심을 더 채우려는 자를 말함).

посадить в калошу кого (разг. фам.) 가소로운 처지에 놓이게 하다, 당황케 하다. Своими вопросами мы выявили его ложь и в конце концов посадили его в калошу. 우리들의 질문에 의해서 그의 거짓말은 명백하였고 드디어 그에게 창피를 주었다.

после дождичка в четверг. (속담) 말뚝에 꽃이 피거든, ("никогда" 라는 뜻에서 농담으로 쓰이는 말).

после драки кулаками не машут. (속담) 행차 뒤 나팔 (때늦은 행동은 무익하다는 뜻).

последнее слово (науки, техники…) 최신학설, 과학.

последний из могикан 사멸하여 가는 어떤 사회적 현상의 마지막 대표자 (могикане-지금은 전멸한 북미의 인디안 족의 하나).

последняя спица в колеснице (разг.) 이름 없는 존재 (어떤 분야, 어떤 조직에서 큰 의의를 못 가지고 있는 인간).

поспешишь – людей насмешишь. (속담) 급하면 바늘허리에 실 매어 쓸까? (너무 바삐 서두르면 나중에 사람들의 웃음거리가 된다는 뜻).

поставить крест на ком-чём (разг.) 단념하다. Мы поставили крест на все свои надежды. 우리는 모든 희망을 버렸다.

поставить на вид кому что (офиц.) 따끔하게 지적하다. В конце концов опоздания ему поставили на вид. (Н. Островский) 드디어 그는 늦어진데 대해서 지적을 받았다.

поставить на колени кого (ритор.) 굴복시키다.

поставить на ноги (разг.) 일으켜 세우다 (병을 고치다, 자립할 수 있도록 하다).

поставить на своё место кого 거만한 자에게 제 분수를 알게 하다.

поставить ребром (вопрос…) 문제를 단도직입적으로 (분명하게, 회피할 수 없게) 제기하다. Он не боится ставить вопрос ребром. 그는 문제를 단도직입적으로 제기하기를 겁내지 않는다.

поставить ребром (последнюю копейку) (разг.) 있는 돈 전부를 써 버리다, 노름에서 있는 돈 전부를 대다. Он поставил ребром весь свой выигрыш. 그는 자기가 딴 돈을 몽땅 써버렸다.

потупить взор 머리를 숙이다. Смутясь, потупили мы взор. (Некрасов) 어쩔 줄을 몰라서 우리는 머리를 숙이었다.

потчевать – потчуй, а неволить – не неволь. (속담) 대접은 해도 억지로 권하지는 말라.

похоже на то, что (разг.) …듯 하다. Похоже на то, что пойдёт пождь 비가 올 듯 하다.

поцеловать замок 또는 **пробой** (простореч. шутл.) 가 보니 문이 잠겨 있다. Поцеловал пробой и пошёл домой. 가 보니 문이 잠겨 있어서 집으로 되돌아 왔다.

почём знать? 어떻게 압니까? (미래의 일은 지금 단정할 수 없다는 뜻).

пошёл вон! (разг.) 물러가라, 물러가시오.

правая рука 가장 큰 방조자.

правда глаза колет. (속담) 좋은 약이 입에 쓰다.

правда-матка (простореч.) 진실.

правда со дна моря вынесет. (속담) 사필귀정.

правду говоря 또는 **правду сказать** 바른 대로 말하면 (삽입 어) (по правде говоря, по правде сказать 와 같음).

прахом пойти 또는 **рассыпаться** (разг.) 수포로 돌아가다, 허사가

되고 말다. Три года я ему служил – вдруг пошло всё прахом. (Некрасов) 나는 삼년 동안 그를 섬기었는데 – 갑자기 모두가 허사로 되고 말았다.

превзойти (самого) себя (книжн.) 전에 없던 능력을 발휘하다, 최대의 능력을 발휘하다. Артисты старались себя превзойти. (Некрасов) 배우들은 최대의 기능을 발휘하려고 노력하였다.

превратиться в слух (книжн.) 귀가 항아리만 해지다, 한마디도 놓치지 않으려고 주의해 듣다.

превыше всего (книжн. ритор.) 무엇보다도 더 높이.

предоставить самому себе (книжн.) 자기 시간을 자기 마음대로 보낼 수 있게 하다, 자기 마음대로 행동할 수 있게 하다, 또는 내버려 두다, 돌보지 않다.

представлять собой (книжн.), **представлять из себя** (простореч.) кого-что …이다. Он ничего собою не представляет. 그는 보잘 것 없는 인간이다.

представь(те) 또는 **представь(те) себе** (разг.) 상상해 보십시오 (이야기에서 상대방의 주의를 환기시키기 위하여 사용하는 삽입 어).

прелесть новизны для кого 새로운데서 오는 매력. Театр не потерял ещё для него прелести новизны. 연극은 그에게 있어서 아직도 새로운 맛을 잃지 않고 있다.

при всём том 그럼에도 불구하고, 게다가. При всём том он был труслив. 거기에다가 그는 비겁하기까지 하였다.

при закрытых дверях (офиц.) 비밀회의에서.

при случае (разг.) 기회가 있으면. При случае любит дать понять, что он коллежский регистратор. (Чехов) 기회만 있으면 자기가 14등관이라는 것을 암시하기를 좋아한다.

при смерти 사경을 헤매다, 빈사 상태에 있다. В течение нескольк

их дней больной находился при смерти. 며칠 동안 환자는 빈사 상태에 있었다.

привычка – вторая нотура. (속담) 습관은 제 2의 천성

придержать язык 또는 **язычёк** (разг.) 떠벌이지 않다. Не болтай лишнего, придержи язык! 쓸데없는 말을 말고 입을 다물게!

прижать к стене 또는 **к углу кого** ① 압박하다. ② 꼼짝 못 하게 하다 (무엇에 동의할 것을 요구하면서 반항할 여지를 주지 않다).

призвать к порядку кого (офиц.) 질서를 지킬 것을 요청하다.

призвать под ружьё 군대에 소집하다.

прийти в себя 제 정신이 들다.

прийти на память 생각나다, 기억에 떠오르다.

прийти на ум 또는 **в ум кому** (разг.) 어떤 생각이 머리에 떠오르다.

приказал долго жить 죽었다. Миша приказал долго жить. (Пушкин) 곰은 죽었다.

прикусить язык 갑자기 입을 다물다 (закусить язык 와 같음).

приложить руку к чему 참여하다. Кажется, и вы приложили к этому делу руку? 당신도 이 일에 참여한 것 같은데요?

принести в жертву что (книжн.) 무엇을 희생시키다.

принести жертву чему (книжн.) 무엇을 위해 자기를 희생시키다. Он принёс жертву дружбе, согласившись участвовать в этом неприятном деле. 그는 우정을 생각해서 이 불쾌한 일에 참가하는데 동의하였다.

принимать за чистую монету (разг.) 참말인 줄 알다, 곧이 듣다. Не принимайте его уверения за чистую монету. 그 사람 말을 곧이 듣지 마시오.

принять бой 응전하다.

принять к сердцу что 깊은 동정, 관심을 표시하다. (близко приня

ть к сердцу 와 같음).

принять на веру 믿다, 진실이라고 인정하다 (거기에 대한 증거를 요구하다).

принять на себя что 자가가 걸머지다. Принять на себя вину. 죄를 자기가 걸머지다. Принять на себя обязанность. 의무를 지다.

припереть к стене 또는 **к стенке кого** (разг.) (담화, 논쟁에서) 항변할 여지가 없게 하다. Этот вопрос припёр её к стене. (Боборыкин) 이 질문은 그 여자를 당황케 하였다, 이 질문은 그 여자를 궁지에 몰아 넣었다.

пристал, как банный лист 성가시게 매달리다, 한 걸음도 안 떨어지다. Ах, не приставай ко мне с глупыми вопросами!… пристал, как банный лист! (Чехов) 아이구, 그 어리석은 질문은 그만 해라!… 왜 이렇게 성가시게 매달리는 거냐!

приступу нет ① к чему 몹시 비싸다. К этим вещам приступу нет. 이 물건은 너무 비싸서 엄두도 낼 수 없다. ② к кому 접근 할 수 없다, 친근할 수 없다. Такой важный, что и приступу нет. (Гоголь) 너무 오만해서 접근할 수 없다.

присутствие духа (книжн.) 태연자약. Князь, не теряя присутствия духа, вынул из бокового кармана дорожный пистолет. (Пушкин) 공작은 당황한 기색도 없이 옆 주머니에서 여행용 권총을 꺼내었다.

пришла беда, отворяй ворота. (속담) 복은 쌍으로 안 오고 화는 홀로 안 온다, 화불단행 (한 가지 불행에는 다른 불행이 뒤따른다는 뜻).

про запас (разг.) 예비로, 만일의 경우를 위해서. Взять с собой 100 рублей про запас. 100루블을 예비로 가지고 가다.

про себя 속으로 (생각하다…). ≪Тётка эта, видно, ничего≫ — решил он про себя… (Н. Островский) ≪괜찮은 아주머닌

것 같아≫ –그는 속으로 이렇게 단정하였다.

про то знает вся улица 그것은 모르는 사람이 없다. 세상 사람이 다 안다는 뜻.

пробный камень 시금석. Пробный камень дружеских отношений. 우호관계의 시금석.

пробный шар 무엇을 탐지하기 위한 행동.

проглотить язык 말을 못하는 사람, 말하려고 하지 않는 사람에 대해서 하는 말. Сказывай, что на уме? Ну! … да что ты проглотил язык–то? (Мельников–Печерский) 말을 해야지, 무엇을 생각하고 있는지, 자!… 뭐 혀를 삼켜버렸나?

продаю, за что купил. 이건 산값으로 넘기는 거야 (정확성을 보장할 수 없는 떠도는 말을 전할 때에 하는 말, 상인들이 흔히 사용하는 말).

пройти в жизнь (книжн.) 실현되다. Проект прошёл в жизнь. 계획은 실현되었다.

пройти (**сквозь**) **огонь и воду** (**и медные трубы**) 산전수전 다 겪었다. (많은 경험을 한 사람, 고난을 겪은 사람, 경력이 복잡한 사람에 대해서 하는 말). Бывалый и опытный человек, прошедший сквозь огонь, воду и медные трубы. (Д. Н. Мамин–Сибиряк) 갖은 풍파를 겪고 경험이 많고 산전수전 다 겪어 본 사람.

пройтись насчёт (또는 **по адресу**) **кого–чего** 좋지 않게 말하다, 비웃다. В разговоре со мной он прошёлся насчёт вашего друга. 나하고 이야기할 때에 그 사람은 당신의 친구에 대해서 좋지 않게 말하였습니다.

прожужжать (**прокричать**) **уши ком** (разг.) 귀가 아프게, 실증이 나도록 이야기 하다. Он мне все уши прожужжал, расхваливая вашего сына. 그 사람은 내 귀가 아플 정도로 당신의 아들을 칭찬하였습니다.

пролить свет на что (книжн.) 빛을 던져 주다, 이해할 수 있게 해주다. (бросить свет на что 와 같음).

променял кукушку на ястреба. (속담) 산 닭을 죽은 닭과 바꾸었다 (자기에게 불리한 교환을 하였다는 뜻).

промочить горло (разг. фам. шутл.) 술을 조금 마시다.

пропади ты пропадом (простореч. бран.) 꺼져버려, 뒈져버려.

прости−прощай (нар. −поэт) 안녕히, 잘 있어라. Пришлось и мне сказать с слезой прости−прощай. (А. Кольцов) 나도 눈물을 흘리면서 작별의 인사를 해야만 되었다.

просто−напросто (разг.) 참말로, 순전히. Это просто−напросто издевательство! 이것은 순전한 조롱입니다.

протереть глаза (разг. фам.) ① без доп. 눈을 부비다 (잠에서 깨다, 제 정신이 들다). ② чему 탕진하다. Дайте мне его миллионы, я бы им протёр глаза. (Некрасов) 그가 가진 백만금을 날 줘 보지, 그까지 것은 하룻밤에 다 마셔 버릴걸.

против течения (идти. плыть. грести) (книжн.) 시류에 역행하여, 독자적인 길로. Верьте чудесной заре вдохновения, дружно гребите, во имя прекрасного, против течения. (А. К. Толстой) 감격의 휘황한 여명을 믿으시오, 아름다운 것을 위해 시류에 역행하여 의좋게 배를 저으시오.

протянуть ноги ① 누워서 다리를 뻗다. ② 죽다.

прохода не давать чем (разг.) 시끄럽게 굴다, 성가시게 매달리다.

прохода нет от кого−чего (разг.) 마음 놓고 지나 갈 수가 없다, 시련 받다. Ежели дураков не учить, то тогда от них прохода не будет. (Чехов) 바보들을 가르치지 않으면 그들 때문에 큰 시련을 받을 것입니다.

проявить себя 자기의 장점 또는 결함을 나타내다. Проявить себя с хорошей стороны. 자기의 좋은 점을 나타내다.

прямо−таки (разг.) 참으로, 그야말로.

пуганая ворона куста боится. (속담) 상궁지조, 자라보고 놀란 놈이 솥뚜껑 보고 놀란다 (한번 화살을 맞아 혼이난 새처럼 모든 것이 무서워 보인다는 뜻).

пустая мельница и без ветра мелет. (속담) 빈 수레 굴러가는 소리가 더 요란하다 (속이 텅 빈 놈이 말은 더 많다는 뜻).

пустить по миру (разг.) 파산시키다, 거지로 만들다. Он всю жизнь занимался ростовщичеством и многих пустил по миру. 그는 일생을 고리 대금업을 하면서 많은 사람들을 파산시켰다.

пустить савраса без узды 굴레를 벗겨서 말을 들어 내놓다 (무제한한 자유를 주다, 제 멋 대로 내버려 두다).

пустое место (разг.) 보잘 것 없는 인간.

пусть его (её. их) (разг.) 그래야지 (동의를 표시). Дети года через три стыдятся своих игрушек, — пусть их, им хочется быть большими. (Герцен) 아이들은 3년쯤 지나면 자기들의 장난감이 부끄럽게 되는데 이것은 응당 그래야 할 일이다, 그들은 어른이 되고 싶은 것이다.

пусть так 좋다, 그렇다고 합시다.

путь-дорога (нар. -поэт.) ① 길, 여행. Вам путь-дорога предстоит длинная. 당신은 먼 길을 가야 합니다. ② 길 떠나는 사람에 대한 인사, 또는 서로 만났을 때의 인사. Путь-дорога, товарищи! 친구들, 편안히 다녀오시오!

пушкой не прошибёшь (разг.) ① 인산인해. Народу так много, что пушкой не прошибёшь. 인산인해를 이루었다. ② 고집불통.

пыль в глаза пускать (пустить) (разг.) 기세도명하다. Я пыль в глаза пускал, теперь — пылью стал. (Карамзин) 나는 세상을 속이고 허명을 탐내었으나 지금은 티끌만도 못한 존재로 되었다.

Р

рад–радёхонек рад–радёшенек

работай до поту, поешь в охоту. (속담) 시장이 반찬.

род бы в рай, да грехи не пускают. (속담) 천당에 가고 싶어도 죄가 많아서 못간다 (어떤 일을 하고 저 하나 사정이 허락지 않을 때에 하는 말).

рад вас видеть (разг.) 당신을 뵈옵게 되어서 참 반갑습니다 (인사의 말).

рад не рад (разг.) 부득이, 원하건 원치 않건. Не смей согнать ленивца! Рад не рад, корми его! (Пушкин) 건달들을 내쫓으려고는 생각지도 말게! 싫건 좋건 그를 먹여 살려야 하네!

рад–радёхонек рад–радёшенек (простореч.) 대단히 기쁘다.

раз, два и обчёлся (разг.) 매우 적다. (один, другой и обчёлся 와 같음).

раз–другой (разг.) 한두 번, 몇 번. Раз–другой ошибёшься – на ошибках научишься. 한두 번 실수하면 그 실수에서 배우게 될 것이다.

раз за разом (разг.) 연거푸, 거듭하여.

раз на раз не приходится (разг.) 장마다 꼴뚜기는 나지 않는다, 언제나 같다고는 할 수 없다.

раз навсегда (разг.) ① 일단 완전히, 궁극적으로. ② 처음이자 마지막으로. Раз навсегда говорю тебе, что я не согласен. 처음이자 마지막으로 말하네 마는 나는 동의할 수가 없네.

раз плюнуть кому (простореч.) 식은 죽 먹기, 누어서 떡 먹기.

Это для него раз плюнуть. 이것은 그에게는 식은 죽 먹기다.

разбить в мелкие дребезги 산산이 부수다. Чашка упала и разбилась в мелкие дребезги. 찻잔은 떨어져서 산산이 부서졌다.

разбить на голову (воен.) 철저히 분쇄하다.

разбойники пера (публиц. презрит.) 펜을 든 강도들.

развесистая клюква 엉터리, 새빨간 거짓말 (월귤 나무는 관목인데 어떤 프랑스 사람이 러시아에 대해서 쓰면서 "울창한 월귤 나무 그늘 밑에" 앉아 있었다고 하였다, 대상에 대한 무식을 자체 폭로하는 황당한 거짓말을 말함).

развесить уши (разг. фам. ирон.) 남이 하는 말을 진짜로 알고 흥미 있게 듣다. Ему рассказывают небылицы, а он уши развесит. 고양이가 알을 낳았다고 해도 그는 귀가 항아리만 해서 재미나게 듣는다.

развести руками 두 팔을 벌리다 (의혹, 경악, 곤란을 표시하는 동작).

разводить антимонию 또는 **антимонии** (разг. фам.) 험담을 하다, 쓸데없는 이야기를 하다.

разводить канитель 쓸데없는 짓을 하다. (тянуть канитель 와 같음).

развязать войну (нов. газет.) 전쟁을 일으키다. Агрессоры стремятся развязать преступную войну. 침략자들은 죄악적인 전쟁을 일으키려고 애쓰고 있다.

развязать руки кому-чему (разг.) 구속을 풀어 주다, 행동의 자유를 주다.

разжевать и в рот положить (разг. ирон.) 아주 알기 쉽게 설명해 주다.

разиня (또는 **разинув**) **рот** (**рты**) (разг.фам.) ① 주의하지 않고 되는 대로. Работать, разиня рот. 주의하지 않고 되는대로 일하다. ② 놀라서. Все только слушают его, разинув рот.

(Крылов) 모두들 놀라서 입을 벌리고 그의 말을 들을 뿐이다.

разные разности (разг. фам.) 여러 가지, 가지각색. Сидели девушки, толкуя о разных разностях. (Мельников-Печерский) 처녀들이 이 애기 저 얘기 하면서 앉아있었다.

разом густо, разом пусто (속담) то густо, то пусто 와 같음.

разорвать на части (разг.) 미처 대응할 수 없을 만치 많은 질문이나 요청을 하다.

разрешиться от бремени (книжн.) 몸 풀다, 해산하다.

разрубить (гордиев) **узел.** 어떤 곤란을 폭력적, 직선적, 단도직입적인 방법으로 해결하다 (рассечь гордиев узел 과 같음).

разыграть дурака (простореч.) 어리석은 짓을 하다. Какого ж я дурака разыграл! 내가 이 얼마나 바보 같은 짓을 했나!

ранняя пташка носик очищает, а поздняя пташка глазки продирает. (속담) 재빠른 새 일어나 주둥이를 닦는데 게으른 새 일어나 눈을 부빈다. 부지런하면 그만큼 소득이 있다는 뜻.

рано или поздно (разг.) 조만간에. Увидимся рано или поздно. 우리는 조만간에 만나게 될 것이다.

рано пташечка запела, как бы кошечка не съела. (속담) 일찍 우는 새 고양이에게 잡아먹힐까 걱정한다, 알까기 전에 병아리를 헤지 말라.

раным-рано (простореч.) 첫 새벽에.

раскинуть умом 또는 **мозгами** (разг.) 궁리하다, 잘 생각하다, 머리를 쓰다.

раскрыть игру чью 누구의 의도를 간파하다. Игра их была раскрыта. 그들의 기도는 간파 당하였다.

раскрыть свои карты 자기의 의도, 계획을 드러내 놓다.

расправа короткая у кого с кем 우물쭈물 하지 않고 사정없이 대하다, 제재를 가하다. С нами расправа коротка. (Гончаров)

우리에게 사정없이 대한다.

рассечь (гордиев) узел 어떤 곤란을 폭력적, 직선적, 단도직입적인 방법으로 해결하다. (프리지아 왕 고르데우스가 맺어 놓은 매듭을 푸는 자는 아세아를 차지하게 될 것이라고 말하였는데 이것을 풀 수 없었던 마케도니아 왕 알렉산더는 매듭을 검으로 베었다는 고사에서 온 말).

растереть в порошок кого (разг.) 없애 버리다. Если ты встанешь ему поперёк дороги, он тебя в порошок разотрёт. 그 사람에게 방해를 놓다가는 큰일나네 큰일나.

расти как грибы (разг.) 우후죽순 (무엇이 많이 급속하게 자라나다, 나타나다).

расхлёбывать кашу (разг.) 복잡하고 불유쾌한 일을 해결하다. Ты заварил кашу, ты и расхлёбывай! 자네가 저질러 놓았으니 자네가 해결해야지!

расшибится в лепёшку (простореи.) 견마지성을 다하다. Готов в лепёшку расшибиться, чтоб только исполнить его желание. 그의 소원을 들어주기 위해서라면 어떤 수고든지 사양치 않으련다.

рвать и метать (разг.) 대노하다. Он был вне себя, он, как говорится, и рвал и метал. (Салтыков-Щедрин) 그는 극도로 흥분하였고 흔히 말하듯이 노발대발하였다.

рвать на части кого-что 미처 응할 수 없을 만치 많은 질문이나 요청을 하다. (разорвать на части 와 같음).

редкий день не… (разг.) 자주, 항상. Он редкий день не заходит к нам. 그는 우리에게 자주 들른다, 그는 우리에게 들르지 않는 날이 별로 없다.

редко, да метко 말은 적지만 드문드문 던지는 말한마디가 모두 명언이라는 뜻.

репу да горох не сеют близ дорог. (속담) 참외는 길가에 심지

않는다 (모든 일은 앞을 내다보고 잘 생각하고 하라는 뜻).

риск – благородное дело. (속담) 겁먹고 물러서지 말고 용감히 결행하라 (과감해야 한다는 뜻).

ровным счётом ничего (разг.) 전혀. Он ровным счётом ничего не знает. 그는 전혀 모른다.

радимая сторона – мать, чужая – мачеха. (속담) 고향은 친어미 같고 타향은 의붓어미 같다.

радись, крестись, женись, помирай– за всё попу деньги давай. (속담) 황금만능, 인간만사는 돈.

родиться в рубашке (разг.) 행운아이다, 복을 타고 나다. Везёт ему во всём, видно, парень в рубашке радился. 일마다 잘 되는 것을 보니 그 청년이 복을 타고 난 모양이다.

родиться в сорочке (шутл.) 행운아이다. Без сорочки я родился на свет. (А. Кольцов) 나는 불행한 인간으로 태어났다. 나는 일생을 불행하게 살아 왔다.

рожу воротить от кого–чего (вульг, простореч.) 쳐다보지도 않다, 침을 뱉다, 멸시하다. (нос воротить от кого–чего 와 같음).

рот открыть 또는 **раскрыть** (разг.) 말을 하다, 대답하다, 의견을 말하다. Он не даёт никому рта открыть. 그는 아무도 말을 못 하게 한다.

руби дерево по себе. (속담) 오르지 못할 나무는 쳐다보지도 말라.

рублём подарит (нар. –поэт.) 극구 찬양하다. На кого ни взгляне т – рублём подарит. (Мельников–Печерский) 누구를 보고도 칭찬을 한다.

рука не дрогнет у кого (что–нибудь сделать) 어려움 없이 할 것이다. 쉽게 처리하다. У него рука не дрогнет предать дру га. 그는 쉽게 친구를 배반할 것이다.

рука об руку 손을 맞잡고.

рука руку моет. (속담) 끼리끼리 감싸 준다 (친척과 친구들의 상호 지지와 원조, 범죄자들의 상호 지지와 비호를 가리키는 말).

руки марать об кого, обо что (простореч.) 손을 어지럽히다 (좋지 못한 일, 불쾌한 사건에 휩쓸려 들어가서 가기의 명예를 손상시키다). (руки пачкать 와 같음).

руки не доходят (разг.) 겨를이 없다, 손이 미치지 못한다. Давно надо бы книги разобрать, до всё руки не доходят. 책을 못 본지는 벌써 오랜데 암만 해도 들여다 볼 겨를이 없다.

Мне руки пачкать об тебя не стоит. 자네 일 때문에 왜 내가 제 얼굴에 먹칠 하겠냐.

рукой подать (разг.) 엎드리면 코 닿을 데. Их лавки рукой подать в кабак. (Чехов) 가게에서 엎어지면 코 닿을 데에 술집이 있다.

русский человек хлеб–соль водит. (속담) 러시아 사람들이 손님을 환대하는 것을 가리키는 속담.

русским языком (сказать, говорить) кому (разг.) 알아듣게 이야기하다 (보통 화나서 하는 말). Я сказал вам русским языком : денег у меня свободных теперь нет (Чехов) 지금 내게 여유 있는 돈이 없다고 똑똑히 말하지 않았소!

рыба ищет где глубже, а человек – где лучше. (속담) 고기는 깊은 곳을 찾고 사람은 높은 곳을 찾는다.

рыбак рыбака видит издалека. (속담) 끼리끼리 모인다, 유유상종.

рыба мелка, да уха сладка. (속담) 고기는 작아도 국 맛이 좋다. 작은 고추가 더 맵다.

рыло воротить от кого–чего (вульг. простореч.) 쳐다보지도 않다, 침을 뱉다, 멸시하다. (нос воротить от кого–чего 와 같음).

рыльце в пуху 또는 **пушку у кого** (разг. фам.) 죄상이 뚜렷하다.

(Крылов의 우화 “лисица и сурок”에서 온 말, 자기는 닭을 잡아먹은 일이 없다고 변명하는 여우에게 몰르못트는≪Нет, кумушка; а видывал частенько, что рыльце у тебя в пуху≫「아니야, 네 얼굴에 닭의 털이 더덕더덕한 것을 자주 보았어」라고 대답하였다).

С

с честью выполнить что

с благословения (чьего-нибудь что-нибудь делать) (разг. шутл.) 축복하에, 동의하에, 찬성을 얻어.

с боку припёка 무용지물, 전혀 아무런 관계도 없는 것.

с больнои головы (да) на здоровую 자기 죄를 남에게 넘겨 씌운다.

с бухты-барахты (앞에 "так"또는 "прямо"가 붙을 경우가 많음) (разг.) 깊이 생각지도 않고, 무턱대고. Дело слишком серьёзное, чтобы я мог сразу, так, с бухты-барахты, дать веру словам твоим. (Григорович) 자네 말을 단번에 믿기에는 너무나 중대한 일일세.

с вашего позволения (разрешения)(разг.) 자기의 의도를 상대방에 알리는 정중한 표현 형식. С вашего позволения я сейчас пойду домой. 곧 집으로 돌아가도 괜찮겠습니까.

с виду (разг.) 일견, 겉으로 보기에는.

с визитом (быть, прийти…) 인사차로 방문하다, 의례 방문하다.

с волками жить - по-волчьи выть. (속담) 입향순속.

с глаз долой (разг. фам.) 물러가라, 물러갔다 (물러갈 것에 대한 요구 또는 물러간 사실의 확인). Убирайся с глаз долой! 어서 물러가라!

с глаз долой - из сердца вон. (속담) 비록 정다운 사이라도 멀리 떨어져 있으면 소홀해 진다는 뜻, 눈에서 멀어지면 마음도 멀어진다.

с глазу на глаз (разг.) 단 둘이 (제 3자가 없이). Казак··· невольно чувствует её превосходство, оставаясь с ней с глазу на глаз. (Л. Толстой) 까자크는··· 그 여자와 단 둘이 남게 될 때 부지중에 그 여자의 뛰어난 미를 느낀다.

с головы до ног, с ног до головы 머리에서 발끝까지 (온몸). Он вымок с головы до ног. 그는 물에 빠진 생쥐처럼 되었다.

с головы до пят (разг.) 모든 점에서, 전적으로. Он с головы до пят лентяй. 그는 철저한 건달이다.

с голоса 귀로 듣고 (청각에 의해서).

с грехом пополам (разг.) 겨우, 간신이. С грехом пополам довожу первую тачку до места. (Владимир Билль-Белоцерковский) 첫 번째 손달구지를 겨우 지정된 곳까지 밀고 간다.

с давних пор 오래 전부터.

с другом по-братски, с врагом по-солдатски. (속담) 벗은 우정으로 맞고 적은 총검으로 맞으라.

с излишком 여분이 있다. Нам этого хватит с излишком. 이것이면 우리에겐 넉넉하다.

с каких пор? 언제부터 (с которых пор와 같음).

с какой стати? 왜, 어째서, 어떤 이유로?

с кем поведёшься, от того и наберёшься. (속담) 근묵자흑.

с которых пор? 언제부터. С каторых пор меня дичится, как чужого? (Грибоедов) 언제부터 나를 남처럼 피하게 되었소?

с лёгкой руки чьей (разг.) 누구의 제창, 제의, 실례로 인해서 일이 잘 되었을 때에 하는 말. С вашей лёгкой руки дело пошло хорошо. 당신의 제의로 해서 일이 잘 되었습니다.

с миру по нитке – голому рубашка. (속담) 십시일반.

с налёта 또는 **с налёту** ① 전속력으로 달리면서. ② 아무런 준비도 없이, 사정도 모르고.

с наскока (разг.) с налёта, с налёту 와 같음.

с неба свалиться (упасть…) (разг.) 하늘에서 떨어지다 (어떤 뜻밖에 나타난 것에 대해서, 또는 주위에서 일어난 일을 잘 모르는 사람에 대해서 하는 말). Сегодня с неба свалилась к нам ревизия. 오늘 우리는 뜻밖의 검열을 받았다. Ты с неба упал, что ли, что не знаешь об этом до сих пор? 뭐 하늘에서 떨어졌나? 아직 이것도 모르구.

с небольшим 남짓하다. Барин лет сорока с небольшим. (Тургенев) 그 분은 연세가 마흔 남짓하였다.

с ножом к горлу (пристать) (разг.) 멱살을 잡다, 강경하게 요구하다.

с носом оставить кого (разг.) 웃음거리로 만들다, 속여 넘기다. В результате его оставили с носом. 결국 그는 우롱 당하고 말았다

с носом остаться быть (разг.) 실패하다, 타산이 어그러지다, 웃음거리로 되다. В результате он остался с носом. 결국 그는 실패하고 말았다.

с носу (брать, получать…) (простореч.) 1인당. По рубль с носу. 1인당 1루블.

с одного вола двух шкур не дерут. (속담) 한 마리 소에서 두장의 껍질은 나오지 않는 법. (사람이나 물건을 과도하게 이용해서는 안 된다는 뜻).

с одной стороны… с другой стороны… 한편에서는… 다른 한편에서는.

с пеной у рта 드물게는 с пеной на устах (разг.) 입에 거품을 물고, 잡아먹을 듯, 약이 올라서. С пеной у рта набросился на возражавшего. 잡아나 먹을 듯이 반대자에게 달려들었다.

с первого абцуга (устар.) 처음부터, 시초부터. С первого же абцуга дело пошло у них как по маслу. (Салтыков-Щедрин) 처음부터 그들의 사업은 순조롭게 되어 갔다.

с первого взгляда 보자마자, 첫 인상부터. Пугочёв узнал меня с первого взгляду. (Пушкин) 뿌가쵸브는 나를 보자마자 곧 내가 누군지 알아 차렸다.

с петухами 닭과 함께. Ложиться с петухами. 새벽녘에 가서 혹은 초저녁에 자리에 눕다.

с плеча ① (воен.) 휘갈기다, 후려치다. Ударить с плеча. 휘갈기다, 후려치다. Отряды конницы летучей… сшибаясь, рубятся с плеча. (Пушкин) 나는 듯이 달리는 기병대들은… 서로 싸우면서 검으로 휘갈긴다. ② (разг.) 깊이 생각지도 않고, 문득 생각나는 대로, 당장에. Этот вопрос нельзя решать с плеча. 이 문제는 문득 생각 나는 대로 해결할 수는 없다.

с позволения сказать (ирон.) (삽입 어) ① 그 이름과는 전혀 어울리지 않는다는 뜻 (엉터리). ② 점잖 치 못한 말을 써서 죄송하다는 뜻.

с полслова **полуслова** (понять, узнать) (разг.) 첫 마디에. Он понял меня с полслова. 그는 첫 마디에 내가 하려는 말을 알아차렸다.

с потолка (разг. ирон.) 되는 대로, 생각나는 대로, 충분한 근거 없이. Уверяю вас, что все эти сведения с потолка. 이 모든 정보는 충분한 근거가 없다는 것을 당신에게 확언합니다.

с природы 태어났을 때부터, 천성이 (от природы 와 같음).

с прискорбием 유감스럽게도. С прискорбием должен вам заметить, что вы были неправы. (Чехов) 유감스럽게도 당신이 잘못이었다는 것을 말씀드려야 하겠습니다.

с птичьего полёта ① 높은 곳에서 내려다 본 것 같이 지형을 모사함을 말함 (조감도). ② 피상적으로. Обсуждение вопросов с птичьего полёта никогда не приносит пользы. 문제의 피상적인 토의는 결코 이익을 가져오지 못한다.

с пустыми руками (разг.) 맨손으로. Не хочу я к тебе с пустыми руками явиться. (Пушкин) 나는 맨손으로 네게로 가기는 싫다.

с пьяных глаз (разг.) 술에 취해서. Заблудился с пьяных глаз. 술에 취해서 길을 잃었다.

с рук долой 한시름 놓다 (오래 끌던 일, 시끄럽던 일이 끝났을 때 하는 말). Ну, наконец, ещё одна обуза с рук долой! 자, 드디어 또 한 시름 놓게 되었소!

с рук на руки (передать, перейти) 직접, 친히 (중개자를 거치지 않고).

с рук сбыть (спустить) кого-что (разг.) 누구 또는 무엇에 대해서 걱정을 안 해도 좋게 되다, 어떤 시끄러운 것에서 벗어나다. Ему удалось сбыть с рук всех своих родственников. 그는 시끄럽게 매달리던 자기의 모든 친척들에 대해서 더는 걱정을 안 해도 좋게 되었다. Продавец сбыл с рук весь товар. 장사꾼은 있던 상품을 모조리 처리하였다.

с рук сойти (сходить) (разг.) 벌을 받지 않고 넘어가다. И всё это ему сходило с рук. (Тургенев) 이 모든 것에 대해서 그는 아무런 처벌도 받지 않았다.

с руками оторвать что (разг.) 앞을 다투어 사 가다, 가져가다. Мёд с нашего пчельника в магазинах с руками отрывают. 우리 양봉장의 꿀은 상점에 내 놓으면 어느 사이에 다 팔려 버린다.

с руки (разг.) ① кому 어울리다, 어색하지 않다. Мне не с руки хвала и лесть. (Лермонтов) 칭찬하고 추켜 올리고 하는 것은 나로서는 거북한 일이다. ② чьей 누구의 성공적인 제창, 제의, 실례에 의해서 (с лёгкой руки 와 같음). Ты с моей руки разжился. (Крылов) 자네는 나 때문에 부자가 되었네.

с сердцем (сказать, сделать) (разг.) 화를 내어. Вышел, с сердцем хлопнув дверью. 화를 내어 문을 탁 닫고 나가 버렸다.

с собакой ляжешь, с блохами встанешь. (속담) 개 옆에 누으면 벼룩이 옮는다 (좋지 못한 사람과 사귀면 곧 그의 나쁜 버릇을 닮게 된다는 뜻).

с тех пор 그 때부터.

с течением времени 날이 감에 따라, 점차.

с той поры 그 때부터.

с толком 요령 있게.

с три короба (наговорить…) (разг.) (어떤 의심쩍은 것을) 굉장하게 많이.

с улицы (разг.) 생면부지, 생판 모르는 사람. Взять в помощники человека с улицы. 생판 모르는 사람을 조수로 삼다.

с умом (делать что-нибудь) 잘 생각해서, 충분한 이해 하에.

с успехом 성과 있게, 아무런 곤란도 없이, 쉽게. Газ с успехом заменяет многие виды топлива. 가스는 많은 연료들을 쉽게 대신할 수 있다.

с царём в голове 또는 **со своим царём в голове** 총명하다 (царь в голове 와 같음).

с часу на час 방금이라도 (어떤 예기되는 것에 대해서 하는 말). С часу на час может разразится гроза. 언제 천둥이 치고 비가 쏟아질지 모른다, 금방이라도 천둥이 울리고 비가 쏟아질 것만 같다.

с чего взял? 왜 그렇게 생각하는가? С чего ты взял, что тебе надо ехать? 어떻게 해서 자네가 가야 한다는 생각을 하게 되었나?

с чем подъехал, с тем и отъехал. (속담) 맨손으로 왔다가 맨손으로 돌아간다 (요청을 거부당하였을 때에 하는 말).

с честью выполнить что 영예롭게, 훌륭히 수행하다.

с чужих слов 남의 말에 의해서, 남의 말에 근거해서. Знать что-нибудь с чужих слов. 남에게서 듣다. Рассказать что-нибудь с чужих слов. 남에게서 들은 이야기를 하다.

с чужого коня средь грязи долой. (속담) 얻어 온 말은 갈다가도 돌려 주어야 한다 (남의 말을 타고 갈 때에는 주인이 요구하면 진창 속에서도 내려야 한다, 빌려온 물건은 아무리 필요해도 주인이 요구할 때에 언제든지 돌려줄 각오를 해야 한다는 뜻).

с этих пор 이 때부터.

сам-друг ① 파종한 종자의 배로. Пшеница уродилась только сам-друг. 밀은 심은 종자의 배밖에 나지 않았다. ② 둘이, 둘이서.

сам не свой 자기 마음을 걷잡을 수 없다 (흥분, 격동해서 마음을 진정시킬 수 없다). Как увижу её, я и сам не свой. (Лермонтов) 그 여자를 보기만 하면 나는 마음이 설레었다.

сам по себе 자체로, 그 자체로서 (독립적으로, 타에 의존함이 없이).

сам себе господин, сами себе господа (разг.) 자립적인 사람

сам собою, сама собаю, само собою 절로, 저절로.

сам-третей, сам-четвёрт, сам-пят, сам-шёст… 3배로, 셋이서; 4배로, 넷이서; 5배로, 다섯이서; 6배로, 여섯이서… (сам-друг를 보라).

сами с усами (простореч.) 풋내기가 아니다. (자기들도 남보다 못하지 않게 이해하고 있다). Сами с усами, в своём веку тоже кое-какие виды видали. (Мельников-Печерский) 우리도 풋내기는 아닐세, 그래도 살아오는 동안에 다소간은 본 것이 있으니까.

само собою (разг.) 또는 **само собою разумеется** (삽입어) 물론, 두말할 것도 없이, 의심할 것도 없이.

самое большее 기껏해야, 많아야. Самое большее я пробуду в пут и двое суток. 나는 겨우 이틀이면 돌아오겠습니다.

самое малое (разг.) 적어도, 최소한도.

самый, что называется (простореч.) 그야말로. Самый что называется, силач. 그야말로 장사이다. В самое, что называется, время поспел. 그야말로 제때에 도착하였다.

сапоги всмятку (разг. шутв.) 허튼 수작. Все эти рассказы о духах и привидениях сапоги всмятку. 영혼이니 유령이니 하는 것은 모두 다 허튼 수작이다.

сбиться с ног (разг.) 파김치가 되다, 기진맥진하다 (분주히 돌아다녀서, 힘에 겨운 일에).

свалиться с плеч ① 어깨에 걸쳤던 옷이 떨어지다. ② 옷이 헤어지다. И кафтан мой синий с плеч долой свалился. (А. Кольцов) 나의 푸른 까프딴 (긴 웃옷) 도 누더기처럼 되었다.

свежему яблочку пятнышко не укор. (속담) 젊은 사람에게야 잘못도 있는 법이지 (젊은 사람의 과오는 용서할 수 있다는 뜻).

сверх чаяния (книжн. устар.) 뜻밖에 (паче чаяния 와 같음).

сверху донизу ① 위에서 아래까지. Провести линию сверху донизу. 위에서 아래까지 줄을 긋다. ② 함빡. Дождь промочил его сверху донизу. 그는 비에 흠빡 젖었다. 3. 중앙에서 지방까지, 상부에서 하부까지. Установить домократический централизм сверху донизу. 상부에서 하부에 이르기까지 민주주의 중앙 집권제를 수립하다.

свести с ума кого ① 미치게 하다. ② 매혹하다.

свести счёты с кем-чем. ① 결산하다. ② 보복하다. 3 갚다. Были у него ещё не сведённые счёты с этим конкурентом. 그는 이 경쟁자에게 아직 채 갚지 못한 원한이 있었다.

свет не без добрых людей. (속담) 세끼를 굶으면 쌀 가지고 오는 놈 있다, 활인 지불 동동유지.

свет не клином сошёлся (разг.) ① 인간 도처 유 청산. Ничего,

свет не клином сошёлся, поеду попытать счастья на Дальний Восток. 괜찮아, 이 넓은 세상에 살 곳이 없겠나, 극동에 가서 내 팔자가 어떤지 시험해 볼 테네. ② 아직도 다른 길이 있다, 아직도 해결책은 있다. Что ты горюешь, ведь свет не клином сошёлся. 하늘이 무너져도 솟아날 구멍이 있다는데 그렇게 한탄할 것 없네.

свет не производил кого-чего (разг.) 일찍이 세상에 있어 본 적이 없다. Это такие мошенники, каких свет не производил! (Гоголь) 이들은 일찍이 세상에 있어본 적이 없는 그러한 협잡꾼들이다.

свинцом лечь (лежать) (поэт.) 마음을 무겁게 하다. Это известие легло мне свинцом на душу. 이 소식에 내 마음은 천근같이 무거워졌다.

свистеть в кулак (простореч. фам.) 빈털터리가 되다, 맨주먹이 되다.

свихнуть с ума 미치다 (сойти с ума 와 같음).

свихнуть себе шею на чём (разг.) 단단히 혼나다, 대 실패를 하다. Он свихнул себе шею на рискованных спекуляциях. 그는 모험적인 투기에서 단단히 혼이 났다.

свобода рук (полит.) 행동의 자유.

сводиться на нет (разг.) сходить на нет과 같음.

своего поля ягода (разг. фам.) 같은 들의 딸기, 한통속 (нашего поля ягода를 보라).

своего рода (разг.) 일종의

своей смертью умереть 편안히 돌아가시다 (자연적인 죽음을 말함).

свои ножки, что дрожки – сел и поехал. (속담) 발이 말아들보다 낫다 (남의 힘에 의뢰하지 말고 제 힘을 믿는 것이 제일이라는 뜻).

своим горбом (добывать, зарабатывать) (разг.) 자기의 노력으로. Живи всяк своим умом да своим горбом. (속담) 제각기 제 정신과 제 힘으로 살라.

своим порядком (разг.) 제대로. Всё шло своим порядком. (Тургенев) 모든 것이 제대로 진행되었다.

своими словами (рассказать, передать…) 내용을 따서 (한마디 한마디 그대로 옮기지 않고 내용만을 이야기 한다는 뜻). Расскажите этот рассказ своими словами. 이 단편 소설의 내용을 이야기하여 보십시오.

своих не узнаешь (узнает, узнаете, узнают) (простореч.) 의식을 잃도록 때려 줄 테다.

свой брат (разг.) 같은 패 (자기 편 사람, 생각을 같이 하는 사람).

свой своему поневоле брат. (속담) 한 배를 탄 사람들.

своротить с ума 미치다 (сойти с ума 와 같음). Чуть с ума не своротил. (Пушкин) 거의 미칠 뻔 했다.

своя рубашка ближе к телу. (속담) 제 발등에 불을 끄고 아버지 발등에 불을 끈다 (자기의 이해관계가 남의 이해관계보다 더 절실하다는 뜻에서 쓰임).

своя рука владыка. (속담) 남에게 의지함이 없이 독자적으로 행동함.

связался чорт с младенцем. (속담) 마귀와 어린애가 사귀는 것 같다 (서로 어울리지 않는 두 사람의 관계를 두고 하는 말).

связать (связывать) руки кому 또는 **по рукам кого** 손발을 얽어매다, 행동을 구속하다.

святая святых (книжн. ритор.) (불변) 지성소, 유태 신전의 약궤가 안치되어 있는 곳, 남이 엿볼 수 없는 가장 소중하고 신성한 것. Трудно проникнуть в святая святых человека. (Лесков) 사람 마음의 비밀은 알기 어렵다, 열 길 물속은 알아도 한 길 사람 속은 모른다.

сдать в архив (разг.) 박물관에 가져가다 (폐물, 무용지물, 활동 능력을 상실한 인간으로 인정하다). К сожалению, это пальто приходится сдавать в архив. 유감이지만 이 외투는 박물관에나 가져가야 하겠소.

сдвинуть с места кого-что (разг.) ① 추진시키다. Сдвинуть с места вопроса. 문제를 추진시키다. ② 궁둥이를 쳐들게 하다, 행동하게 하다. Он так обленился, что его с места не сдвинешь. 그는 얼마나 게을러졌는지 궁둥이를 쳐들게 할 수가 없다.

сдвинуться с места (разг.) ① 추진되다. Этот вопрос ещё не сдвинулся с места. 이 문제는 아직도 진전을 보지 못하고 있다. ② 일을 하기 시작하다, 행동하기 시작하다. Если ему не напоминать, он и с места не сдвинется. 그를 일깨워 주지 않으면 그는 백년가도 일을 시작하지 않을 것입니다.

сделать акцент на чём (книжн.) 강조하다. В своей речи он сделал акцент на индустриализации страны. 자기의 연설에서 그는 나라의 공업화에 대하여 특히 강조하였다.

сделать больно кому (разг.) 아프게 하다. Мне не хотелось сделать ей больно, но я обязан был сообщить эту неприятную для неё новость. 나는 그 여자의 마음을 아프게 하고 싶지 않았으나 나에게는 이 불쾌한 소식을 그 여자에게 전할 의무가 있었다.

сделать карьеру (разг.) 출세하다.

сдержать слово (клятву, обещание) 자기가 한 말 (선서, 약속)을 지키다.

себе на уме (разг.) 음흉하다. 노회하다. Это человек опытный, себе на уме. (Тургенев) 그는 경험이 많고 음흉한 사람입니다.

себя показать (разг.) ① кем-чем и без дополнения. 자기의 자질

을 나타내다, 솜씨를 보이다. Он показал себя хорошим работником. 그는 훌륭한 일꾼의 솜씨를 보였다. ② 사람들과 교제하다. Надо людей посмотреть, себя показать, высокого тону набраться. (А. Островский) 사람들을 보고 그들과 교제하고 우아한 태도를 배워야 한다.

седина в бороду, а бес в ребро. (속담) 늦바람이 용마름을 벗긴다.

седьмая вода на киселе кто кому (разг. фам. шутл.) 먼 친척. (десятая вода на киселе 와 같음).

секрет полишинеля 세상 사람이 다 아는 비밀. Один русский сибирский купец прибыл по своим торговым делам в Лондон (имя его секрет полишинеля). (Лесков) 러시아의 어떤 시베리아 상인이 상업상 업무로 런던에 도착하였다 (그의 이름은 누구나 다 아는 비밀이다).

семеро одного не ждут. (속담) 일곱 사람이 한 사람을 기다리지 않는다.

семи пядей во лбу 이마가 일곱 치 (매우 총명하다는 뜻).

семь бед—один ответ. (속담) 여섯 번 죄 지으나 일곱 번 죄 지으나 벌을 받기는 매일반이다 (이미 죄 지은 사람이 자포자기하여 새로운 죄를 범 할 때에 하는 말).

семь пятниц на одной неделе (у него, у неё, у них и.т.д) 하루에도 열두 번 마음이 변한다 (자기의 견해, 의도를 자주 변경시키는 사람에 대해서 하는 말).

семь раз примерь, а один отрежь. (속담) 얕은 데도 깊게 건너라, 돌다리도 두드려 보고 건너라, 한번 베기 전에 일곱 번 재보라. (모든 일을 조심스럽게 하라는 뜻).

сердце не на месте у кого 마음이 놓이지 않다, 우물가에 애 보낸 것 같다. Послали сынишку в город учиться и сердце не на месте. 아들을 도회지로 공부하러 보냈는데 어쩐지 우물가에 애 보낸 것만 같다.

серёдка на половинку 또는 **на половинке** 또는 **на половине** (разг. фам.) 죽도 아니고 밥도 아니다 (부정적인 면이나 긍정적인 면이 뚜렷이 나타나지 않고 이도 저도 아닌 상황을 말할 때 쓴다). Эта его картина какая-то бесцветная, так сказать, серёдка на половинку. 그가 그린 이 그림은 어떻다 할 것이 없이 말하자면 죽도 아니고 밥도 아니다.

сесть на мель 궁지에 빠지다, 일이 난처하게 되다.

сесть на скамью подсудимых 피고석에 앉다 즉 재판을 받다.

сидеть барином (разг. неодобрит.) 무위도식하다.

сидеть на бобах (разг.) 허탕 치다. (остаться на бобах 와 같음).

сидеть у моря, ждать погоды. (속담) 막연한 희망을 가지고 기다리다.

сидмя сидеть (обл.) сиднем сидеть 와 같음.

сиднем сидеть (разг.) ① 걷지 못하다. Он (Илья Муроец) сиднем сидел тридцать лет и три года 그는 (일리야 무로에쯔)는 서른 세 해 동안 걷지 못하였다. ② 집에 틀어박히다. В будни сиднем сидел да писал. (Некрасов) 평상시에는 집에 틀어박혀서 글을 썼다.

сил нет ① 힘이 없다. От напора ветра нет сил дышать. (Чехов) 어떻게 바람이 센지 숨을 쉴 수가 없다. ② 몹시. Сил нет, как он мне надоел. 나는 그 사람에게 말할 수 없이 싫증이 났다.

сила солому ломит. (속담) 약자는 강한 자를 당치 못한다.

силою в (от, до) (воен.) 인원수에 있어서. Колонна силою в тысячу штыков. 천명의 대열.

силою вещей (книжн.) 조성된 정세, 조건으로 해서.

сиротская зима (разг.) 그리 춥지 않은 겨울.

скажешь с ноготок, а перескажут с локоток. (속담) 말이 말을 만든다 (손톱만 하게 말하면 팔꿈치만 하게 전한다는 뜻).

침소봉대.

скажи(те) пожалуйста (разг. фам.) 경악, 불만, 분통을 표시하는 말.

сказано－сделано 한 말을 어김없이 실행하는 사람을 두고 하는 말.

сказка － складка, а песня － быль (속담) 옛말은 지어낸 것이지만 노래는 실제로 현실을 반영하고 있다는 뜻.

скатертью дорога кому (разг. ирон.) 어서 가십시오, 말리지는 않을 테니 (상대방이 떠나가는 것을 희망할 때에 하는 말). －Вот … уезжаю …я … － Скатертью дорожка! (Елизар Мальцев) － 그럼… 전…떠나겠습니다… － 어서 가세요, 누가 말릴 줄 아세요!

сквозь огонь и воду прошёл 세상 풍파를 다 겪었다. (경험이 많은 사람에 대해서 하는 말).

сквозь пальцы смотреть 또는 **глядеть на кого－что** (разг.) 못 본 체 하다. Я сквозь пальцы буду смотреть, я молчу, мой друг, молчу. (А. Островский) 나는 못 본체 할테요, 친구, 나는 잠자코 있을 테니깐.

сквозь призму чего (смотреть, наблюдать…) 어떤 프리즘을 통해서 (보다…) Вспоминать прошлое сквозь призму прожитых лет. 지나온 생활의 프리즘을 통해서 과거를 돌이켜 보다.

сквозь слёзы 눈물을 흘리면서. Говорить сквозь слёзы. 눈물을 흘리면서 말하다.

сквозь сон 잠결에. Слышал сквозь сон. 잠결에 들었다.

склонять на разные лады 또는 **по всем падежам что** (разг.) 도처에서 자주 화제에 오르다. Он стал настолько знаменит, что имя его склоняют на разные лады. 그는 매우 유명해져서 그의 이름은 가는 곳마다 화제에 오르고 있다.

сколько времени? 몇 시입니까?

сколько лет, сколько зим (не видались) (разг. фам.) 오래간만이다 (서로 만났을 때에 하는 말). Ты ли это? Голубчик мой! Сколько лет, сколько зим! (Чехов) 이게 웬 일인가? 이 사람아! 참 오래간 만일세!

сколько с быком ни возиться, а молока от него не добиться. (속담) 아무리 잘 먹인들 황소에서 젖날까? (희망 없는 일을 가리키는 말).

скорее всего (разг.) 아마. Скорее всего он не придёт. 아마 그는 오지 않을 것이다.

скоро сказка сказывается, да не скоро дело делается. 이렇게 옛말로 하기는 쉬워도 실제로 그렇게 간단하지 않다는 뜻으로 흔히 옛말을 할 때에 도중에 삽입하는 말.

скрепя сердце 싫은 것을 (그렇게 하고 싶지 않은 것을) 참고. … Пантелей Прокофьевич, скрепя сердце, доверил ей быков, зная, как охоча она до весёлого время-препровождения. (Шолохов) 그 여자가 얼마나 장난을 좋아하는가를 아는 빤젤레이 쁘로꼬피예비치는 맡기고 싶지 않은 소를 그 여자에게 맡기었다.

скрестить мечи 또는 **шпаги** (книжн.) 논쟁하다.

слабая струна 또는 **струнка кого-чего.** 약점, 약한 고리 (слабая сторона, слабое место 와 같음)

слава богу (разг. устар.) ① 훌륭히. Дела идут слава богу. 일은 잘 되어 간다. ② 만족을 표시하는 삽입 어. В чудеса теперь, слава богу, не верят. 지금은 다행히도 사람들이 기적을 믿지 않는다.

сладостями досыта не наешься. (속담) 단 음식으로는 배불리지 못 한다 (참다운 인간은 환락으로써만 만족할 수 없다는 뜻).

сладу нет с кем-чем (разг.) 제어할 수 없다. Всыпать вам розог надо, сопливым воякам. Распустились уж чересчур. Сладу нет. (Н. Островский) 너 따위 코 흘리게 병정들은 매를 좀 맞아야겠다. 어른들 말은 들은 척도 안 하니 도무지 어떻게 할 도리가 없구나.

след ли кому 과연 그래야 할 것인가, 그럴 필요가 무엇인가.

слезами горю не поможешь. (속담) 통곡하면 죽은 아이 살아날까? 죽은 닭이 울까? (불행이 닥쳐왔을 때, 실패하였을 때에 눈물만 흘리고 앉아서는 문제가 해결되지 않는다는 뜻).

слезливый слезами обольётся, а смешливый со смеху надорвётся. (속담) 같은 일에도 우는 놈 있고 웃는 놈 있다 (동일한 현상에도 사람마다 달리 대한다는 뜻).

слепой слепому не поводырь. (속담) 눈 먼 놈이 앞장서면 개천에 빠진 다 (무식한 사람은 남을 가르칠 수 없다는 뜻).

слов нет, как… 형언할 수 없다. Слов нет, как она хороша собой! 그 여자가 어여쁜 것은 이루 말할 수 없다.

слова застряли в горле (разг.) 말이 목구멍에 걸려서 나오지 않았다 (너무 어리둥절해서, 놀라서… 말을 못하였다).

слово в слово 한 마디 한 마디 그대로 (옮기다). Выучил весь отрывок произведения слово в слово. 작품의 일절을 전부 그대로 외웠다.

слово за слово 또는 **слово за словом** (разг.) 한 마디 두 마디 말이 오고 가면서 (대화가 차츰 통하게 됨을 말함). И, слово за слово, знакомятся они, потом дружатся. (Крылов) 그래서 말을 주고받는 사이에 그들은 서로 알게 되고 다음에는 친해진다.

слово не воробей: вылетит, не поймаешь. (속담) 쌀은 쏟고 주워도 말은 하고나면 못 줍는다. 한번 한 말은 주어 담을 수 없다.

словом сказать (разг.) 한마디로 말하여 (словом과 같음).

сложа руки сидеть (разг.) 팔장을 끼고 앉아 있다. 수수방관하다, 아무것도 안하고 가만히 있다.

сложить (свою) голову (ритор.) 생명을 잃다. Он сложил свою голову в сражении. 그는 전투에서 생명을 잃었다.

сложить оружие (книжн. ритор.) 항복하다.

сломать рога кому (разг.) 뿔을 꺾다 (불손하고 오만한 행동을 못 하게 하다). (обломать рога кому 와 같음).

сломать (сломить) себе шею на чём (разг.) 단단히 녹아나다, 대 실패를 하다 (свихнуть себе шею 와 같음).

сломя голову (разг.) 급히, 부랴부랴. Знаешь ли, зачем я прискакал сюда, сломя голову, вчера поутру? (Тургенев) 어제 아침 꼭두새벽에 어째서 내가 부랴부랴 이리로 달려 왔는지 아나?

слона-то я и не приметил. (속담) 가장 중요한 것을 보지 못하고 놓치다. Крылов의 우화 "Любопытный"에서 온 속담, 어떤 사람이 кунсткамера (진기한 것들을 수집하여 둔 곳)에 가서 많은 벌레들을 보고와서 자랑하였는데 코끼리는 어떻느냐고 물은 즉 ≪Ну, братец, виноват: слона-то я и не приметил ≫이라고 대답하였다, 가장 중요하고 가장 뚜렷한 것을 보지 못하는 사람에게 하는 말.

служба службой, а дружба дружбой. (속담) 우정은 우정이고 공무는 공무이다. 사적인 관계로 해서 공무에 영향을 주어서는 안 된다, 공사를 분명히 해야 한다는 뜻).

слухом земля полнится (разг.) 가는 곳마다 그 이야기다 (사방에 퍼진 소문에 대해서 하는 말). Как не слыхать земля слухом полнится! 어떻게 듣지 않을 수 있겠습니까, 가는 곳마다 그 소문인데!

смерть как (разг. фам.) 극도로, 몹시. Смерть как хочется пить. 목이 말라서 죽을 지경이다.

смеха ради (разг.) 농담으로, 조롱하기 위해서. Он выдумал это всё смеха ради. 그가 이 모든 것을 생각해낸 것은 농담을 위해서이다.

смешать с грязью (ритор.) 얼굴에 먹칠하다, 비방하다, 모욕하다 (공개적으로) (втоптать в грязь 와 같음).

смирительная рубашка 미치광이에게 입히는 옷.

смотать (свои) удочки (простореч. фам.) 뺑소니치다. Как только он узнал, что вы придёте, так и смотал удочки. 당신이 온다는 것을 알자 곧 그는 뺑소니치고 말았습니다.

смотреть бирюком (разг.) 우울하다, 침울하다.

смотреть в глаза кому 비위를 맞추다, 아첨하다. Да разве тебе здесь [дома] не хорошо? …Ну, погляди вокруг себя: все смотрят тебе в глаза. (Гончаров) 그래 자네는 여기가 [집이] 좋지 않단 말인가? …자, 자기 주위를 둘러보게: 모두들 자네 비위를 맞추기에 바쁘네.

смотреть в глаза чему (книжн.) ① 현실을 있는 그대로 평가하다. Смотреть в глаза фактам. 사실을 있는 그대로 보다. ② 두려워하지 않다. Смотреть в глаза смерти. 죽음을 겁내지 않다.

смотреть в гроб 죽을 날이 가깝다.

смотреть в книгу и видеть фигу (разг. фам.) 책을 보아도 아무것도 이해하지 못하다 (глядеть в книгу и видеть фигу 와 같음).

смотреть в корень (разг. фам.) 밑뿌리를 보다, 본질적인 것을 보다.

смотреть в оба (разг.) 주의해 보다, 조심하다 (глядеть в оба 와 같음).

смотреть в рот кому ① 누가 어떻게 먹는가를 보다 즉 누가 많이 먹는 에 탐욕이 나서 화를 내다. Что же он будет есть, а я ему буду в рот смотреть. 그래 그 자식만 먹고 나는 입만 쳐다보란 말인가? ② 누가 어떻게 말하는가를 보다. 즉 굽실거리다, 알랑거리다. Он смотрит в рот каждому, имеющему деньги. 그는 돈 있는 사람이면 누구 앞에서나 굽실거린다.

смотреть чьими-нибудь глазами на что. 누구의 눈으로 보다 (자기의 주관이 없이) Она на всё смотрела глазами мужа. 그 여자는 모든 것을 남편의 눈으로 보았다.

сносу нет чему 튼튼하다. (옷, 신발에 대해서 하는 말).

снявши голову, по волосам не плачут. (속담) 목 잘리고 머리털을 아까워할까 (큰 것을 잃고 사소한 것을 아까워하겠느냐는 뜻).

со временем 장차, 때가 오면.

со всех ног (разг.) 급히, 부랴부랴. И бросилась сюда со всех я ног. (Грибоедов) 그래서 저는 부랴부랴 이리로 달려 왔답니다.

со дня на день ① 이 날에서 저 날로. ② 가까운 시일에. Откладывать дело со дня на день. 일을 하루하루 미루다.

со зла (делать, сделать, говорить что-нибудь) 홧김에, 부앗김에, 악이 북받쳐.

со своей колокольни смотреть (на что) 바늘구멍으로 하늘 보기, 우물 안 개구리 (시야가 좁다는 말).

со слов чьих 문헌에 의거하지 않고 누구의 말에 의거해서. Подробности происшествия описаны со слов очевидцев. 사건의 자세한 내용은 목격자들의 말에 의거해서 기록된 것이다.

со сна (разг.) 방금 잠에서 깨어, 완전히 잠에서 깨지 못하여. Со сна ничего не расслышал. 방금 잠에서 깨어 무슨 소리인지 분간하지 못하였다.

со спокойной совестью 떳떳하게. Со спокойной совестью могу сказать. 나는 떳떳하게 말할 수 있다.

со стороны (взять, пригласить…) 그 곳에서가 아니라 딴 곳 에서. К мальчику пригласили учителя со стороны. 아이를 위하여 딴 곳에서 선생을 모셔왔다.

со стороны кого-чего 또는 **чьей** …측으로. Требуется содействие со стороны всех организаций. 모든 단체들의 협조가 요구된다.

со счетов сбросить (**скинуть**) 집어 던지다, 무시해 버리다. Для благополучного завершения этого дела я согласен скинуть со счетов все свои личные нитересы. 이 일을 순조롭게 끝맺기 위해서라면 나는 자기의 개인적 이익을 포기하는 것도 서슴치 않는다.

со школьной скамьи 학교를 졸업하자마자.

собак вешать на кого (разг.) 욕하다, 죄를 뒤집어 씌우다.

собака лает – ветер уносит. (속담) 발 없는 말이 천리 간다.

собаке собачья смерть. (속담) 자업자득.

собаку съесть на чём (разг. шутл.) 많은 경험을 쌓다. Он в строительном деле собаку съел. 그는 건설 사업에는 귀신이다.

собачий холод (разг. шутл.) 지독한 추위.

собраться с духом (разг.) ① 숨을 돌리다 (급히 달리거나, 빨리 걸은 뒤에) ② 용기를 내다 (흥분, 당항, 공포 등을 극복하고).

совать (**сунуть**) **нос** 또는 **соваться** (**сунуться**) **с носом** (разг.) 간섭하다.

соврёшь – не помрёшь, да впредь не поверят. (속담) 거짓말을 하기는 쉽지만 앞으로 아무도 그를 믿지 않으리라는 뜻.

совсем другой коленкор (простореч.) 이것은 전혀 딴 문제이다.

согнуть в бараний рог кого (разг.) 휘어잡다, 꼼짝 못하게 하다.

сойти с ума 미치다.

Соловья баснями не кормят. (속담) 굶주린 자를 노래로 배 불릴까? (굶주린 사람을 빈 말로써는 배부르게 할 수 없다는 뜻).

соломенные ноги 또는 **ножки** (разг. фам. шутл.) 가느다란 다리. Ножки у него слабые, тоненькие, что называется, соломенные. (Лесков) 그 사람의 다리는 약하고 참새 다리같이 가늘

었다.

солоно прийтись кому-чему (разг.) ① (무인칭) 설움과 쓰라림을 맛보다. Ему солоно пришлось. 그는 고통스러웠다. ② 미움을 받다. Говорят, что я им солоно пришёлся. (Гоголь -시장이 상인들과의 관계를 두고 하는 말) 들려오는 말에 의하면 나는 그들의 미움을 받고 있소.

соль земли (ритор.) 사회의 중견. Доказали бы, что они ядро России, соль земли русской, (Писемский - 러시아 인테리어들에 관해서 한 말) 그들은 러시아의 핵심이며 러시아의 정화라는 것을 보여 주어야 할 것이다.

соплёй перешибёшь кого (простореч. вульг.) 조금 다치기만 해도 넘어 간다 (허약한 사람에 대해서 하는 말). Маленький, худенький, соплёй перешибёшь. 작고 여위고 바람만 불어도 넘어 갈 것 같다.

сор из избы не выноси. (속담) 집안 허물은 대문 밖으로 나가게 하지 말라.

сорвать прут - не большой труд. (속담) 나뭇가지를 꺾는 것이 무슨 힘든 일인가, 누운 소타고 장난하나? (뽐 내 는 사람에게 하는 말).

сорвать сердце на ком-чём (разг.) 화풀이하다. Он воротился домой рассерженный и униженный, ища, на ком сорвать сердце. (Достоевский) 모욕을 당하고 잔뜩 화가 난 그는 화풀이 할 사람을 찾으면서 집으로 돌아 왔다.

сорить деньгами (разг.) 많은 돈을 함부로 쓰다. Сорил моими деньгами, шутил над моим чувством. (Чехов) 내 돈을 물 쓰듯 써 버리고 내 감정을 조롱하였다.

сослужить службу кому 섬기다, 도와주다. Пустую службу, плёвую - и ту не сослужил. (Некрасов) 손쉽고 하찮은 일 한 가지도 해 주지 않았다.

социальный заказ (книжн.) 어떤 사회계급의 요구.

сохранит бог (разг.) 큰 일 난다 (좋지 못한 결과를 피하기 위해서 무엇을 하지 말라는 경고의 말, боже сохрани와 같음).

сохранить (своё) лицо (книжн.) 체면을 유지하다 (спасти своё лицо와 같음).

спасти (своё) лицо (книжн.) 체면을 유지하다.

спасть с тела 또는 **с лица** (простореч.) 살이 빠지다, 홀쭉해지다.

спать и видеть что (разг.) 자나 깨나 그 생각이다 (몹시 동경하다). Он спит и видит поездку на юг. 그는 자나 깨나 남쪽으로 여행할 생각밖에 없다.

спиться с кругу (разг.) 술에 미쳐 완전히 타락하다. Прошёл ещё год, втечение которого Капитон окончательно спился с кругу. (Тургенев) 또 한 해가 지났고 그동안에 까삐돈은 완전히 술주정꾼이 되고 말았다.

сплошь и рядом 또는 **сплошь да рядом** 거의 언제나, 자주.

спору нет (разг.) 두말 할 것도 없다 (삽입 어). Спору нет, дело это новое, и как во всяком новом деле, здесь неизбежны трудности и неполадки. (Вл. Кравильщик) 물론 이것은 새로운 사업이고 따라서 어떤 새로운 사업에서도 그런 것처럼 여기에서 난관과 혼란은 불가피하다.

спрыгнуть с ума 미치다 (сойти с ума 와 같음).

спустить в трубу что (разг. фам.) 도박에서 잃다, 탕진하다. Всё, что принёс с собой, в полчаса спустил в трубу. (Салтыков－Щедрин) 가져 온 돈은 반시간 동안에 다 달아났다.

спустить с лестницы кого (простореч.) 집밖으로 쫓아내다. －Говорят, он сватался. － Да, но только его спустили с лестницы. － 그 사람이 구혼 하였다지요 － 구혼하러 가긴 갔는데 그 집에서 쫓겨나고 말았습니다.

спустить шкуру с кого (простореч.) 두드려 패다, 복날 개 패듯

하다.

спустя лето по малину в лес не ходят. (속담) 고사리도 꺾을 때 꺾는 다 (모든 일은 제 때에 해야 한다, 때를 놓치면 만회할 수 없다는 뜻).

спустя рукава (разг.) 되는 대로, 대충대충, 무사태평하게. Работать спустя рукава. 되는 대로 일하다.

спутать все карты (разг.) 태산, 행동 계획을 파탄시키다. Он спутал мне все карты. Он спутал мне все карты. 그 사람 때문에 나의 모든 계획이 틀어졌다.

спятить с ума 미치다 (сойти с ума 와 같음).

средней руки (разг. устар.) 보통 정도의 Жених средней руки. 쓸쓸한 신랑감.

средь бела дня (разг.) 대낮에, 백주에.

срезать угол 질러가다.

срывать цветы удовольствия (ирон.) 향락의 꽃을 꺾다 (가정에 대한 의무나 사회적 의무에 대해서는 생각지 않고 아무런 걱정도 없이 생을 향락하다). Мы вместе срывали цветы удовольствия, тонули на пуховиках наслаждения. 우리는 함께 향락의 꽃을 꺾었고 쾌락의 보금자리 속에 파 묻혔다.

ставить (поставить) на карту что 무엇의 위험을 무릅쓰고 결행하다, 모험하다. Ставить жизнь на карту. 목숨을 내걸고 하다. Он всё поставил на карту. 그는 단판씨름을 하였다.

ставить на одну доску кого с кем 동일시하다. Их нельзя ставить на одну доску. 그들을 동일시할 수는 없다.

ставить под вопрос что 의문부를 찍다, 의심쩍어 하다. Последние события поставили под вопрос все наши планы. 최근의 사건들로 인해서 우리들의 계획은 전부가 의심스럽게 되었다.

ставить (поставить) точки над и 또는 **на и** ① 이미 명백한 것에 불필요한 설명을 더 가하다. ② 모든 것을 남김없이 다 이야

기하다, 가장 본질적인 것을 강조하다. 3. 모든 결론을 내리다.

ставить часы 시계 바늘을 앞으로 돌려놓다 (시간을 맞추기 위해서).

стадо баранов (разг. презрит.) 양의 무리 (남의 뒤를 맹목적으로 따르는 군중).

стало быть (разг.) 또는 **стало** (простореч.) 따라서, 즉. Всё же ты без образования, — стало быть, должен слушаться, когда тебе говорят. (Тургенев) 어쨌든 너는 교육을 못 받지 않았느냐 — 그러니까 남이 하는 말을 들어야지.

стар и мал (разг.) 늙은이나 젊은이나 할 것 없이. (старый и малый 와 같음).

стара песня 또는 **старая песня** (разг. неодобрит.) 항상 듣는 노래. (진부한 것, 싫증난 일을 반복 할 때에 하는 말).

старая песня (погудка) на новый лад 새 곡조로 부르는 낡은 노래 (새 껍데기를 씌운 낡은 사상).

старая хлеб-соль не забывается. (속담) 옷은 새 옷이 좋고 사람은 옛사람이 좋다 (오랜 우정이 두터움을 말함).

старого воробья на мякине не проведёшь. (속담) 백년 묵은 여우는 속이지 못 한다 (경험이 많은 사람은 못 속인다는 뜻).

старый воробей (разг.) 경험이 많고 남에게 잘 속지 않는 사람 (стреляная птица 와 같음).

старый и малый (разг.) 늙은이나 젊은이나 할 것 없이 (노소를 불문하고).

старый конь борозды не испортит. (속담) 늙은 소는 밭이랑을 망치지 않는다 (경험이 많은 사람은 일을 망치지 않는다는 뜻).

статочное ли дело? 그래서 될 일인가, 그래서 좋을 것인가? Статочное ли дело, чтоб поверить девке, кто ей понравиться!

(А. Островский) 누가 마음에 든다 안든다 하는 처녀의 말을 곧이듣다니!

стать в позу какую 또는 **кого** 어떤 포즈를 취하다.

стать в тупик 또는 **втупак** 어쩔 줄 모르다. Перед этим вопросом я стал в тупик. 나는 이 문제에 대해서 전혀 속수무책이었다.

стать на дороге чьей 또는 **поперёк дороги кому** (разг.) 앞길을 가로막다, 방해하다.

стать на ноги (разг.) ① 회복하다, 재기하다. Лекарство ли, или своя железная сила взяла верх, только он через полтора месяца стал на ноги. (Гоголь) 약이 효과를 보았는지 혹은 자기의 강철 같은 힘이 이기였는지 어쨌든 그는 달 반이 지나서 자리에서 일어났다. ② 자립하다. Чтобы помочь нашей матери, мы все стремились скорее стать на ноги. 어머님을 돕기 위해서 우리들 전부는 될수록 빨리 자립하려고 애썼다.

стать на учёт 등록하다.

стахановцу – медовые пышки, а лодырю – словые шишки. (속담) 스따하노베쯔는 훌륭한 대우를 받아도 건달에게는 아무것도 생길 것이 없다는 뜻.

стена в стену (разг.) 벽 하나를 사이에 두고, 바로 곁에. Мы живём стена в стену. 우리들은 벽 하나를 사이에 두고 살고 있다.

стену лбом не прошибёшь. (속담) 계란으로 바위치기, 머리로 벽을 받아야 뚫어질 리 없다 (어떤 장애를 극복할 수 없을 때에 하는 말).

стереть в порошок кого (разг.) 없애버리다. (растереть в порошок 와 같음).

стереть с лица земли (книжг. ритор.) 완전히 파괴하다.

стерпится – слюбится. (속담) 참으면 좋은 날이 온다.

стоит того (разг.) (не와 함께 또는 그것 없이) (разг.) 그렇게 할 가치가 없다, 그럴 필요가 없다.

стоять горой за кого-что 전력을 다하여 옹호하다. За армию стоит горой. (Грибондов) 전력을 다하여 군대를 옹호한다.

стоять как пень 또는 **пнём** (разг.) 우두커니 서 있다.

стоять колом (разг.) 빳빳하다, 꼿꼿하다. Моё мокрое пальто от холода стояло колом. 나의 젖은 외투는 얼어서 빳빳해졌다.

стоять колом в горле (разг.) 말없고 소화가 안 되고 구역질나는 음식에 대해서 하는 말. До сих пор пирог этот стоит колом у меня в горле. 이 놈의 삐로그는 아직도 목구멍으로 되 올라 오는 것 같다.

стоять на ветру (разг.) 바람이 몹시 부는 곳에 서 있다.

стоять на дороге чьей 또는 **поперёк дороги кому** (разг) 앞길을 가로막다, 방해하다.

стоять на ногах 자립하다.

стоять на платформе чего 어느 편에 서다.

стоять на пути чьём 또는 **поперёк пути кому** 앞길을 가로막다, 방해하다.

стоять одной ногой в гробу 죽을 날이 가깝다, 한 다리를 관 속에 들여 놓다.

стоять столбом (разг.) 우두커니 서 있다. Столбом стоял, как вор перед судьем. (М. Горький) 재판관 앞에 선 도둑처럼 우두커니 서 있었다.

стоячая вода гниёт. (속담) 흐르지 않는 물은 썩는다.

стреляная птица (разг.) 경험이 많고 잘 속지 않는 사람. Я в этих делах стреляная птица. 나는 이 일에는 풋내기가 아닐세.

стреляный воробей (разг.) 경험이 많고 잘 속지 않는 사람. (стреляная птица 와 같음).

стрелять глазами 얼핏 보다 (разг. фам.) 또는 날카로운 눈으로 보다 (простореч.) Мальчишка стрелял глазами по сторонам. 소년은 좌우를 힐끗힐끗 보았다.

стричь всех под одну гребёнку 존재하는 차이를 무시하고 똑같이 취급하다, 똑같이 평가하다.

строить на песке (книжн. неодобрит.) 모래 위에다 짓다, 사상누각을 짓다.

строка в строку 또는 **строчка в строчку** (пересказать. списать…) 한 마디 한 마디 그대로 (옮기다).

студенческая скамья 대학 시절.

стучаться в дверь 임박하다, 박두하다. Уже зима стучится в двер ь. 겨울은 벌써 눈앞에 닥쳐왔다.

суд да дело (разг.) 법정에서의 사건의 심의, 장기간에 걸친 토의, 질질 끄는 일.

судить (да 또는 **и) рядить** (разг.) 이야기하다, 논의하다. О всём и рядит он и судит. (Крылов) 그는 모든 것에 대해서 논의한다.

сходить на нет (разг.) ① 완전히 없어지다. Пятно только после второй чистки сошло на нет. 얼룩은 두 번 씻은 다음에야 깨끗이 없어졌다. ② 있으나 마나 하게 되다, 유명무실하게 되다. Его успехи сошли на нет. 그가 거둔 성과는 허사로 되었다.

сходить с ума по ком 또는 **по кому-чему** (разг.) 열중하다, 반하다. Он сходит по ней с ума. 그는 그 여자에게 홀딱 반했다.

счастливые часов не наблюдают. (속담) 행복한 사람들은 시간 가는 줄 모른다.

счастье моё (своё, его…), что 나에게 (너에게, 그에게…) 다행이다. Ваше счастье, что вы приехали во-время. 제때에 오셔서 당신에게는 참 다행입니다.

счёту нет кому-чему 이루 헤아릴 수 없다, 굉장히 많다. У него счёту нет книгам. 그는 굉장히 많은 책을 가지고 있다.

считанные дни 얼마 남지 않은 짧은 시일. До наступления канику

лы остались считанные дни. 방학 까지는 며칠밖에 안 남았다.

сыграть шутку 또는 **штуку с кем−чем.** 놀려 주다, 장난을 하다.

сыпать деньгами (разг.) 돈을 물 쓰듯 하다, 많은 돈을 함부로 쓰다. (Сорить деньгами 와 같음).

сытый голодного не разумеет. (속담) 내 배부르면 남의 배고픈 줄 모른다.

Т

терпи казак, атаманом будешь.

так бы (разг.) 강한 욕망을 표시. Так бы я разорвала тебя, змею-злодейку, проклятую разлучницу мою! (Пушкин) 나는 뱀같이 악독한 네년을, 우리를 이간시킬 저주로운 네년을 갈기갈기 찢어 주고 싶다.

так вообще (разг.) 그저 (특별한 목적, 일정한 의의를 가지지 않는 행동, 상태를 가리킴) Он сказал это так, вообще, чтобы начать разговор. 그는 그저, 이야기를 시작하기 위해서 이렇게 말하였다.

так вот ① 그래서 (이야기에서 다시 본론으로 돌아 갈 때 하는 말). Так вот, слушайте, что произошло со мной дальше. 그래서 그 다음에 내가 어떤 일을 겪었는지 들어 보십시오. ② 그래서 (위에서 말한 것에 대한 결론으로서 그 결과를 지적할 때에 하는 말).

так же… как (и)… 와 마찬가지로. Такой пребойкий мальчик, будет так же, как и отец, содержать трактир. (Гоголь) 아이가 꽤 약아서 크면 아버지처럼 주막을 해 낼만 하다.

так и ① 아무런 저해도 없이, 스스로 수행되는 듯 한 동작을 표시. Дождь так и льёт. 비는 그냥 죽죽 내린다. ② 정력적인 동작을 표시. ③ 갑작스런 동작을 표시. Я так и обмерла. (Пушкин) 나는 그만 정신을 잃고 넘어졌습니다. ④ 바로 그렇게. Я так и знал, что ты откажешься. 나는 자네가 거절할 줄

알았네.

так и быть (разг.) 내버려 둬. Глупые шутки, но, так и быть, простим ему, ведь он ещё очень молод! (Верп Панова) 어리석은 농담이지만 내버려 둬, 나이도 매우 젊고 한데 용서하여야지.

так и есть 그렇다, 사실이다. Лицо его …просияло ещё более, когда он узнал вбегавшего. —Так и есть! Левин, наконец! —проговорил он. (Л. Толстой) 뛰어 들어 온 사람이 누구인가를 알았을 때 그의 얼굴은 …더 한층 빛났다 – 그렇지! 레빈이야, 드디어 왔어! –하고 그는 말하였다.

так и надо кому—чему (разг.) 응당 그래야지. —Его оштрафовали задебош. —Так ему и надо. – 그 자식이 난장판을 벌려 놓다가 벌금을 물었다네 – 그 녀석은 그렇게 혼을 내야 돼.

так и сяк (разг.) и так и сяк 와 같음.

так и так (разг.) 여러 가지 방법으로, 이렇게도 해 보고 저렇게도 해 보면서 (и так и этак 와 같음).

так и так (мол) (разг.) 이러이러해서, 여차저차해서 (어떤 사람의 말을 서술함에 있어서 본질적인 문제에 들어 갈 때, 혹은 듣는 사람이 이미 알고 있는 것을 반복할 대신에 사용함).

так или иначе (разг.) 이렇든 저렇든, 어쨌든 간에. Так или иначе, в должен на это решиться. 어쨌든 나는 이것을 실행해야 할 것이다.

так как 왜냐하면.

так нет (разг.) 그럼에도 불구하고 (분격, 불만을 표시) Сидеть бы ему дома, так нет, пошёл гулять. 집에 있으면 좋을 텐데 놀러 가고 말았다.

так себе (разг.) ① 평범하게, 쓸쓸하게 (뛰어나게 좋지도 않고 나쁘지도 않게). Нежданов сидел у себя в комнате… и чувствовал себя так себе. (Тургенев) 네즈다노브는 자기 방에

앉아 있었다… 기분은 그리 좋지도 않고 나쁘지도 않았다. Парень так себе. ① 평범한 청년. ② 그저 (특별한 이유 없이) −Зачем ты это сделал? − Так себе. − 왜 이렇게 하였나?− 그냥.

так сказать 말하자면. Тридцать пять лет… возраст, так сказать, критический. (Чехов) 35세… 말하자면 일생에서 가장 중대한 시절입니다.

так−то и так−то (разг.) 이러이러하게, (어떤 사람의 말을 서술함에 있어서 그 내용을 전하는 대신에 사용함). Рассказал ему: произошло это так−то и так−то. 이것은 이러이러하게 일어난 것이라고 그에게 이야기하였다.

так−то так (разг.) 물론이다, 바로 그렇다. Так−то так, но всё−таки я не могу с вами согласиться. 그것은 물론입니다, 하지만 역시 나는 당신에게 동의할 수 없습니다.

так только (разг.) 그저 (일정한 의의, 특별한 의도가 없는 행동을 표시). Это она так только… от досады! (Гончаров) 그 여자는 그저… 홧김에 그러는 것입니다!

так что 그래서, 그러므로. В мягких муравах у нас песни, резвость всякий час, так что голову вскружило. (Крылов) 우리들의 부드러운 풀밭에서는 언제나 노래와 장난이 벌어져서 머리가 얼떨떨해질 지경이었다.

так чтобы 하기 위하여. Отправимся пораньше, так чтобы не опоздать. 늦지 않도록 좀 일찍이 떠납시다.

таким образом ① 바로 이렇게. Таким образом он и поступил. 그는 바로 이렇게 행동하였다. ② 그리하여 (따라서) Нельзя, таким образом, с ним не согласиться. 그리하여 그의 의견에 동의하지 않을 수 없다.

такого рода (разг.) 그러한. Дело такого рода, что может произойти неприятность. 불쾌한 일이 생길 수 있는 그러한 일이다.

такой же ① 그와 같은. Дайте мне такую же книгу. 저에게 이러한 책을 한권 주십시오. ② 언제나 그러한 (변함없는). И в старости он остался таким же. 그는 노년에 들어서도 이전과 조금도 다름이 없었다.

такой－сякой не мазаный (разг. фам.) 농담으로 욕하는 말 (애정 또는 풍자가 섞임).

там же 이전과 같은 곳에. Он живёт там же. 그는 전에 살던 곳에 살고 있다.

там и тут 또는 **там и сям** (разг.) 여기저기서, 가는 곳마다에서.

там хорошо, где нас нет. (속담) 못 가본 곳이야 다 좋지, 무엇이든 남의 것은 좋게 보인다. 남의 떡이 더 크게 보인다.

танцовать от печки (разг. ирон.) 처음부터 다시 하다. Если вы не поняли, давайте танцовать от печки. 잘 모르겠으면 처음부터 다시 합시다.

тары－бары 또는 **тары－бары－растабары** (разг. фам.) 쓸데없는 말, 한담. Встретились, пошли у нас тары－бары. 서로 만나자 우리들 사이에는 한담이 벌어졌다.

таскать каштаны из огня. (속담) 불 속에서 밤을 줍다 (남의 이용물이 되어서 자기에게는 아무 이익도 없는 위험한 일을 한다는 뜻).

телячьи нежности (ирон.презрит.) 지나친 사랑.

тем более 더욱이, 하물며.

тем временем 그 때에.

тем не менее 그러나.

тёпленькое местечко 또는 **место** (разг.) 좋은 일자리 (최초에는 뇌물을 받을 수 있는 일자리를 의미하였음). Года два потаскался ещё в Петербурге в надежде, не наскочит ли на него тёпленькое местотское место. (Тургенев) 행여나 좋은 관직이나 하나 차례가 오지 않을 까 해서 한 2년 동안 그냥 뻬쩨르

부르그를 돌아 다녔다.

терпеть не мочь кого-чего 또는 **с инф** (разг.) 참을 수 없다, 몹시 싫어 하다. Она его уже совсем терпеть не могла. (Тургенев) 그 여자는 그 사람이 벌써 보기조차 싫었다.

терпи казак, атаманом будешь. (속담) 기다리면 좋은 날이 온다 (인내심을 발휘하면 좋은 일이 있으리라는 뜻).

тёртый калач ① 흰 빵의 한 종류. ② 경험이 많은 사람. Это человек опытный, себе на уме… тёртый калач. (Тургенев) 그는 경험이 많고 음흉하고… 노회한 인간입니다.

терять голову 제 정신을 잃다, 얼빠지다, 어리둥절해지다.

терять ум (разг.) 이성을 잃다. Ты, девушка, люби, да ума не теряй. (А. Островский) 너, 처녀야, 사랑은 해도 이성은 잃지 말라.

терять (потерять) счёт кому-чему 헤아릴 수 없으리만치 많다. Потерял счёт знакомым. 열 손가락으로는 헤아릴 수 없으리만치 아는 사람이 많았다.

теряться в догадках 추측할 수가 없다, 설명할 수가 없다. Но кто же брал на себя труд уведомить отца моего о моём поведении?… Я терялся в догадках. (Пушкин) 그런데 도대체 누가 나의 행동을 우리 아버지께 알렸을까? … 나는 아무리 생각해도 알 수가 없었다.

типун (бы) на язык кому (разг.) 하지 말아야 할 말을 한 사람에 대한 욕. Сама сказала, глупая, типун ей на язык! (Некрасов) 어리석게도 자기가 다 말하였겠지, 그 입이 팍 썩어버리지 못하나!

тише воды, ниже травы 부처님 가운데 토막 (극히 온순한 사람에 대해서 하는 말).

тише едешь, дальше будешь. (속담) 천천히 걷는 자가 멀리 간다, 급하면 돌아가라.

тишь да гладь (разг.) 평온한 생활, 전원적인 평화로운 생활. Не стреляет в тебя немец – и тебе кажется, что во всём мире тишь да гладь. (Н. А. Некрасов) 독일인들이 사격을 안 할 때에는 온 세계가 평온한 것 같은 느낌이 든다.

ткнуть носом кого-что во что (разг. фам.) 지적하다, 주의를 환기시키다. Мы ткнули его носом во все его ошибки. 우리는 그의 모든 오류를 그에게 지적하였다.

то густо, то пусто. (속담) 빈 수레가 더 요란하다.

то и дело (разг.) 극히 자주, 항상, 끊임없이

то и знай (разг.) 끊임없이 (то и дело 와 같음).

то ли дело (разг.) 훨씬 낫다, 전혀 다르다. Плохо путешествовать женатому, то ли дело холостому. (Пушкин) 장가간 사람은 여행하기 곤란하지만 총각은 전혀 다르다.

то ли…, то ли… (разг.) 열거하는 것 중에서 어느 것이 사실인지 확언할 수 없을 때에 쓰임 (не то…, не то… 와 같음). То ли за недосугом, то ли по нежеланию, он не исполнил моег о поручения. 틈이 없어서 그랬는지, 할 생각이 없어서 그랬는지 그는 내가 의뢰한 일을 하지 않았다.

то так, то сяк (разг.) и так и сяк와 같음.

то то и есть!, вот то-то и есть! 바로 그렇다, 문제는 거기에 있다.

то-то и оно!, вот то-то и оно! и есть, вот то-то и есть 와 같음

товар лицом показать 좋게 보이다 (가장 좋은 면을 보여주다). Едет из Петербурга ревизор… слышно было, что все труся т, хлопочут, хотят товар лицом показать. (Достоевский) 뻬쩨르부르그에서 검찰관이 온 다… 들려오는 말에 의하면 모두들 떨면서 좋은 점만 눈에 띄도록 하려고 야단이라 한다.

тогда как 그럼에도 불구하고. Оный дворянин… назвал меня публ

ично ≪гусаком≫, тогда как известно, что сим гнусным животным я никогда не именовался. (Гоголь) 여러 사람이 있는 곳에서 그 귀족은 … 나를 ≪거위≫라고 불렀습니다, 그러나 아시다시피 나는 결코 이런 더러운 이름으로 불리워 본 적은 없는 것입니다 (아시다시피 나는 결코 이 더러운 동물의 이름으로 불리운 적이 없음에도 불구하고…).

того (и) гляди (разг.) 임의의 순간에 어떤 돌발적인 일이 나타날 때에 쓰임. Того и гляди дождь пойдёт. 금방이라도 비가 올 것 같다.

того и жди (разг.) того и гляди 와 같음.

толкач толкачём дурак дураком 와 같음.

толстый карман (разг.) ① 돈이 가득 들어 있는 호주머니. ② 부호.

только всего 다만, 불과 (всего только 와 같음).

только и 오직, 다만. Ведь я только для тебя и живу. (Тургенев) 나는 오직 너를 위해서 산다.

только и видел (разг.) 간데 온데 없다 (갑자기 사라진 것에 대하여 하는 말). Лишь добраться бы нам до леса, а там только нас и видели. 우리들이 숲에까지 가기만 하면 우리의 행방을 알 놈이 없을 것이다. Вскочил Ермак, стал биться… татары за ним. Он в реку, — **только его и видели.** (Л. Толстой) 예르마크는 벌떡 일어서서 싸우기 시작했다… 따따르 인 들이 그를 추격한다, 그는 강물에 뛰어 들어 감쪽같이 사라져 버렸다.

только и всего (разг.) 오직 이것 뿐이다, 이것이 전부다. Я задержу вас на пять минут, только и всего. 5분만 기다려 주십시오, 단 5분만 입니다.

только и свету, что в окошке. (속담) 바늘구멍으로 하늘 보기, 우물 안 개구리, (시야가 좁은 사람을 두고 하는 말).

только пятки сверкают 또는 **засверкали** (разг.) 쏜살같이 달린다 (달렸다).

только спать и видеть (разг.) 자나 깨나 그 생각이다 (몹시 동경하다) (спать и видеть 와 같음).

только-только (разг.) ① 겨우, 간신히. Ему самому только-только хватает на жизнь. 그 자신이 겨우 먹고 살 정도이다. ② 방금. Он только-только вышел из дому. 그는 이제 방금 집에서 나섰다.

только что ① 방금 (바로 얼마 전에). Он только что демобилизовался из армии и работал шофёром. 그는 바로 얼마 전에 제대하여 운전사로 일하였다. ② 하자마자. 그 순간에. Только что я вошёл в опушку, вальдшнеп со стуком поднялся из куста. (Тургенев) 내가 숲으로 들어서자마자 잔나무에서 도요새가 푸드득 일어났다.

только что не (разг.) 유일한 결점을 가리킬 때 하는 말. Всем взял – и умён, и образован, только что не красив. 나무랄 점은 없다, 머리도 좋고 교양도 있고 한데 다만 잘생기지 못한 것이 흠이다.

тонет – топор сулит, а вытащишь – топорище жаль. (속담) 건져 주면 도끼를 준다더니 건져내니까 도끼자루도 안 준다 (곤란한 때에 많은 것을 약속하면서 원조를 구하다가도 후에는 자기 약속을 이행하지 않는 사람에게 하는 말. 이와 비슷한 것으로 "물에 빠진 놈 건져 놓으니까 내 봇짐 내라 한다"는 속담이 있다.

тонкий намёк на толстые обстоятельства (ирон.) 속이 다 들여다 보이는 암시 (어떤 명백한 일에 대한 너무나 명백한 암시를 말함).

тоном ниже 또는 **тоном выше** (говорить…) 어조를 낮추어, 조용히 또는 보다 흥분한 어조로 (말하다).

тот не ошибается, кто ничего не делает. (속담) 아무것도 안 하면 실수할 것도 없지 (일을 하노라면 실수할 수도 있다는 뜻).

точить балясы (простореч.) 한가한 이야기를 하다.

точка в точку (разг. фам.) 정확히. Переведено всё точка в точку. 모두 정확히 번역되어 있다.

точка зрения (книжн.) 관점, 견지.

травой поросло 잊어졌다 (быльём поросло 와 같음).

требовать удовлетворения (устар.) 결투를 요구하다. Я не требовал удовлетворения от этого пьяного сумасброда. (Пушкин) 나는 미치광이 같은 이 주정뱅이에게 결투를 요구하지 않았다.

труса праздновать 겁내다, 비겁하게 행동하다. Не празднуй труса! (Маяковский) 비겁하게 굴지 말라! (처음에는 трусу праздновать −비겁한 자를 축하하다 −로 쓰였다.)

тряхнуть стариной (разг.) 이전에, 젊은 시절에 하던 식으로 무엇을 하다. Приди ко мне на рюмку рома, приди − тряхнём мы стариной. (Пушкин) 럼주술을 마시러 우리 집에 오게, 전에 하던 식으로 한번 놀아 보세.

туда же (разг.) 자네가? 어림도 없네! (능력이 없는 일, 그에 대한 권리가 없는 일을 남처럼 하려고 덤비는 사람에게 하는 말). И ты туда же! Куда тебе с ним тягаться! 자네가? 아예 그만 두게, 그 사람과 경쟁하다니 어림도 없는 일이네!

туда и сюда 또는 **туда, сюда.** 이리 저리로, 사방으로.

тут как тут (разг.) 벌써 거기에 나타나다, 와 있다.

туча−тучей ① 큰 떼를 지어. Саранча налетела на поля туча−тучей. 메뚜기가 밭에 새까맣게 날아 왔다. ② 음울하게. Сидит туча−тучей. 음울한 표정으로 앉아 있다.

ты меня очень обяжешь (разг.) 고맙네.

тыкать в нос кому чем (простореч.) 귀찮게 자주 상기시키다,

책망하다. Что ты всё время тычешь мне в нос, что я виноват. 너는 왜 내가 잘못이라는 것을 열 번 스무 번 되씹는 거냐.

тыкать свой нос во что (простореч. неодобрит.) 참견하다.

тыкаться носом (простореч.) 끄떡끄떡 졸다.

тысячу раз (разг.) ① 천 번이나 (여러번 반복되는 것에 대하여 하는 말). Идея уж не новая, тысячу раз писали об этом! (Гончаров) 이것은 벌써 새로운 사상이 아니다, 이에 대해서는 수많은 사람들이 쓰고 또 썼다. ② 완전히. Вы тысячу раз правы.당신은 백 번이나 옳다.

тьма египетская 암흑.

тьма кромешная (разг.) 암흑 (지척을 가릴 수 없는 어둠).

тяжёл на подъём (рзаг.) 엉덩이가 무겁다 (동작이 굼뜨다, 꾸물거리다). (лёгок на подъём 의 반대).

тяжёлая рука у кого (разг.) ① 주먹이 세다 (사람을 치기를 좋아하는 사람에 대해서 하는 말). Муж тебе выпал недобрый на долю – с бешеным нравом, с тяжёлой рукой. (Некрасов) 네겐 좋지 않은 남편이 생겼다 – 성질이 사납고 사람을 잘 치고. ② 운수가 사납다 (미신에 사로잡힌 사람들이 일마다 실패하는 사람을 가리켜 하는 말). Он очень суеверный и уверяет, что у него тяжёлая рука. 미신에 사로잡힌 그는 자기를 운수가 사나운 사람이라고 말한다.

тяжёлый день 재수 없는 날. Ничего не продали, Нынче день тяжёлый. (А. Островский) 아무것도 팔지를 못하였소, 오늘은 재수 없는 날이오.

тянуть жилы из кого (разг.) 고통을 주다. Случится что на пути – жилы вытянем!… (Владимир Бахметьев) 도중에서 무엇이 잘못 되기만 하면 크게 혼날 줄 알라!…

тянуть за душу кого-что (разг.) 애 태우다. Какое дело? … Ну, говори же, скорей, медведь ты рыжий, говори же, а то тяне т за душу! (Н. Островский) 무슨 일이냐?… 얘, 어서 말해, 요 빨강머리 곰아 응, 어서 말해 남의 애만 태우지 말구.

тянуть канитель 쓸데없는 짓을 하다. Нечего тут тянуть канитель, кончайте работу! 쓸데없는 짓은 그만 두고 일을 끝마치시오!

тянуть лямку 고된 일을 하다. У него в конторе я тянул лямку целых три года. 나는 그의 사무실에서 만 삼년 동안이나 고역을 겪었다.

У

У страха глаза велики.

у двора стоять 눈앞에 당도하다 (계절에 대하여). Стоял ноябрь уж у двора. (Пушкин) 벌써 동짓달이 눈앞에 닥쳐왔다.

у кого совесть чиста, у того подушка под головой не вертится. (속담) 마음이 깨끗하면 다리를 뻗고 잔다.

у кого что болит, тот о том и говорит. (속담) 가슴에 맺힌 것이 입으로 나온다 (사람은 자기의 관심을 끄는 것, 자기를 불안케 하는 것을 이야기하려고 한다는 뜻).

у пьяного что на уме, то и на языке. (속담) 평시에 먹은 마음 취중에 나온다.

у себя 자기 집, 자기 방에. Старуха сидела у себя в спальне. (Чехов) 할머니는 자기 침실에 앉아 있었다.

у семи нянек дитя без глазу. (속담) 목수가 많으면 기둥이 기울어진다, 사공이 많으면 배가 산으로 올라간다.

у страха глаза велики. (속담) 자라보고 놀란 놈이 솥뚜껑 보고 놀란다, 상궁지조 (겁이 많은 사람의 강박 관념을 두고 하는 말).

у чорта на куличках (простореч. шутл.) 멀고 먼 곳에. Живёт у чорта на куличках. 아주 먼 곳에 산다.

убитый богом (разг.) 머리가 둔한 (бог убил 과 같음).

увидеть свет 출생하다, 출현하다, 실현되다, 출판되다. (явиться на свет 와 같음).

угол зрения 관점, 견지 (точка зрения 와 같음).

удержу не знать в чём (разг.) 견제할 줄 모르다. Пьёт и удержу

не знает. 술을 마시면 적당히 할 줄 모른다.

удержу нет кому 또는 **на кого** (разг.) 제지하지 못한다. И когда он запьёт – нет ему тут никакого удержу. (М. Горький) 그가 술을 마시기 시작하면 벌써 그를 제지할 길이 없다.

уйти вперёд 앞서다 (어떤 분야에서 남을 능가하다).

указать двери на дверь 방에서 나갈 것을 요구하다.

указать его место кому 우쭐대는 자에게 제 위치를 알게 하다. (поставить на своё место кого 와 같음).

уложить в голове что (разг.) 머릿속에 집어넣다 (기억하다. 이해하다). Мне не уложить в голове столько сведений. 나는 그 많은 정보를 다 기억할 수 없다.

ум за разум заходит у кого 분별을 잃다. 올바른 판단력을 잃다.

ум короток (разг.) 둔하다. 지혜롭지 못하다.

ум хорошо, а два – лучше. (속담) 한 사람이 두 사람의 지혜를 당치 못 한다 (두 사람이 모이면 더 훌륭한 지혜가 생긴다).

ума не приложить (разг.) 도저히 알 수가 없다.

ума палата у кого (разг.) 박식하다 . 총명하다.

умереть со смеху 허리가 부러지게 웃다 , 포복절도하다 (померет ь со смеху 와 같음).

умыть (умывать) руки в чём (книжн.) 손을 떼다, 관계를 끊다, 책임을 벗다. Нет, увольте меня, я умываю руки во всём этом деле. 아닙니다, 저 보고 더는 말씀 말아주십시오, 저는 이 모든 일에서 손을 떼겠습니다.

упасть в обморок 정신을 잃고 넘어지다.

упасть духом 낙심하다. Он стал зол и печален и духом упал. (Некрасов) 그는 화가 났고 슬펐고 낙담하였다.

упасть с неба на землю (рзаг.) 꿈에서 깨다 (몽상의 세계에서 현실로 돌아오다). После неудачи он чувствовал себя так, как будто бы упал с неба на землю. 일이 실패한 후 그는 오랜 꿈에서 깬 것 같았다.

упустить из вида, 또는 **из виду что** 망각하다.

услужливый дурак опаснее врага. (속담) 친절한 바보는 적보다 더 위험하다.

устать, как собака (простореч.) 기진맥진하다.

уступить дорогу кому 길을 내여 주다 (자기는 비켜서서 남이 지나갈 수 있게 하다).

утереть нос кому-чему (простореч.) 능가하다. 우세하다.

утиного зоба не накормишь, господского кармана не наполнишь. (속담) 오리 뱃속과 주인님 호주머니는 못 채운다 (착취자들의 탐욕을 두고 하는 말).

уткнуть нос 또는 **уткнуться носом во что** (разг.) 또는 **Уткнуть нос в книгу.** 열심히 들여다보다. **Уткнуться носом в книгу.** 열심히 책을 들여다보다.

утопающий за соломинку хватается. (속담) 물에 빠진 놈은 지푸라기라도 잡는다.

утро вечера мудренее. (속담) 저녁에 해결하기보다도 하룻밤 자고 나면 더 좋은 지혜가 생각난다는 뜻.

учёного учить, только портить. (속담) 공자님 앞에서 문자 쓰기. (모르는 사람이 아는 사람을 가르치려고 들 때에 하는 말).

уши винут (разг.) 듣기 싫다 (싫증나다).

уши трещат от кого-чего (разг.) 귀가 아프다.

Ф

факт тот, что…

факт тот, что… (разг.) 문제는 …에 있다. **факт тот, что времени осталось мало.** 문제는 시간이 조금밖에 남지 않은데 있다.

Х

хлеб-соль ешь, а правду рожь.

хватать верхи (рзаг.) 수박 겉 핥기.

хлеб да вода - крестьянская еда. (속담) 농사꾼 집엔 죽 쑤어 줄 것도 없다. (혁명전 러시아 농민들의 궁핍한 생활을 두고 하는 말).

хлебом не корми кого (а сделай то-то) (разг.) 밥은 굶어도… (무엇을 몹시 즐겨할 때에 하는 말). **Его хлебом не корми, только дай ему рыбыпоудить.** 그는 밥보다도 낚시질을 더 좋아한다.

хлеб-соль водить с кем (обл.) 사귀다, 친하게 지내다.

хлеб-соль ешь, а правду рожь. (속담) 신세는 져도 말은 바른 대로 하라.

хлопать глазами (разг. фам.) 멍하니 쳐다보다, 어리 둥절 해서 눈만 깜박거리다. Где должна б умствовать, ты хлопаешь глазами. (Пушкин) 머리를 써야 할 데 가서 자네는 어쩔 줄을 몰라 눈만 깜박거리겠지.

хлопать ушами (разг.) 멍하니 듣다. Не хлопай ушами. 정신 차려 듣게.

хлопот полои рот 눈 코 뜰 새 없다. У неё своих хлопот полон рот. (М. Горький) 그 여자는 눈 코 뜰 새가 없다.

ходу дать кому (разг. фам.) 혼내다 (위협할 때에 쓰는 말). Вот я тебе дам ходу, если не замолчишь! 만일 잠자코 있지 않으면 혼을 낼테야!

ходу дать (наддать, прибавить, убавить) (разг.) 속력을 가하다. Конь послушно наддал ходу. (Шолохов) 말은 온순히 속력을 가하였다.

ходячая газета (разг. ирон.) 소식통 (새로운 소식과 소문을 모르는 것이 없고 그것을 돌아다니며 퍼뜨리는 사람).

ходячая энциклопедия (шутл.) 산 백과사전 (무엇을 물어도 모르는 것이 없는 사람).

хороша каша, да мала чашка. (속담) 죽은 맛있어도 사발이 작다 (받는 물건이 좋기는 한데 양적으로 부족할 때 하는 말).

хороша Маша, да не наша. (속담) 건너보니 절터라 (남의 것이 욕심은 나나 어쩔 수 없는 경우에 하는 말).

хорошенького понемножку (разг. ирон.) 재미난 곳에 범난다 (재미나는 일은 오래 가지 못하므로 적당한 시기에 그만 두는 것이 좋다는 뜻). Нет, уж завтра я не пойду. Хорошенького понемножку. 아니오, 내일 나는 안 가겠소. 재미난 곳에 범난다오.

хорошо привешен язык у кого (разг. фам.) 청산유수.

хоть брось 쓸데없는 것, 필요 없는 것, 바로 잡을 수 없는 것에

대해서 하는 말.

хоть бы ① 비록. Хоть бы раз. 단 한번만이라도. ② 좋겠는데. Хоть бы он ушёл. 그가 가주면 좋겠는데.

хоть бы в одном глазе (глазу) (простореч.) 조금도 취하지 않았다.

хоть бы и так (разг.) ① 그래도 좋지. Хоть бы и так. Что смущаться? (Чехов) 그러면 당황해 할게 뭔가? ② 비록 그렇다 하더라도.

хоть бы что кому (простореч.) 아무렇지도 않다 (아무런 반응도 없다).

(хоть) в петлю лезть кому (разг.) 절망적이다, 목이라도 매어야 할 판이다.

хоть выжми 폭 젖다. 물에 적시다.

хоть глаз выколи (разг.) 한치 앞을 못 볼만큼 깜깜하다. Было так темно, что хоть глаз выколи. (Пушкин) 어떻게 깜깜한지 지척을 분간 할 수 없었다.

хоть какой (разг.) 어떠한… 것이라도. Годы хоть какую красоту исказят. (Тургенев) 세월은 어떠한 아름다운 것이라도 훼손시킨다.

хоть какой-нибудь 비록 보잘 것 없는 것일지라도, 아무거라도. Ищу квартиру, найти бы хоть какую-нибудь. 방을 구하고 있습니다, 아무런 방이라도 구했으면 합니다.

хоть караул кричи (разг.) 사람을 살리라고 소리를 쳐야만 될 지경이다, 죽을 지경이다 (사정이 극히 곤란하다는 뜻).

хоть кол на голове теши кому (разг.) 매우 완고하다. (고집불통에 대해서 하는 말).

хоть куда (простореч.) 손색이 없다, 훌륭하다. Парень хоть куда. 훌륭한 청년이다.

хоть пруд пруди (разг. шутл.) 굉장히 많다, 거재두량. Денег у него - хоть пруд пруди. 그에게는 돈이 굉장히 많다.

хоть рад, хоть не рад (разг.) 부득이, 원하건 원치 않건 (рад не рад 와 같음).

хоть сзади, да в том же стаде. (속담) 홀로 남기보다는 비록 마지막이라도 집단을 따라 가는 편이 낫다는 뜻).

хоть трава не расти (разг.) 어떻게 되어도 상관하지 않다. (전혀 무관심한 태도를 말함). Она себя лишь любит в мире, а там хоть не расти трава. (Вяземский) 그 여자는 세상에서 자기밖에 사랑하는 것이 없고 그 외에는 뉘 집에서 죽이 끓는지 밥이 끓는지 통 무관심하다.

хоть тресни (простореч.) 아무리 애를 써도. Ничего с ним не поделаешь, хоть тресни. 아무리 애를 써도 그 사람은 어찌할 도리가 없다.

хоть убей! (разг.) 아무리 해도 , 비록 죽더라도. Уж как это случилось, хоть убей, не могу объяснить. (Гоголь) 어떻게 해서 이렇데 되었는지 아무리 해도 설명할 수가 없다.

хоть шаром покати (разг.) 텅 비었다.

храбрость и трусость вместе не беседуют. (속담) 용감한 자와 비겁한 자는 일을 같이 못한다.

христовым именем жить 또는 **перебиваться** (устар.) 거지 생활을 하다.

хромать на обе ноги 두 다리를 절다, 결점 투성이다, 불완전하다.

худое колесо громче скрипит. (속담) 빈 수레 굴러 가는 소리가 더 요란하다. (보잘 것 없는 인간이 오히려 제 자랑을 더 한다는 뜻).

худой мир лучше доброй ссоры. (속담) 나쁜 화해도 좋은 다툼보다는 낫다.

худой сетью рыбы не наловишь. (속담) 나쁜 그물에 고기가 잡힐까? (어떤 일에든지 그 일을 잘 아는 전문가와 필요한 도구가 있어야 한다는 뜻).

Ц

цыплят по осени считают.

целиком и полностью (нов.) 전적으로. Целиком и полностью одобрить решения съезда. 대회의 결정을 전적으로 찬성하다.

целую вечность (разг.) 오랫동안. Мы не видались целую вечность. 우리는 오랫동안 만나지 못하였다.

целый короб чего (разг.) 거재두량. Целый короб новостей. 많은 새 소식.

центр тяжести (книжн.) 본질, 관건, 기본적인 것.

цену узнаешь, когда потеряешь. (속담) 잃은 후에야 그 물건 귀한 줄 안다.

цены нет кому-чему ① 대단히 값이 비싸다. ② 매우 귀중하다, 무가보. Этому цены нет. 이것은 대단히 귀중한 것이다.

цыплят по осени считают. (속담) 알까기 전에 병아리를 해지 말라 (모든 일은 미리 판단해서는 안 된다는 뜻).

Ч

чёрного кобеля не вымоешь до бела.

час от часу 시시각각으로. Час от часу опасность и труды становятся опасней и труднее. (Пушкин) 시시각각으로 위험과 난관은 더 증대된다.

чего мало, от и в диковинку. (속담) 드물면 진기해 보인다, 희소가치.

чего там! (разг. фам.) 우물쭈물할 것 있나. Входи, чего там! 뭘 그래, 어서 들어오게나!

чего-чего нет у кого (простореч.) 없는 것이 없다, 매우 많다.

чем дальше в лес, тем больше дров. (속담) ① 조그마한 싸움이 큰 싸움 된다. ② 쉬워 뵈던 일이 점점 더 어려워지다 (처음에는 쉬워 보이던 일이 정작 해 보니까 어려움이 많다는 뜻).

чем свет (разг.) 꼭두새벽에. Вышел я чем свет. (Некрасов) 나는 꼭두새벽에 나섰다.

чем чёрт не шутит (разг.фам.) 귀신이 못하는 장난이 없다, 세상일은 모른다, 사람 일은 모른다, 생활에는 별별 일이 다 있을 수 있다. (미래의 일은 판단할 때에 하는 말).

через силу 과도하게. Работать через силу. 무리하게 일하다.

чёрная кошка пробежала между кем (разг.) 사이가 나빠졌다.

чёрного кобеля не вымоешь до бела. (속담) 세살 적 버릇이 여든까지 간다.

чёрный как смоль 칠흑 같은 머리카락.

черпать воду решетом. (속담) 시루에 물 붓기. 헛수고를 하다.

чешутся руки у кого (разг.) ① 주먹이 간지럽다, 한대 먹이고 싶다. Барышня в штанах, панский сыночек, душа из него вон! У меня на таких руки чешутся. (Н. Остовский) 사내 바지 입은 계집애 같은 양반 놈의 새끼, 인간이 돼먹지 않은 자식 같으니라구! 나는 그런 놈의 자식들을 보면 손이 간질거린단 말이오. ② с инф. 일을 하고 싶다. Эх! возьми меня в работники, поработать руки чешутся. (Некрасов) 저를 채용하여 주십시오, 일하고 싶은 마음에 힘이 부쩍부쩍 나는 것 같습니다.

чистой воды (разг.) 진정한. Он скептик чистой воды. 그는 100%의 회의론자다.

чорт возьми (дери, побери, подери) кого-что (разг. фам.) 경악, 경탄, 분격을 표시하는 말. С утра, чорт возьми, наклюкался. (Куприн) 망할 자식 같으니 아침부터 술을 처먹었어. Ловко, чорт подери, играет! 기막히게 잘 한단 말이야!

чорт его знает (разг.) 누가 안담 (아무도 모른다). (кто его знает, бог его знает, господь его знает 와 같음). А чорт его знает, где он! (Н. Островский) 그 녀석이 어디 갔는지 누가 아나!

чорта с два (разг. вульг.) 어림도 없다. -У тебя есть бабушка, которая угадывает три карты сряду, а ты до сих пор не перенял у ней её каббалистики? - Да, чорта с два! - отвечал Томский. (Пушкин) -자네 할머니는 대번에 트럼프 석장을 알아 맞추는데 자네는 여태껏 그 비결을 배우지 못했나? -어림도 없네! 하고 똠쓰끼는 대답하였다.

чортовы кулички (простореч. шутл.) 멀고 먼 곳 (учорта на куличках 와 같음).

что в печи, то и на стол мечи. (속담) 문전 나그네 환대, (오는 손님은 정성껏 대접하라는 뜻).

что город, то норов, что деревня, то обычай. (속담) 고을마다 자기 풍습이 있고 마을마다 자기 관습이 있다는 뜻.

что делать! (разг.) 하는 수 없지!

что до кого-чего кому (разг.) 무슨 관계가 있소? (아무 관계도 없다는 뜻). Что мне до ваших дрязг? 당신들의 싸움에 내가 무슨 관계가 있소?

что, если?… 갑자기 …하면 어떻게 하나? (걱정을 표시). Что, если он узнает? 그 사람이 알면 어쩌나?

что есть мочи 있는 힘을 다 내어. Что есть мочи помчался. 있는 힘을 다 내어 달려갔다.

что есть силы 또는 **что было силы** (또는 сил) (разг.) 있는 힘을 다하여. Комар, что было сил, сонливца укусил. (Крылов) 모기는 있는 힘을 다해서 잠꾸러기를 물었다.

что за 무슨, 그 얼마나. Димитрий я или нет – что им за дело? (Пушкин) 내가 드미뜨리이건 아니건 그들에게 무슨 상관이오? Что за вечер! (Фет) 이 얼마나 아름다운 저녁이오.

что за беда! (разг.) 걱정할 것이 없다, 괜찮다.

что за вопрос? (разг.) 물어 볼 것도 없다, 물론이다 (동의를 표시하는 말). Что за вопрос? С нашей стороны не будет никаких возражений. 물론입니다, 우리는 조금도 반대 하지 않습니다.

что за диво (разг.) ① 이상한데. Что за диво? Его всё нет! 이상한데, 그 사람이 아직도 보이지 않거든! ② 아무것도 놀랄 것이 없다. Ну, это что за диво : всякий сделает. 그게 무슨 놀라운 일이오, 누구든지 할 텐데.

что за охота? (разг.) 무엇이 좋아서, 무엇 때문에 (охота тебе 와 같음).

что за след кому 그럴 필요가 뭔가. Что за след тебе в эти дела мешаться? (Даль) 자네가 이 일에 참여해야 할 필요가 무엇

인가?

что за счёты (разг.) 헤아릴 필요가 없다. −Я три тарелки съел. −И полно, что за счёты! лишь стало бы охоты. (Крылов) − 나는 세 접시를 먹었습니다 − 사양하지 마십시오, 생각만 있으면 세 접시 네 접시 할 것 있나요!

что и говорить (разг.) 두말 할 것도 없다, 사실이다, 물론이다. Малый был неказистый, что и говорить, а всё−таки он мне понравился. (Тургенев) 소년이 초라한 것은 사실이었지만, 그래도 역시 내 마음에 들었다.

что имеем − не храним, а потерявши, плачем. (속담) 있을 때에 지키지 않으면 잃은 후에 운다.

что касается кого−чего 또는 **до кого−чего, то…** 에 대해서 말한다면.

что ли (разг.) ① 명확한 단정을 내릴 수 없는 때에 사용. Он и смеяться не умеет, что ли? 그 사람은 웃을 줄조차 모르는 모양인가? Что−то случилось! Пожар, что ли? (Чехов) 무슨 일이 일어났어! 화재인가? Пойдём. что ли? 어디 가 볼까요? ② 의문문에서 "разве"라는 뜻으로 사용됨.

что накрошищь, то и выхлебаешь. (속담) 콩 심은 데 콩 나고 팥 심은 데 팥 난다. (죄에는 벌이 오고 노력하면 그만한 보수가 있다는 뜻).

что написано перем, того не вырубишь топором. (속담) 일단 서면으로 한 약속이나 성명은 변경할 수 없다는 뜻.

что ни 매개, 매번. Что ни год, уменьшаются силы. (Некрасов) 해마다 몸은 약해 간다. Фронты наполняли газету; что ни день − новые списки занятых городов… 신문은 전선 소식으로 가득 찼다, 점령한 도시들의 새 명단이 나타나지 않는 날이라고는 하루도 없었다. Что ни изба − с подворкою, как нищий с костылём. (Некрасов) 어느 농가를 보아도 나무다

리를 짚고 선 거지처럼 버팀목에 의지하고 있다 (“ни” 가없는 경우도 뜻은 마찬가지임). Что слово, то колкость, что суждение, то эпиграмма… (Гончаров) 말만 하면 풍자요 입만 벌리면 경구이다.

что посеешь, то и пожнёшь. (속담) (자기가) 뿌린 씨는 거둬들여야 한다.

что с воза упало, то пропало. (속담) 달구지에서 떨어지건 찾을 길이 없다 (잃은 것은 다시 돌아오지 않는다는 뜻).

что сей сон значит (означает…) (шутл.) 이것은 어떤 뜻이요, 이것은 어떤 의미요, 이것은 어떻게 이해해야 할 것이요?

что (ж 또는 же) **такого!** (разг.) 거기에 무슨 특별한 것이 있는가, 무슨 놀랄 것이 있는가? (что тут такого와 같음).

что (же это) **такое!** 이게 어떻게 된 일이오! (의혹, 경악을 표시). Что же это такое! Ни сам не приехал, ни письма не прислал. 어떻게 된 일인지 알 수가 없어! 자신도 오지 않고, 편지도 안 보내고.

что твой (разг.) 마치. Песни – что твой соловей. (Крылов) 노래를 부르면 꾀꼬리와 같다.

что (ж 또는 же) **тут такого?** (разг.) 거기에 무슨 특별한 것이 있는가, 무슨 놀랄 것이 있는가? Чего ржёте-то? Что тут такого мальчонка сказал? (Н. Островский) 그 애가 무슨 우스운 말을 했다구 그렇게도 깔 깔 거리는 거야?

чтоб тебе (ему, вам, им) **пусто было** (простореч.) 죽일 놈 같으니.

чтобы не было повадно (разг.) 다시는 그러지 않도록, 버릇이 되지 않도록.

чтобы не сказать (эвф.) 더 정확히 말한다면.

чтобы не сказать больше (эвф.) 적어도. Он чудак, чтобы не сказать больше. 그는 적어도 언행이 괴상한 사람인 것만은 틀림없

다.

чувствовать себя как 또는 **кем-чем** 느끼다. Как вы себя чувствуете? 기분은 어떻습니까? (건강 상태에 대한 물음).

чудеса в решете (ирон.) 어리석은 것. 기묘한 것. Ну и чудеса в решете, наш Иванов пошёл танцовать! 이게 어떻게 된 일이오, 우리 이바노브가 춤을 추기 시작했으니

чужая душа потёмки. (속담) 열 길 물속은 알아도 한 길 사람의 마음은 모른다.

чужим добром не разживёшься. (속담) 악으로 모은 살림 악으로 망한다.

чужими руками жар загребать (разг.) 남의 팔매에 밤 줍는다.

чужое добро впрок не идёт. (속담) 악으로 모은 살림 악으로 망한다. 훔친 물건은 오래 가지 않는다.

чужой бедой сыт не будешь. (속담) 남의 재화로 제 배 못 불린다.

чужую беду рукой разведу, а к своей – ума не приложу. (속담) 남의 불행은 강 건너 불구경 하듯 하면서도 제 불행에는 야단법석 한다는 뜻.

чуть ли не (разг.) 아마, 생각 하건대. Чуть ли не вы сами мне об этом рассказывали. 이것은 바로 당신이 나에게 이야기한 것 같은데.

чуть (было) не 거의, 하마 트면. Она чуть не упала. 그 여자는 하마터면 넘어 질 뻔 했다. Чуть было не сказал. 입 밖에 말이 나갈 뻔했다. На крайнем севере Сибири зима длится чуть не десять месяцев. 시베리아의 북쪽 끝에서는 겨울이 거의 열 달이나 계속된다.

чуть свет (разг.) 동이 트자마자. А чорт его знает, где он! Сорвался чуть свет, носит его нелёгкая. (Н. Островский) 그 녀석이 어디 갔는지 누가 아니! 도깨비에 홀렸는지 동이 트기가 무섭게 뛰어 나갔단다.

чуть что (разг.) 결핏하면, 어떤 일이 일어나기만 하면. Чуть что, она начинает плакать. 그 여자는 결핏하면 울기 시작한다. Чуть что, сразу выезжай. 무슨 일이 일어나면 곧 떠나게.

чуть-чуть (разг.) 조금. Глубоко в небе чуть-чуть поблёскивают светлячками звёзды… (Н. Островский) 드높은 창공에는 별들이 마치 반딧불처럼 보일락 말락 하게 반짝거린다.

чья бы корова мычала, а твоя бы молчала. (속담) 제 흉 열 가진 놈이 남의 흉 한 가지를 본다.

чья взяла, чья возьмёт (разг. фам.) 누가 이겼나, 누가 이길 것인가. Посмотрим, чья возьмёт. 봅시다, 누가 이기나.

Ш

шубы не сошьёшь из чего

шаг за шаг (устар.) 천천히, 조용히, 느릿느릿.

шаг за шагом 조금씩 조금씩, (점차로, 꾸준히). Шаг за шагом добрались до самой сути дела. 차츰차츰 문제의 핵심에 도달하였다.

шагу ступить нельзя (또는 не может) **без кого-чего** 꼼짝 못한다 (누가 없이는 전혀 독자적으로 행동할 수 없다는 뜻). Без него г. Полумыкин шагу ступить не мог. (Тургенев) 뿔루미낀씨는 그 사람 없이는 꼼짝 못 하였다.

шальные деньги 공짜로 얻은 돈. Это я сшил, когда ещё на службе был. Тогда у меня были деньги шальные. (А. Островский) 이것은 내가 근무하고 있을 때에 지은 옷입니다. 그 때 나에게는 공짜로 생긴 돈이 있었습니다.

шариков не хватает (простореч. пренебр.) 둔하다, 미련해 보이다.

шевелить мозгами (разг. фам. шутл.) 머리를 쓰다, 머리를 짜다.

шевелятся деньги у кого (разг. фам.) 돈이 있다. Шевелятся лишние деньги в кармане. (Кокорев) 호주머니에는 여분의 돈이 있다.

шёлковым стать 온순해지다. Он стал шёлковым после выговора. 그는 견책을 받은 후에 온순해졌다.

шиворот-навыворот (разг. фам.) 거꾸로, 반대로. Мои объяснения они поняли шиворот-навыворот. 나의 설명을 그들은 거

꾸로 이해하였다.

шила в мешке не утаишь. (속담) 주머니에 들어간 송곳, 사필귀정 (모든 일은 언젠가는 밝혀지고 만다는 뜻).

шито белыми нитками (разг.) 눈 감고 아웅. Их лганьё было шито белыми нитками. (Салтыков-Щедрин) 그들의 거짓말은 속이 환히 들여 다 보였다.

шито-крыто (разг.) 비밀 속에 있다. Пусть всё будет шито-крыто, нечего сор из избы выносить. 모든 것을 덮어 두게, 집안 허물을 온 동네에 알릴 필요가 뭔가.

школьная скамья 학생시절. Я в то время только что оставил школьную скамью. (Салтыков-Щедрин) 그 때 나는 막 교복을 벗은 때였다.

шкуру драть (**содрать**) **с кого** 또는 **две** (**три…**) **шкуры драть** (**содрать**) **с кого** (разг.) 생가죽을 벗기다, 냉혹하게 착취하다.

шубы не сошьёшь из чего (разг. шутл.) 어떠한 결과, 아무런 이익도 못 가져온다. Ваша любовь-то известно какая: из неё ушбы не сошьёшь. (А. Островский) 당신의 사랑이 어떻다는 것은 다 아는 사실인데 그것은 조금도 신통치 않습니다.

шумит в голове 제 정신을 잃는다 (술에 취해서, 또는 강한 자극을 받아 정신이 착란하다). Со злости у него шумело в голове. (М. Горький) 악이 북받쳐 그는 제 정신을 잃었다.

шумит в ушах 귀가 윙윙하다. У меня завсегда перед обедом в ушах шумит. (Тургенев) 나는 점심 때 쯤 되면 언제나 귀가 윙윙한다.

шутить с огнём 불장난하다 (위험한 결과를 초래할 수 있는 짓을 한다는 뜻).

шутка ли (разг.) 보통 일이 아니다 (어떤 일의 중대성을 강조하는 삽입 어). Ух! устала! шутка ли : целое утро возилась! (Гон чаров) 아이구! 피곤해! 아침내 분주했으니 이게 글쎄 보통이이에요!

шутка (ли) сказать шумка ли 와 같음

шутки в сторону (разг.) 농담은 그만 합시다 (진지한 토의, 담화로 넘어 가려고 할 때에 하는 말).

шутки плохи с кем 함부로 대하지 말라 (좋지 못한 결과를 가져올 수 있기 때문에 그에게 대해서는 말과 행동을 조심해야 한다는 뜻).

шутки (또는 шутку) шутить ① 농담을 하다 (위협, 경고를 표시하는 비꼬는 말). Ты думаешь, Любим Торцов пришёл шутк и шутить? (А. Островский) 자네는 류빔 또르쪼브가 농담이나 하러 온 줄 아는가? ② 비웃다, 조소하다. Молод ещё надо мной шутки шутить. (Пушкин) 나를 비웃기에는 아직도 너무 어리네.

щедрою рукою 아낌없이. Щедрою рукою раздавал подарки. 많은 선물을 나누어 주었다.

Э

это—дело десятое

эка важность (разг.) 그게 무슨 큰일인가 (**велика важность** 와 같음).

это—дело десятое (простореч.) 이것은 여기에 관계없는 일이다, 중요하지 않다.

это другое дело (разг.) 이것은 문제가 다르다.

это другой коленкор (простореч.) 이것은 전혀 딴 문제이다.

(**это**) **не суть важно** (разг.) 대수롭지 않다.

Ю

юмор висельника

юмор висельника (ирон.) 교수대에 오른 자의 유머 (궁지에 빠진, 파멸에 처한 사람의 농담).

Я

ЯЗЫК ПРОГЛОТИШЬ

яблоко от яблони недалеко падает. (속담) 오이넝쿨에 가지 열릴까?

яблоко раздора 불화의 씨앗 (불화와 충돌을 일으키는 원인으로 되는 것).

яблоку негде упасть (разг.) 송곳 박을 땅이 없다, 입추의 여지가 없다. Народу в церкви было, яблоку упасть негде. (Писемский) 교회당 안에는 사람들이 꽉 들어차서 발을 들여놓을 자리조차 없었다.

явиться (появиться) на свет 출생하다, 출현하다, 실현되다, 출판되다. Явился он на свет божий, помнится, в 1828 году, в родовом поместье своего отца. (Тургенев) 생각납니다마는 그는 1828년에 대대로 내려오는 자기 아버지의 영지에서 출생하였습니다.

язык без востей у кого (разг.) 말하기를 좋아 한다 (쓸데없는 말을 하는 사람에 대해서 하는 말). Язык без костей. Мели, что хочешь, коли воля дана. (Павел Ъажов) 본래 말을 좋아 하니까, 지껄이고 싶은 대로 지껄이라지.

язык до Киева доведёт. (속담) 입만 가지고 서울도 간 다 (모르는 길도 물어 가면 아무리 먼 곳이라도 찾아 갈 수 있다는 뜻).

язык как бритва 혀가 면도칼처럼 날카롭다 (말이 날카로운 사람에 대한 말).

язык мой—враг мой. (속담) 혀 끝 이 원수, 말조심해라. (말이

많은 사람에게 하는 말).

язык не лонатка, знает что сладко. (속담) 꿀이 단 줄은 사람마다 안다 (좋은 것은 모두 자기가 가지려는 사람을 나무라면서 하는 농담).

язык повернулся 또는 **повернётся у кого** (сказать что–нибудь) (разг.) 결심하고 말을 꺼내다. Язык не повернулся рассказать ему всё. 그에게 모든 것을 이야기하기에는 차마 말이 나오지 않았다.

язык проглотишь 입속에서 스르르 녹다. У них знатные щиварят – язык проглотишь. (Мельников–Печерский) 그들의 양배추 국은 얼마나 맛있는지 둘이서 먹다가 한 사람이 죽어도 모를 지경이다.

язык развязался (развяжется) у кого (разг.) 말문이 열리기 시작했다 (침묵 후에 이야기를 하기 시작하였다). Языки развязались, пошла беседа откровенная. (Мельников–Печерский) 말문이 열려서 서로 털어 놓고 이야기를 하기 시작하였다.

языком болтай, а рукам воли не давай. (속담) 혀끝은 놀려도 주먹질은 말라 (아무리 화가 나도 주먹질은 하지 말라는 뜻).

языком трепать (чесать, болтать, молоть) (разг.) 쓸데없는 말을 하다. Смотри, языком зря не болтай. 주의하게, 괜히 쓸데없는 말을 늘어놓지 말구.

яйца курицу не учат. (속담) 병아리가 어미 닭 보고 이래라 저래라 하는 거냐 (부모가 자기 자식들에 대해서 하는 말).

якорь спасения 구원의 닻, 최후의 수단, 최후의 희망. Он явился якорем спасения от неминуемой нищеты. (Боборыкин) 그것은 불가피한 영락을 모면하기 위한 최후의 수단이었다.

ясно, как божий день (разг.) 지극히 명백하다 (청천백일과 같이 명명백백 하다는 뜻).

ясное дело (разг.) 물론, 명백한 일. Ясное дело, что поделом

казнили короля. (Герцен) 왕이 처형당하였다는 것은 두 말 할 필요도 없다.

장진헌

한국외국어대학교 러시아어과 졸업
오산대학 관광통역과 교수

저서

「러시아어 문화의 이해」
「Russia As We Speak It」
「러시아어 교수법」

러시아어 숙어집

Русско-корейский
разговорник

1판 1쇄 발행 _ 2004년 12월 22일
1판 4쇄 발행 _ 2021년 1월 10일

편 저 자 · 장 진 헌
발 행 인 · 정 현 걸
발　　행 · 신 아 사
인　　쇄 · 대명프린팅
주　　소 · 서울특별시 은평구 통일로 59길 4 (2F)
전　　화 · (02) 382-6411 팩 스 · (02) 382-6401
홈페이지 · www.shinasa.co.kr
E-MAIL · shinasa@daum.net

ISBN: 978-89-8396-468-7(93790)

정가 14,000원